중년의
품격을
더하라

100세 시대, 중년의 라이프 디자인

중년의 품격을 더하라

지은이 _ 손갑헌
만든이 _ 최수경

만든곳 _ 글마당 앤 아이디얼북스
(출판등록 제2022-000073호)

만든날 _ 2023년 4월 12일
펴낸날 _ 2023년 4월 20일

주소 _ 서울시 종로구 인사동길49(안녕인사동 4층. 403호)
전화 _ 02-786-4284 | **팩스** 02-6284-9003

홈페이지 _ www.idealbook.kr
https//blog.naver.com/madang52
이메일 _ madang52@naver.com

ISBN _ 979-11-978822-9-6 03320

책값 17,000원

허락없이 부분 게재나 무단 인용은 저작권법의 저촉을 받을 수 있습니다.
잘못된 책은 바꾸어 드립니다.

100세 시대, 중년의 라이프 디자인

중년의 품격을 더하라

손갑현 지음

글마당 아이디얼북스
Gulmadang & ideal Books

중년, 가을철 단풍처럼
자신만의 빛깔을…

2021년 말 30년 이상 다니던 은행을 퇴직하였다. 회사를 퇴직하게 되니 당장에 출근할 곳이 없어 바로 다음 날 마포역 인근에 출근할 오피스텔을 구했다. 집에서 그냥 있기에는 익숙하지 않고, 아직 젊고 하고 싶은 일도 많았다. 첩첩이 산으로 둘러싸여 '춘산'이라는 지명이 붙은 시골 마을에서 태어나 대학을 가고, 군대를 갔다 오고, 은행을 다니는 동안 항상 어디엔가 소속되어 바쁘게 살았다.

갑자기 소속감이 없어지니 들판에 홀로선 기분이고 울타리가 없는 것에 대한 허전함이 몰려왔다. 일상의 루틴을 유지해야겠다는 생각이 앞섰고, 무엇인가를 해야겠다는 생각이 들었다. 시간적 여유를 가지면서 책도 읽고, 글도 쓰고, 사람들도 만나야겠다는 요량이었다. 인근에 헬스장이 있어 저녁 퇴근길에 운동하기도 좋았다. 아침에 오피스텔로 출근하여 이것저것 살아가면서 필요한 책을 사서 읽고 매일 신문 몇 부를 정독하였다. 어떻게 살아가야 할까? 생각하게 되고, 어떤 삶을 살까? 고민하게 되었다. 은퇴 이후의 일자리, 건강, 인간관계, 노후생활에 관심이 갔다. 틈틈이 독서하고 떠오르는 생각을 정리하고 글을 쓰기 시작했다.

　그동안 앞만 보고 달려온 세월을 되돌아보게 되었고 남은 생은 의미 있게 잘 살아가야겠다고 생각한다. 지나온 시간은 추억 속의 한 페이지 같이 스쳐 지나간다. 앞으로의 시간도 금방 흘러 흘러 지나갈 것이다. 인생의 과정에서 중년은 정오의 시간이고 태양이 강렬히 내리쬐지만, 점점 기울어가는 시간이다. 활화산 같이 활활 타오를 때이지만 한편으로는 노후를 준비하고 아름다운 노을을 위해 달려가는 시간이다.

　대한민국의 중년들은 치열하게 달려왔다. 먹고살기 어려운 시절에 태어나서 힘든 세상을 온몸으로 부딪혔다. 삶의 노영에서 때로는 좌절하기도 하였고 넘어지기도 하였다. 중년을 살아오면서 여러 가지 일을 겪는다. 예측하지 못 한 일, 각종 사건 사고, 누명, 억울한 일등 다사다난한 일을 겪는 것이 인생이다. 호모사피엔스는 문명을 이루고 세상을 지배하였다. 이제 더 이상 야수들의 위협은 없지만, 치열한 내부 경쟁환경에 노출되어 불안해하고 초조해하는 사람들이 많다. 우리는 너무 앞만 보고 달려왔고 서로 비교하면서 살아간다. 민주와 산업화를 경험하며 급변하는 한국 사회에서 살아왔다. 지금 우리나라 경제 규모는 세계 10위권을 유지하고 한류파워로 문화강국으로 나아가고 있지만, 주변을 돌아보면 모두 힘들게 살아간다. 너무 빠르게 달려오다 보니 신체는 커졌지만, 정신적으로는 어른으로 성숙하지 못한 형국이다.

중년의 나이는 인생의 가을이다. 좀 더 여유를 가지고 삶을 되돌아보고 앞으로 삶의 여정을 항해 해 가야 한다. 평균수명 84세이고 매년 평균수명이 늘어나고 있다. 가히 100세 시대가 도래하고 있다. 중년의 나이는 우려낸 진국처럼 여운이 있고 향기를 내뿜을 수 있는 때이다. 중년의 시기는 인생의 의미를 깨닫고 진정한 자기 삶을 꿈꿀 때다. 남들에게 보여주기 위한 삶보다는 원하는 일을 할 수 있는 때이다. 그동안 먹고사는 일과 자녀, 가족들에게 모든 것을 투자하였다. 한 번뿐인 인생을 자신에게 투자해보자. 1만시간을 투자해보자. 1만 시간이면 무엇을 하든지 최고의 고수가 될 수 있다. 10년이면 충분한 시간이다.

    계절의 변화에 따라 자연은 각기 다른 모습으로 우리에게 다가온다. 각양각색의 꽃들이 어우러진 가을날의 다채로운 자연은 아름답기 그지없다. 중년도 각기 다른 삶을 살아와 다양한 모습으로 존재한다. 꽃과 과일은 저마다의 색깔과 향기를 가지고 있다. 향기 있는 꽃에는 벌과 나비가 날아든다. 풍파를 맛본 들판의 꽃처럼 각자의 빛깔로 세상을 비추자. 사람도 각자 얼굴과 생각이 다르고 재능과 역량도 다르다. 각기 다양한 꽃들처럼 다양한 사람이 모여 사는 공동체에서 중년의 품격을 가져보자. 중년은 가을 단풍과 같이 곱게 빛나는 때다. 가을철 단풍처럼 자신만의 빛깔을 세상에 비출 수 있는 나이가 중년이다.

    공자는 군자는 '화이부동和而不同'하고 소인은 '동이불화(同而不和)' 한다고 했다. 나와 다르다고 멀리하면 품격있는 군자의 삶이 아니다. 화목하게 지내되 무턱대고 남의 의견을 따르는 것이 아니라, 자신의 빛과 향기를 잃지 않고 조화롭게 비추는 게 가을 단풍의 모습이다.

공자는 '군자삼계君子三戒'라고 하며 젊었을 때는 욕정을 조심하고, 중년에는 다툼을, 더 나이 들어서는 재물을 조심하라고 했다. 나이가 들수록 지혜를 얻고 품격있는 삶을 살아가야 한다. 작은 것 하나 더 얻겠다고 다투고 아등바등해보아야 남는 것은 허무함뿐이다. 품격있는 중년은 베풀 줄 알고 여유가 있고 지혜가 있다. 중년에는 너무 높이 오르려고 아등바등할 필요도 없다. 높이 올라가면 멀리 내다볼 수도 있고 남들이 보지 못하는 것도 볼 수 있다. 그러나 높이 올라가면 바람에 흔들리고 쉽게 떨어질 수 있다. 아무리 높이 올라가도 이내 곧 내려와야 하고 우주 만물에 영원한 것은 없다. 세상사는 '화무십일홍花無十日紅'이다. 중년을 관통하는 삶은 인생의 참뜻을 깨닫고 자신을 찾아가는 길이기도 하다.

퇴직 후 어떻게 살아가야 할까? 어떤 삶을 살까? 고민하면서 이 책을 썼다. 2021년말 《세일즈에 품격을 더하라》를 출간하여 많은 분의 사랑으로 4쇄를 발행하였다. 〔세일즈에 품격을 더하라〕는 세일즈에 관한 실전경험을 주로 다루었지만, 직장생활과 인생 경험도 일부를 녹인 책이었다. 내가 막상 회사를 퇴직하고 나니 느끼는 감정과 중년의 마음을 그리고 싶었고, 그 책에서 인생과 행복과 관련해 못다 한 이야기를 담고자 했다. 직장을 퇴직하고 난 이후의 심리적인 변화, 중년의 삶과 애환을 돌아보고, 행복한 인생과 은퇴 이후의 건강한 삶을 꿈꾸는 사람들에게 미력이나마 마중물이 되었으면 하는 바람이다. 마지막으로 이 책을 만드는 데 도움을 주신 글마당 최수경 사장님과 항상 곁에서 응원해주고 지지해주는 아내와 가족에게 감사의 마음을 전한다.

프롤로그 • 4

제1장
중년의 길, 품격

인생의 희로애락을 경험하는 중년 • 17
즐거운 인생 후반전을 위한 작전 타임 • 23
중년의 독서법 • 28
중년의 쉼터, 명상 • 36
중년의 스트레스 해소법 • 41
동안(童顔)으로 살아가기 • 45
중년에는 매력 있는 사람이 되자 • 50
중년에는 진정한 자신의 삶을 살자 • 56
내 마음속의 화를 잘 다스리자 • 62
품격으로 중년의 삶을 가꾸자 • 68

제2장
인생의 지혜

우울감, 불안감을 잘 다스리자 • 79

군중 속의 외로운 현대인, 먼저 소통하자 • 86

만족하지 못하는 인간의 마음 • 94

오늘은 폭풍 내일은 잔잔한 파도, 그것이 인생 • 97

선택과 포기의 인생과 인연법 • 103

의도적으로 웃는 일을 만들자 • 108

나를 비우고 다시 채우는 방법, 글쓰기 • 114

운이 좋은 사람이 되는 길 • 120

제3장
돈에 대한 지혜와 철학

돈에 대한 지혜와 철학을 가지자 • 131

금융 문맹은 생존을 불가능하게 만든다 • 138

돈과 행복에 대하여 • 143

금리 인상기의 재테크 이렇게 하자 • 148

노후를 위한 재무설계 이렇게 하자 • 154

날로 치밀해지는 보이스피싱 이렇게 대처하자 • 161

은퇴 이후를 위한 자산관리 • 168

제4장
행복한 삶을 위하여, 어떻게 살 것인가

어떻게 살아갈 것인가? • 179

우리는 왜 행복하지 않을까? • 188

베푸는 삶이 행복으로 가는 길 • 194

세한연후지송백지후조 • 200

고전에서 배우는 삶의 지혜들 • 207

중년에는 멈출 줄 알아야 한다 • 211

잘 사는 삶은 어떤 것일까? • 215

행복을 만드는 지혜 1 • 222

행복을 만드는 지혜 2 • 230

행복한 제2의 인생을 위하여 • 238

제5장
은퇴 이후의 30년, 삶과 죽음, 은퇴 준비

퇴직 후 바로 닥치는 현실적인 문제들 • 249

은퇴는 새로운 현역의 길 • 254

자기 자신에게 투자하자 • 261

직장, 그 이후의 일과 삶 • 265

은퇴 이후 유망한 일자리 • 271

인생의 후반전 어른의 길 • 278

행복한 노후를 위한 생애설계 – 일, 재무, 여가, 건강, 관계 • 284

유한한 삶과 지금(Now), 여기(Here) • 295

행복한 노후를 위한 삶과 건강관리 • 301

아름다운 소풍을 마치고 노을 속으로 이별 • 305

에필로그 • 308

1장

중년의 길, 품격

공자는 '지지자는 불여호지자(知之者 不如好之者)요, 호지자는 불여락지자(好之者 不如樂之者)'라 하였다. '알기만 하는 사람은 좋아하는 사람만 못하고, 좋아하는 사람은 즐기는 사람보다 못하다'라는 의미이다. 인생의 전반을 허둥지둥 살아왔다면 지금부터는 즐기면서 하고 싶은 일을 찾아 나설 때다.

인생의 희로애락을
경험하는 중년

　중년의 나이가 되어 지나온 시간을 되돌아보면 세월이 빠르게 흘러감을 실감한다. 또한 세상은 빠르게 변하고 있다. 어느 순간 하루 한 달이 지나가고 어느새 한해가 지나간다. 불과 얼마 전까지만 하더라도 60세는 인생의 황혼기를 맞이하는 시기로 보았다. 환갑을 넘기지 못하고 돌아가는 분들이 많았기에 만 60세가 되면 장수했음을 기뻐하고 만수무강을 기원하는 축하 잔치를 벌였다. 칠십이면 '인생칠십고래희(人生七十古來稀-예로부터 사람이 칠십을 살기는 드문 일)'라 하여 고희연을 하였지만, 지금은 회갑연이나 고희연을 열고 축하하는 경우는 드물다.

　지금의 60세는 직장을 퇴직하고 제2의 청춘을 준비하는 시기이다. 삶의 질 개선으로 평균수명이 늘어나 지금은 가히 100세 시대다. 우리 인생을 유년기, 청년기, 중년기, 노년기로 구분한다면 중년은 40세 이상부터 65세 이전까지로 보아도 무방할 것이다. 중년은 인생의 절정기이다. 중년의 시간은 인생이라는 태양이 머리 한가운데 떠 있는 정오의 시간이다. 중년의 시기는 가족의 부양자로서 경제적 책임을 다하고, 직장에서는 관리자로 막중한 책임을 지고 있는 때이다. 중년은 이루어온 삶에 대한 자부심과 미래에 대한 불안을 동시에 겪는 시기이다. 중년의 나이는 지나온 삶에 대한 성찰과 다가오는 인생의 방향성 설정이 필요한 때이기도 하다.

인생의 희로애락을 겪는 시기

중년은 직장이나 사회에서 왕성한 활동을 할 때이기도 하지만 한편으로는 퇴직하고 제2의 인생을 준비해야 할 때이다. 사회적으로 성공하여 부를 거머쥔 친구도 있고 직장에서 중추적인 역할을 하고 있을 때이기도 하다. 기업을 하는 친구들은 이때쯤 되면 사업을 안정되게 운영한다. 사업은 일정 수준에 올라서게 되고, 그동안 쌓아온 경영노하우가 시스템화되어 잘 굴러가게 된다. 사업운이 있고 위기관리를 잘 한 친구는 탄탄하게 기업을 운영하고 안정된 삶을 산다.

한편, 인생의 고비에서 운때가 맞지 않거나 잘못된 선택과 판단으로 힘든 시기를 보내는 이도 있다. 중년의 나이에는 한 번 실패하면 다시 일어서기 어려운 것이 현실이다. 젊었을 때야 다시 털고 일어나 시작하면 되지만, 중년에 넘어지면 실패를 딛고 다시 시작하기에는 시간이 많지 않고, 에너지와 열정이 예전 같지 않기 때문이다. 친구들을 보아도 사업을 잘하고 돈을 잘 벌던 친구가 복병을 만나 무너진 뒤 재기하기 힘들어진 경우를 종종 본다. 맹렬한 기세로 남들보다 빠르게 달리면 성공과 행복이라는 목적지에 일찍 도착할 줄 알았다. 그러나 이 세상에는 숨어 있는 변수가 많고 예상치 않은 일들이 너무 많다.

직장에서도 앞서서 선두를 달리던 동료들이 갑작스러운 질병과 사고로 낙마하기도 하고, 전혀 예상하지 못한 사건에 휘말려 고통을 받거나 조기 퇴직하는 경우도 목격한다. 내가 알고 있는 선배 한 분은 입사 동기 중에 항상 대리, 차장, 부장으로 제일 먼저 승진하고 승승장구하였지만, 어느 날 갑자기 쓰러져 더 이상 사무실에서 출근하지 못했다. 후배 한 명도 항상 초고속 승진하는, 소위 조직에서 잘 나가는 후배였는데 어느 날 갑자기 이상한 사건에 휘말려 날개가 꺾이고 추락하여 힘들어한다. 앞서서 달리면 다른 사람보다 더 많은 것을 얻을 것으로 생각한다. 그러나 세상사가 예정대로 굴러가지 않는다. 순탄하게 달려갈 때 위기가 찾아오기도 한다.

중년에는 주변에서 갑작스러운 죽음, 사고들을 많이 보게 되고 건강에도 각별히 신경을 쓰는 나이다. 인간의 수명은 자연적으로 두었을 때 38세 정도라고 한다. 건강관리와 의학의 발전으로 수명은 늘어났지만, 여전히 많은 사람이 50~60세 전후로 삶을 마감한다. 나이가 들며 조깅하고, 하루 1만 보를 걷고, 건강식품을 먹고, 등산하고 운동하는 사람들이 부쩍 늘어난다. 중년은 건강에 관심을 가지는 나이이다.

중년에는 부모님 등 사랑하는 사람과 이별하기도 하고, 이혼, 상처(喪

妻) 등으로 아픔을 겪기도 한다. 내가 아는 동료는 배우자가 질병으로 먼저 세상을 떠났다. 집안에서 아이들 교육을 책임지고 가정 살림하던 배우자가 10년 이상 병석에 누워있다가 하늘나라로 가고 말았다. 중년의 나이에 배우자의 사별은 가족들에게 상처가 크다. 남편과 아들, 딸, 가족 모두 힘들어한다. 어찌할 수 없는 운명이지만 잘 극복하면서 희망을 찾고 대안을 찾는 것이 인생이다. 중년의 시기는 사건 사고를 겪으며 상처받기도 하고 내공이 쌓이는 때이기도 하다.

중년이 되면 많은 게 편해질 것 같지만 그렇지 않은 경우가 많다. 나이가 들어가며 신체는 약해지고 병이 들기도 하고, 사건 사고도 자주 경험한다. 노후의 경제 상황에 대한 우려, 부모님 건강, 자녀들의 진학, 취업 등에 대한 걱정, 내가 회사는 잘 다닐 수 있을까? 등 여러 가지를 걱정하게 된다. 그러나 생로병사, 사건·사고들을 삶의 자연스러운 한 과정으로 받아들일 수 있어야 한다. 힘든 시간은 자신의 내공을 다지는 인생의 과정이다. 내 주변에서 일어나는 예측하지 못한 여러 가지 일들을 삶의 여정으로 받아들이는 지혜가 필요하다. 불안해할 필요도 없고 담담히 받아들이고 현실에서 새로운 길을 개척하는 것이 현명한 길일 것이다.

행복한 중년을 위하여

50대 중후반이면 퇴직이 가까워진다. 퇴직하고 어느 날 집으로 돌아오니 중년의 자리는 없다. 퇴직하면 가족들이 나를 떠받들어 주는 건 언감

생심이고, 외톨이가 되기 십상이다. 아내는 바깥 활동이 많아지고 잔소리가 많아진다. 아이들은 고리타분하다고 대화조차 하지 않는다. 혼자서 밥 차려 먹는 연습을 하라고 한다. 삼식이라 해서 하루 세끼 집에서 밥 먹으면 눈치가 보인다. 바깥 활동을 하면서 집안일을 해보지 않았거나 배우자와 아이들과 소통하지 못하는 남자들은 가정에서 퇴물이 되기도 한다.

이럴 때 중년의 남자는 울화통이 터진다. 가족을 위해 헌신했다고 생각하고 있는데 회사에서 퇴물이 되니 집에서도 나를 무시하는가 하는 생각을 한다. 직장에서 수십 년을 일하다가 집으로 돌아왔는데 내 편이 아무도 없다. 중년의 남자는 쓸쓸하다. 이렇게 되지 않으려면 평소에 많은 소통을 하여야 한다. 가족과 많은 시간을 함께 보내고 자녀들과 평소에 소통을 많이 하여야 한다. 또한, 가족을 사랑하고 표현하는 연습도 필요하다. 가족을 아무리 사랑하여도 표현하지 않으면 진심이 전달되지 않는다. 가족들과 더 많은 시간을 보내야지 생각만 하고 미루다 보면 나중에는 벌레처럼 소통할 수 없는 상태가 될 수 있다. 엄마마저 아이들 편을 들게 되면 집안에서 외톨이가 된다. 자녀들에게 야단치기보다는 자녀들의 이야기를 들어주는 친구 같은 사람이 되자. 자녀들과 다투기보다는 같은 편이 되어주고 도와주는 아버지가 되자.

중년에는 가족과의 사랑, 친구들과의 우정, 취미생활 등 자기 삶을 위해 달려보자. 이제 자신의 일생을 조망하고 자신을 위해서 살아가 보자. 자신만의 취미활동 등, 하고 싶은 것을 해보아야 한다. 나는 퇴직을 하고 전혀 새로운 취미활동에 도전했다. 판소리를 배우고 음악을 배운다. 여태껏 아이들을 위해 학원비를 지출했지만 나 자신을 위한 투자는 처음이다. 항상 점잖게만 있었던 내가 판소리를 한다고 큰소리로 내 지르려니 처음에는 낯설고 쑥스러웠지만, 익숙해지니 삶의 활력소가 된다. 판소리에 문외한이었던 내가 공연도 몇 번 하였다. 음악이면 젬병이었던 나인데 악보가 조금씩 눈에 들어온다. 의욕이 생기고 즐거움도 생긴다. 중년에는 다양한 취미생활과 다양한 자기 성체싱을 기저야 한다. 직장에서 승진과 돈, 인정과 평판에 모든 것을 걸면 좌절되었을 때 낙담이 크다. 직장이 아닌 곳에서 자신의 가치를 인정받고 삶의 활력을 찾아보자. 새로운 사람을 만나고 여행을 떠나고 취미생활을 하자. 평소에 하지 않았던 분야도 도전해 보자.

중년은 포기할 줄 알아야 한다. 욕심을 내려놓으면 행복이 찾아온다. 인간의 욕심은 끝이 없다. 물질보다 더 중요한 것이 많음을 깨달을 나이이다. 움켜쥐고 있는 것을 내려놓고 남은 인생을 바라보고 멀리 내다보고 즐길 줄 알아야 한다. 중년이 지나면 노년이 가까워지는데 움켜잡고 있으면 행복이 떠나간다. 할 수 있는 일에 집중하고 진정한 행복을 찾아 나설 때이다. 중년의 나이에는 노년기 삶의 영역들을 미리 계획하고 준비하여 성공적인 노후 생활에 대비하여야 한다. 신체적으로 건강한 생활을 유지하고, 적극적이며 다양한 사회활동을 하고 사회적 관계를 유지하며, 은퇴 이후 경제적 노후대책을 마련하는 것이 중년의 길이다.

즐거운 인생
후반전을 위한 작전 타임

　축구 등 운동경기는 전반전을 열심히 뛰고 잠시 휴식하고 후반전을 시작한다. 하프타임에 근육을 풀며 작전을 짜고 후반을 대비한다. 우리 인생도 크게 보면 전반전이 있고 후반전이 있다. 100세를 산다면 50 이전이 전반전이고, 50 이후가 후반전이다. 전반전은 치열하게 공부하고 경쟁하면서 앞만 보고 살아온 나날이다. 바쁘고 뜨겁게 달려온 나날이었다. 대학입시를 치르고, 직장을 구하고, 결혼하고 아이들을 키우고 가족을 부양했다. 직장에서 때론 지치고 갈등하고 힘든 날을 보내며 여기까지 왔다. 경기중에 넘어지고 자빠지고 헛발질도 했다. 전반전을 쉼 없이 뛰었다. 중년에는 작전타임을 가지고 인생 후반을 설계하자. 한 번쯤 되돌아보고 리셋을 하고 재충전해보자. 후반전은 새로운 각오로 뛰어야 한다. 후반전은 무작정 열심히 뛰기보다 운동을 즐기고 하고 싶은 일을 해보며 재미있는 경기를 하자.

　인생 후반을 멋지게 사는 분들이 많다. 얼마 전 방송에 나온 울산 명품

택시 기사 이야기이다. 군인으로 30년을 살았고 인생 후반에 택시 운전을 하는 분인데, 그 누구보다도 손님에게 진심을 다하는 분이다. "아버지가 장애인이어서 아버지에게 못 해 드린 걸, 어떻게 사회에 보답할 수 있을까? 어떻게 아버지 같은 분들을 집까지 모셔다드릴까? 고민하다가 어려운 분들을 도울 수 있겠다는 취지에서 택시 운전을 시작했다"라고 한다.

운전을 시작한 지 6년이 되었다는 TV 화면 속 그는 행복해 보였다. 택시 뒷좌석 팔걸이를 열면 누구나 씹을 수 있는 여러 가지 껌이 있었고 뒷좌석에 쿠션과 방명록이 있었다. "낙서 같은 거라도 해보라고 시작하게 되었는데 손님들과 즐거운 대화를 하고 목적지에 이르면 짧은 인연이 아쉬워 손님들이 대부분 방명록에 기록을 남기고 즐거움과 고마움을 표시한다"고 말한다. 운전이 단조롭고 따분한 일일 수도 있지만 일에 대한 작은 생각의 변화가 행복한 명품기사로 만들어 주고 있음을 웃음 가득한 얼굴이 보여주고 있다. 이런 사람이 인생 후반전을 즐기는 분이 아닐까 생각한다.

똑같은 일을 하더라도 어떤 마음가짐으로 하느냐에 따라 결과는 다르게 나타난다. 후반전은 돈을 위해, 승진을 위해 아등바등 살아가기보다 즐기면서 봉사하는 마음으로 여유를 가지고 살아가는 지혜가 필요하다. 큰 그림으로 내다보고 하고 싶었던 일을 해보자. 한 번뿐인 내 인생 의미 있는 삶을 가꾸어보자.

오십은 자기 계발하기 좋을 때다. 인생 후반의 자기계발은 진정한 의미의 자기계발이다. 이제는 누구의 눈치도 볼 필요 없다. 지금까지는 가족을 위해 살았다면 이제는 자신을 위한 삶을 살아보자. 자기 자신을 위해 투자하는 시간을 가져보자. 여태껏 자녀교육에 투자하는 시간이었다면 이제는 훌쩍 여행도 떠나보고 취미생활을 해보자. 20대 때 느낄 수 없었던 여유가 있고, 30대 시절 느낄 수 없었던 자유가 있다. 이제는 다른 사람이 원하는 것이 아닌 내가 좋아하는 것을 선택해야 한다.

나는 20대 후반에 은행에 입행하여 31년을 은행원으로 살았다. 퇴직하고 지금은 컨설팅 전문가가 되려고 공부하고 있고, 책을 읽고 글을 쓴다. 평소 책을 읽어야겠다고 생각했지만, 학창 시절에는 학교 공부, 취업 준비 등으로 여유가 없었다. 직장 다닐 때는 업무에 바쁘고 일과 관련된 책 이외에는 볼 시간적인 여유가 많이 없었다. 그러나 지금은 역사서, 철학 등 인문학책을 읽으면서 지식을 습득하고 생각하는 힘을 얻는다. 삶을 어떻게 살아가야겠다는 지혜를 얻는다. 그리고 자주 글을 쓴다. 하고 싶은 일은 하면서 앞으로 30년 무엇을 할 것인가를 준비하면서 살아가니 스스로 기분이 좋다. 나에게는 지금이 전반전을 끝낸 하프타임이고 재충전의 시간이다. 후반전을 준비하는 시간이다.

나는 퇴직 후 취미생활을 시작했다. 아이들을 위해서 학원비를 대고 교육비를 투자했지만 나를 위해서는 한 번도 투자하지 않았었다. 지금은 우리 소리를 배우고 여행도 하고 취미생활을 한다. 자칫 위축되기 쉬운 퇴직의 시간이지만 취미생활을 하면서 새로운 사람도 만나고 새로운 꿈도 생긴다. 그런 과정에서 새로운 네트워크가 생기고 새로운 길이 만들어지기도 한다. 퇴직한 동료들과 등산도 하고 가족과 여행도 한다. 퇴직 후 이런 시간을 가질 수 있음에 감사한다.

인생 후반기에는 하고 싶은 일에 중심을 두자. 돈이 되는 일에 중심을 두기보다는 오랫동안 할 수 있는 좋아하는 일에 무게를 두자. 하고 싶은 일이 있거든 강의도 듣고 학원도 수강하고 자격증을 따보자. 하고자 하는 분야의 책을 30권 이상 읽어보자. 30권 이상의 관련 서적을 읽으면 해당 분야에 해박해질 것이고 준전문가가 될 수 있다. 그리고 실무에서 일하는 전문가를 찾아가 보자. 인생의 전반을 살아온 지혜와 경륜, 새로운 지식은 인생 후반의 새로운 기회가 될 것이다. 원하는 것을 할 수 있고 가슴 뛰는 삶을 살 수 있는 준비 기간이다.

즐거움을 찾아 나서자

인생 후반전은 돈보다는 즐거움을 찾아 나서야 할 때이다. 즐거운 일, 좋아하는 일을 꾸준히 하며 전문가가 되는 것이고 돈이 생기고 보람을 얻는다. 의사들은 정신의 항노화를 위해서도 막연한 행복보다는 즐거움을 우선으로 좇으라고 조언한다. 행복이란 인간관계, 성취감, 가족관계 등 다양한 요인들이 장기적으로 영향을 미친 결과다.

그에 비해 즐거움은 개그 프로그램을 본다든지, 취미생활을 하는 등으로 1~2시간 동안 유지되는 단순하면서도 본능적인 감정이다. 나이가 많은 노인들의 경우만 보더라도, 자신에게 즐거움을 주는 취미활동이나 봉사활동을 하는 사람은 집에서 나이를 먹는 것을 푸념하는 사람들과 외모도 현저히 다르고 인생도 행복해 보인다.

　인생의 전반을 허둥지둥 살아왔다면 지금부터는 즐기면서 하고 싶은 일을 찾아 나설 때다. 인생 전반을 잘 살아온 사람은 후반을 잘 살아가는 것 역시 어려운 일이 아닐 것이다. 그러나 인생 전반을 어렵게 살아온 사람은 인생 후반을 멋지게 살아가기가 쉽지 않다. 작전타임을 갖고 전반전을 되돌아보고 후반을 계획하고 실행하여야 한다. 오십에 후반을 잘 살아가기 위해서는 인생의 큰 그림을 그리고 꾸준하게 실천해야 한다. 꾸준함이 가장 큰 도구이다.

　세상은 두뇌가 좋은 사람에게만 유리한 것은 아니다. 아이큐가 높지 않아도, 손재주가 좋지 않아도, 오랫동안 반복하면 어떤 일이든 잘할 수 있다. 꾸준히 노력하면 최고가 될 수 있다. 붓글씨를 꾸준히 10년 이상 연습하여 국전에 입상하신 분을 보았다. 정말 꾸준하게 매일 갈고 닦으니 명품의 글씨체가 되었다. 1만 시간의 법칙을 실천해 볼 수 있는 때가 후반전이다. 1만 시간의 법칙은 하루 3시간을 10년 동안 투자하면 그 분야에 전문가가 될 수 있다는 이론인데 나는 공감한다. 후반전은 시간적인 여유를 가지고 자신이 좋아하는 한 분야에 전문가가 되어보자.

　공자는 '지지자는 불여호지자(知之者 不如好之者)요, 호지자는 불여락지자(好之者 不如樂之者)'라 하였다. '알기만 하는 사람은 좋아하는 사람만 못하고, 좋아하는 사람은 즐기는 사람보다 못하다'라는 의미이다. 인생의 전반을 허둥지둥 살아왔다면 지금부터는 즐기면서 하고 싶은 일을 찾아 나설 때다.

중년의 독서법

나는 마흔 후반 어느 날부터 책읽기를 시작하여 지금은 침대 머리맡에도 책이 몇 권 있고, 거실 소파에도 책 몇 권이 항상 있다. 나의 백팩 가방 속에는 항상 책과 신문이 자리 잡고 있다. 지하철을 타든지, 기차나 비행기에서도 이책 저책 뒤져가며 독서 여행을 한다. 읽는 것에 익숙해지니 다양한 생각을 하게 되고 책을 읽다가 궁금해지는 것은 항상 인터넷으로 찾아보게 되니 지식과 지혜가 쌓이는 보람을 느낀다. 책과 신문을 자주 읽으니 메모도 자주 하게 되고 글쓰기도 친숙해진다.

인생의 중반, 중년의 시간에 책과 가까이하여 삶을 풍요롭게 만들어보자. 인생이 한결 여유로워질 것이다. 책을 읽는 습관은 한번 들이기가 어렵지, 몸에 익으면 자연스러운 일상이 될 수 있다. 가벼운 책부터 시작하여 책 읽기 습관을 들여보자.

당장에 책 읽는 습관을 들이기 어려우면 신문이나 잡지부터 자주 읽으면 된다. 지하철을 타보면 대부분 스마트폰으로 뉴스를 보고 정보를 얻지만, 종이신문을 읽으면 다양한 정보를 얻게 되고 한 번 더 생각하게 되고 좋은 정보는 확실히 머릿속에 각인된다. 무료하게 보내는 시간, 스마트폰이나 TV를 보면서 보내는 시간을 책 읽는 시간으로 바꾸어 보자. 시간적인 여유가 있을 때나, 약속 시간 여유가 있을 때 나는 꼭 책을 펴든지 신문을 읽는다. 약속이 있을 때는 미리 도착하여 무료하게 기다리는 동안 책을 펴면 시간이 금방 간다. 아침저녁 짬이 날 때, 주말 저녁 시간만 잘 활용해도 한 달에 한두 권의 책을 읽을 수 있다.

책을 가까이할 수 있는 또 한 가지 좋은 방법은 독서 토론 모임에 참여하는 것이다. 독서 모임에 참여하면 책을 지속해서 읽을 힘이 생긴다. 한 달에 한 번만 참여하더라도 한 달에 한 권의 책을 읽게 되니 생각의 근육이 커지지 않을 수 없다. 다양한 사람들과의 토론을 통해 생각하는 힘과 이해의 폭을 넓힐 수 있다. 중년의 나이에 다양한 사람들과 책을 읽고 토론하는 과정은 다양한 세대를 이해하게 되고 사고를 유연하게 만들어 준다. MZ세대를 이해하게 되고 세상의 흐름을 이해하게 된다. 우물 안 개구리에서 더 넓은 세상으로 나아가게 하고 생각이 유연해져 꼰대라는 말은 발붙일 수 없다.

독서는 힐링 그 자체다

조용한 카페에서 책을 펴고 좋은 글을 읽으면 힐링이 된다. 자신을 돌아볼 수 있고 선인들의 지혜를 배운다. 험난한 인생 항로에 방향을 스스로 정하게 된다. 책을 읽는 시간은 지적 허기를 채워주는 시간이다. 이 넓은 세상에서 사람들은 각기 다른 삶을 살아가고 있고 다른 생각을 하고 있다. 여행을 통해 다른 세계를 이해할 수도 있지만, 책을 통해 다양한 사람들의 생각을 알게 된다. 더불어 책을 읽는 시간은 인생이 좀 더 제대로 된 방향으로 나아갈 수 있도록 도와주는 시간이다. 우리 인생은 소풍 같은 것이다. 흙에서 왔다가 흙으로 돌아가는 인생의 의미를 되새겨 볼 수 있다. 책을 읽고 나면 기분이 좋아지고 행복해진다. 수많은 일과 인생의 고비를 겪으며 우리는 살아간다. 독서하고 사색하는 삶은, 인생이 한결 여유로워질 수 있고, 세상을 넓고 길게 볼 수 있게 된다.

　책을 많이 읽는 사람들의 특징은 대체로 긍정적이고 표정이 밝다. 과거에 집착하지 않고 미래지향적이다. 책 속에 있는 지혜는 인생을 긴 안목으로 바라볼 수 있게 하고, 사람을 한결 여유롭게 만들고 인생을 의미 있게 만들어 준다. 책을 읽는 사람은 생각에만 빠지지 않고 실천하는 사람이 된다. 책을 읽는 사람은 시간을 낭비하지 않는다. 새로운 것에 도전하길 좋아하고 항상 변하려고 노력한다.

　책 속에서 다양한 길을 보기 때문이다. 마이크로소프트 전 회장 빌 게이츠도 '오늘의 나를 있게 만든 것은 동네 도서관이었고, 하버드 졸업장보다 소중한 것이 책 읽는 습관이다'라고 말했다. 우리에게 그는 저택 안에 1만 4,000여 권의 장서들로 빼곡한 개인 도서관을 만들었고, 평소에도 그곳에 들러 수많은 책을 읽는다고 한다. 고 김대중 전 대통령은 대학을 나오지 않았지만, 감옥에서 엄청난 독서로 감옥대학을 나왔다고 이야기했다. 그는 우리에게 지식과 지혜로 삶의 길을 가르쳐 주고 힘든 시기를 책과 여행은 우리 인생에서 꼭 해야 할 일이다. 책과 여행을 통해 생각의 지평을 넓혀간다. 우리는 책을 읽으며 나는 어디에서 왔는가? 왜 사는가? 나는 앞으로 어떤 인생을 살아갈 것인가? 등 본질적인 질문을 하게 되고 자신의 길을 찾게 된다. 책을 통해 내가 안다고 생각했지만, 사실은 모르고 있는 것이 많다는 것을 깨우친다. 한계를 조금씩 극복하고 미지의 세계로 나가는 힘을 주는게 독서와 여행이다.

이겨내고 대통령이 되었다.

독서는 인생 멘토와의 만남이다

　자신의 인생을 발전시키는 방법 중 중요한 동력은 독서와 멘토와의 만남일 것이다. 살아가면서 자신이 따르고 싶고 존경하는 사람과 직접 만나 이야기를 나누고 그 속에서 배움을 이어 나가는 것만큼 좋은 일도 없다. 멘토란 인생을 경험하고 지혜와 지식을 전달해주는 사람이다. 한 사람이 성장해 나가는데 귀중한 교훈을 전해 주고 잘못을 바로잡아 주는 사람이다. 자신에게 도움이 되는 말과 행동을 보여주는 사람이 있다면 그 사람이 멘토다. 나이를 불문하고 스승으로 생각하고 배워나가야 한다.
　훌륭한 멘토를 가진 사람은 커다란 행운을 가졌다고 말할 수 있다. 책은 좋은 멘토가 될 수 있다. 좋아하는 저자의 책을 읽으면 좋은 멘토를 만나는 것과 같다. 또한, 가슴에 남는 좋은 책은 저자와의 만남을 갖고 교류할 수도 있다. 저자에게 메일을 보내서 소통하고 작가와의 만남 행사에 가서 긍정적인 에너지를 얻고 멘토로 삼아보자.

　인생의 희로애락을 경험한 중년은 책 속에서 지혜를 얻기도 하지만 자신을 뒤돌아보는 기회가 된다. 어려움에 부닥치거나 위기가 왔을 때 흔들지 않게 된다. 나에게도 몇 번의 어려움이 있었지만, 독서를 통해 내공이 강해지고 인생의 깊이를 쌓았던 것 같다. 책을 읽으면 사람들을 바라보는 시선이나 관점이 다양해지고 삶을 바라보는 시각도 달라진다. 사람에 대한 선입견이 줄어들고 포용력이 생긴다.

미국의 전 대통령 링컨은 '책을 한 권 읽은 사람은 두 권 읽은 사람에게 지배당한다'라고 말했다. 책을 많이 읽은 사람은 사고의 깊이가 다르다. 살아가면서 습관을 들이고 꼭 해야 할 일이 책을 읽고 여행을 하는 것이다. 책을 읽고 여행하면 세상을 보는 안목이 넓어진다.

책과 여행은 우리 인생에서 꼭 해야 할 일이다. 책과 여행을 통해 생각의 지평을 넓혀간다. 우리는 책을 읽으며 나는 어디에서 왔는가? 왜 사는가? 나는 앞으로 어떤 인생을 살아갈 것인가? 등 본질적인 질문을 하게 되고 자신의 길을 찾게 된다. 책을 통해 내가 안다고 생각했지만, 사실은 모르고 있는 것이 많다는 것을 깨우친다. 한계를 조금씩 극복하고 미지의 세계로 나가는 힘을 주는 게 독서와 여행이다.

책을 읽으며 메모하고 독후감을 써보자

'삼인행 필유아사(三人行 必有我師)'라는 공자의 말이 있다. 즉 세 명이 길을 떠나면 그중 한 명은 내 스승이 있다는 뜻이다. 우리는 세상에서 배울 것도 많고 익힐 것도 많다. 책을 통해 배우고 익히면 오랫동안 지속되고 생각날 때마다 책을 펴 볼 수 있어 좋다. 나의 스승이 책 속에 있다고 생각하며 끊임없이 배우고 실천해 나가면 된다.

좋은 책은 한번 읽고 그냥 덮어버리지 말고 중요한 내용은 밑줄을 치고 다시 한번 읽어보자. 새로운 기억이 새록새록 생겨나고 참뜻을 되새길 수 있다. 좋은 내용은 핸드폰에 메모하고 노트나 PC에 저장해보자. 인생의 지혜가 되고 글을 쓸 때 좋은 재료가 된다. 책을 읽기만 하고 기록하지 않으면 순간의 재미와 감동은 있을지언정 그 책을 내 것으로 만들 수 없다. 기록은 손가락 운동과 뇌 발달에도 좋다. 기록해야 하는 이유는 손을 사용해 책의 핵심 문장 및 가슴을 울리는 글들을 머릿속에 각인시키기 위해서다

책을 읽고 감동에 남는 책은 독후감을 써보자. 책을 읽은 후에 덮어버리면 책 내용을 잊어버린다. 읽은 책을 요약하고 정리해서 내 것으로 만들고 다른 사람에게 이야기했을 때 그 내용은 잘 잊히지 않고 오래 기억에 남는다. 좋은 문구는 기억하고 되새기고 삶의 지침으로 삼자. 사람은 망각의 동물이다. 시간이 지날수록 망각 곡선에 의해 책 내용이 희미해진다. 무엇이든 반복할수록 효과가 오래 남는 법이다. 오랫동안 반복해야 완전한 자기 것이 된다.

독서는 결국 책 쓰기로 이어지게 만든다

책을 읽기만 하는 사람은 읽고 쓰는 사람을 절대 당해낼 수 없다. 다산 정약용은 책을 읽으며 늘 생각하고 항상 기록하는 습관으로 사고력을 향상해 학문의 성장을 이뤘다고 한다. 한 권의 책을 무작정 읽기만 하는 것이 아니라 좋은 내용을 요약해서 정리하고 자기 생각을 덧붙이고 책을 썼

다. 그런 과정에서 깨달음을 얻었다. 책을 읽기만 하고 쓰지 않는다면 연필을 깎아놓고 필통 속에 고이 모셔두는 것과 매한가지다. 읽는 일과 쓰는 일은 동전의 양면이다. 책을 많이 읽으며 메모를 많이 해두면 글 소재가 많아져 글쓰기가 한결 수월해진다. 그러나 읽기만 한다면 내용을 금방 잊어버리고 떠오르는 생각을 정리하지 못하게 된다.

내가 읽은 책들은 모두 나에게 스승인 셈이다. 책을 많이 읽고 글을 쓰다 보면 본인의 책을 쓰고 싶은 욕심이 생긴다. 자신의 철학이나 인생관, 관심사에 관해 책을 써볼 수 있는 기회가 되기도 한다.

중년의 쉼터, 명상

여태껏 우리는 고속도로를 달리는 것과 같이 달려왔다. 하루 한 달이 금세 지나고 1년이 금방 지나간다. 매일 아침 일찍 일어나서 허둥지둥 출근 준비로 바쁘고, 막히는 도로 위의 자동차 안에서 혹여 늦을까 봐 조바심을 내며 하루를 시작한다. 퇴근 후에는 지친 몸으로 자신을 돌아볼 여유도 없이 잠자리에 드는 일상이다. 현대를 살아가는 우리는, 많은 스트레스로 몸과 마음이 피곤하고 복잡한 일상으로 바쁘게 살아간다. 마치 빠르게 돌아가는 세탁기 속에서 뱅뱅 돌아가는 것과 같은 삶의 연속이다. 정신없이 바쁘게 돌아가는 그곳에서 빠져나와 그 안을 들여다보고 잠시 멈추어 쉬어갈 수 있는 시간이 필요하다.

중년에는 이제 여유를 만들어보자. 자기 삶을 생각해 보고 인생의 깊이를 느껴보자. 돌아볼 시간도 없이 앞만 보고 달리는 자신에게 잠시 멈춤의 시간을 주자. 멈춤의 시간이 있어야 세상을 둘러보고 자신을 돌아볼 수 있다. 명상하는 시간은 멈춤의 시간이다. 명상은 잡념을 없애주고 일의 집중력을 높여준다. 스트레스 해소는 물론이고 사물의 이치를 깨닫게 하고 평정심을 키워준다. 명상은 우리에게 잠시 느긋한 휴식을 제공해 준다. 복잡한 일들을 잠시 잊게 해준다. 여러 가지 생각들로 가득 찬 머리를 쉬게 해주어 자기 능력을 최대한 발휘할 수 있도록 도와준다. 명상은 자신의 일상을 돌아볼 수 있도록 하고 고요하고 평온한 마음으로 이끌어 자기 삶을 주체적으로 살아가게 한다.

명상은 머릿속에 공간을 만들어준다

우리의 삶은 문제의 연속이다. 이 문제를 해결하면 저 문제가 생기고, 저 문제를 해결해 놓으면 또 다른 문제가 생기는 것이 우리 삶이다. 명상은 문제의 연속인 우리의 삶에서 다가오는 어려움을 슬기롭게 극복할 힘을 주고 정신을 맑게 해준다. 명상은 어려운 것이 아니다. 집안의 소파나 방에서 눈을 감고 할 수도 있고, 길을 걸으며 잡념을 버리고 집중할 수도 있다. 잠자리에서도 할 수 있고, 책상에 앉아서 잠시 멈춤의 시간을 가질 수도 있다. 명상을 통해서 목격자의 관점에서 자기 자신을 관찰하고 빠르게 돌아가는 일상에서 빠져나와 그 안을 들여다볼 수 있게 해준다. 하루 10분쯤 책상이나 소파에 앉아서 정신을 모으는 연습을 해보자.

시간적 여유가 있다면 공기 좋은 산이나 숲이 우거진 산길에서 명상해 보자. 새소리, 물소리, 바람 소리를 들으며 자연에 집중할 수 있다. 조용한 곳에서 주변의 소리에 집중해 보자. 자연휴양림 같은 숲속에서 천천히 걸으며 소리와 자연에 집중하는 명상을 하다 보면 마음이 평온해지고 치유가 된다.

몸과 생각의 움직임을 잠시 멈출 때 고요함 속에 즐거움을 느낄 수 있다. 운동하면 엔도르핀이 생성되어 즐거움을 느끼고 상쾌해지듯이 명상하면 평소 누리지 못했던 고요 속에 평안함과 여유를 느낀다. 바쁜 일상과 과거의 생각이나 감정을 지우고 우리 마음속에 공간을 만들어 준다. 공간이 있어야 새로운 것이 들어올 수 있다. 복잡한 머릿속 공간을 정리하고 잡념을 비우면 에너지가 생긴다. 공간이 있어야 다시 무엇인가로 채워진다. 일상에서 쉽게 할 수 있는 몇 가지 명상 방법을 소개한다.

걷기 명상

걷기 명상은 주변 공원, 가까운 산이나 들을 산책하며 새소리, 물소리, 바람 소리를 느끼면 된다. 자연의 소리를 들으려 집중하고 자연과 대화하고 이해하려고 노력한다. 푸른 하늘과 나뭇잎의 색깔을 자세히 관찰하고, 냇가의 개울물과 연못 속을 들여다보며 자연의 오묘함을 느끼는 방법이다. 나의 발바닥이 땅에 닿는 촉감을 느끼고 나의 숨결을 느끼면 된다. 걸음에 대해 알아차림에 집중하며 걷는다. 마음속에서 끝없이 일어나는 생각을 몸에 집중한다..

소리 명상

고요한 자리에 앉으면 내 머릿속에 튀어 올라오고 싶어 하는 생각들이 떠오른다. 이때 먼저 주변의 소리에 집중한다. 지금 나는 앉아 있구나.

밖에 시끄러운 소리가 들리는구나. 시계 초침 소리가 들리는구나. 아이들 소리, 심장이 뛰는 소리, 나의 호흡 소리를 느끼고 떠오르는 생각들을 영상으로 보고 있는 것처럼 관찰한다. 눈으로 보이지 않던 세상이 느껴지고 잡생각이 사라질 것이다. 눈으로 보이고 귀로 들리는 것은 세상의 일부이다. 어느새 자기 귀가 고요한 세상과 주파수를 맞춘다. 거친 호흡은 고요해지고 울퉁불퉁한 생각들은 저 멀리 사라지게 된다.

호흡명상

호흡명상은 숨을 들어오고 숨이 나가고, 배 들어가고 배 나감을 관찰하며 호흡에 집중하는 것이다. 숨 쉴 때 호흡을 통해 숨이 들어오고 나가는 것을 관찰하고 배가 들어가고 나가는 것 관찰한다. 잡생각이 나면 생각을 알아차리고 다시 호흡에 집중한다. 호흡은 심신의 건강과 안정을 재는 척도이고, 몸과 마음을 운전하는 열쇠가 된다.

특히, 스트레스 상황이거나 화가 날 때 호흡은 심신을 안정시키고 마음을 편안하게 유도한다. 깊은 호흡은 건강과 안정으로 이끌어주는 최고의 방법의 하나다.

미소명상

미소명상은 미소 짓거나 상상하는 방법으로 입과 눈꼬리를 올리면 기분이 좋아지는 원리를 활용한 기법이다. 먼저 한곳에 머물며 몇 차례 숨을 고르고 마음을 고요하게 한다. 다음은 눈가에 환한 미소를 지어본다. 입가에도 잔잔한 미소를 지어본다.

밝은 모습으로 아이들의 티 없는 미소를 떠올려본다. 환하고 빛나는 미소를 상상한다. 사람을 만났을 때나 언제 어디서든 잠깐씩 할 수 있다. 짜증 난다는 것을 알았을 때도 살짝 미소를 지어보자. 입꼬리를 올리는 연습을 하면 표정도 밝아진다. 미소에 마음을 고정하면 부정적인 생각에 빠진 마음을 변화시킬 수 있다.

관찰하기

어떤 사물을 보면서 판단하지 않고 그 사물의 모양 색깔에 집중한다. 하늘의 색깔, 나무의 모양에 집중하고 가만히 볼수록 자연이 위대하다는 생각이 들 것이고 이런 자연을 느낄 수 있음에 감사한다. 욕망이나 화 등이 일어날 때 자신을 관찰한다. 자신의 본성은 선한 것이다. 욕망이나 화 등을 알아차리고 돌아오는 훈련을 한다. 마음이 현재가 아닌 다른 대상으로 갔을 때 그것을 알아차리고 현재에 집중한다. 내 마음속에 일어나는 생각을 알아차리고 자신을 지켜본다. 자신의 마음을 3자적 입장에서 관찰하고 과거의 트라우마나 미래의 불안을 버리고 현재에 집중하여 심리적으로 신체적으로 반응하지 않고 바라보는 것이다.

중년의 스트레스 해소법

스트레스는 노화의 주범이다. 직장, 사회, 가정의 일상에서 예측하지 못하는 일들이 무수히 일어나는 것이 인생사다. 그 과정에서 여러 가지 스트레스가 생긴다. 스트레스를 제대로 관리하지 못하면 몸에 이상이 생기고 노화가 빨리 온다. 스트레스의 원인은 돈 문제일 수도 있고 사람 관계일 수도 있다. 돈, 이혼, 사망, 질병, 인간관계, 일 등 크고 작은 일들이 스트레스를 부른다. 그중에서 먹고사는 일과 돈 문제, 가까운 이들의 질병과 사망은 가장 큰 스트레스일 것이다. 스트레스는 피할 수는 없지만 관리해 갈 수는 있다.

스트레스 호르몬인 코르티솔을 줄이자

우리는 사람을 만나면 얼굴만 보고도 건강 상태를 짐작할 수 있다. 얼굴이 윤기있고 밝으면 건강하고 기분 좋은 일이 있는 사람이고, 얼굴이 거칠어지고 어두우면 건강이 나빠지거나 스트레스 상황에 있는 것이다.

아무리 피부를 가꾸고 좋은 약을 먹어도 스트레스 상황이면 얼굴에 주름이 생기고, 아무리 비싸고 좋은 화장품을 발라도 힘든 일이 있으면 얼굴에 드러난다. 스트레스는 만병의 근원이라고 한다. 그러나 스트레스를 받지 않고는 살 수가 없다. 스트레스를 받지 않기보다는 어떻게 관리해 가느냐가 중요하다. 스트레스를 잘 관리하는 방법으로 운동하고 땀을 흘리는 것도 좋지만 의사들은 스트레스 호르몬인 코르티솔을 잘 조절하면 된다고 이야기한다.

스트레스 호르몬인 코르티솔을 조절하려면 규칙적인 생활로 리듬을 유지해야 한다. 균형 잡힌 식사, 충분한 휴식, 규칙적인 운동 등이 코르티솔 수치를 낮춘다고 한다. 인간의 생체시계는 오랜 시간 동안 새벽에 동이 트고 저녁에는 석양이 지는 하루 주기에 맞추어 적응되어 왔다. 그러나 최신 전자기기를 가지고 있는 현대인들은 스마트폰을 보다가 밤늦은 시간에 잠이 든다. 늦은 밤까지 스마트폰을 보게 되면 전자파에 노출되어 밤새 잠을 설치고 다음 날은 피곤함에 시달린다. 생체리듬에 따라 잠을 자고 아침에 일어나야 다음 날이 개운해지는 것이다.

과거로 돌아가서 하루를 돌아보자. 시계도 없고 전기도 없어 불을 밝힐 수 없던 시절엔 하루를 어떻게 보냈을까? 아마도 자연의 섭리에 따라 해가 어두워지면 집으로 돌아가 잠이 들고 해가 뜨면 활동을 시작했을 것이다. 우리 몸도 빛에 의해서 활동을 시작하고 어둠이 내려오면 잠을 자는 것이 자연스럽다. 자연의 흐름에서 벗어난 생활은 생체리듬을 해치게 된다. 자연의 시계에 맞추어 규칙적인 생활을 하는 것이 건강한 일상이다

스트레스 해소를 위한 호흡과 스트레칭

　스트레스 해소에는 명상, 요가, 운동, 독서 등이 좋다. 일상에서 쉽게 할 수 있는 것은 호흡과 스트레칭이다. 화가 나고 스트레스가 심할 때 심호흡을 해보자. 인간은 야수의 위험으로부터 내 몸을 보호하기 위해 위험한 상황일 때 긴장하는 것으로 진화해 왔다. 스트레스는 위험한 상황에서 우리 자신을 보호하고 스스로 생존하기 위한 방어장치이다. 심신이 긴장된 상황에서는 스스로 자신을 조절하기 어렵다고 한다. 이때 의식적으로 조금이나마 조절할 수 있는 것이 스트레칭과 호흡이다. 흥분하거나 긴장하면 호흡이 매우 빨라진다. 이때 천천히 심호흡하면 뇌에 산소 공급을 원활하게 해주어 마음이 편안해질 수 있도록 도와준다. 나도 중요한 프레젠테이션을 하거나 공연을 앞에 두고 있을 때 무대에 나서기 전에 호흡이 가빠지고 가슴이 뛰며 긴장한 적이 많았다. 그때마다 스트레칭과 깊은 호흡을 하면 몸이 조금 이완됨을 느꼈다. 편안한 자세로 깊고 천천히 숨을 쉬는 복식호흡은 몸 여러 부위의 긴장을 이완시키고 스트레스 관리에 효과적이다.

　스트레칭은 어디서나 간단히 할 수 있다. 아침에 일어나서 하거나, 잠시 짬이 있을 때 어깨와 허리를 펴고 팔다리 근육 스트레칭을 해보자. 근육의 긴장이 풀어지고 근육의 가동범위가 늘어나며 심리안정에 도움이 된다. 스트레칭은 스트레스 상황에서도 유용하지만 일상에서도 짬짬이 하면 건강에 좋다. 몸을 움직이면 스트레스 해소에 도움이 된다. 스트레스 상황이라고 가만히 있으면 더 악화한다. 달리는 자동차와 같이 인간은 움직일 때 에너지가 생긴다. 가볍게 할 수 있는 스트레칭을 생활화하여 몸의 유연성을 높이고 건강과 젊음을 유지하자.

동안(童顔)으로 살아가기

　인간의 생체시계는 계속 돌아가 자기도 모르게 신체가 조금씩 노화되어 간다. 그러나 중년의 나이에도 불구하고 얼굴에 윤기가 나고 젊어 보이는 사람들이 있다. 나이에 비해 동안인 사람들은 대체로 긍정적이고 낙천적인 사람들이다. 힘든 일이 있어도 툭 털어버리는 사람은 표정이 늘 밝다. 이런 사람과 함께 있으면 덩달아 기분이 좋다.

　우울한 사람과 함께 있으면 같이 있는 사람에게도 우울감이 전파된다. 세상사가 생각하기 나름인 것이 많다. 부족하다고(Lacking) 느끼는 감정보다는 가지고 있음에(Having) 감사하고 긍정적인 마음을 유지하는 것이 스트레스를 줄이고 동안으로 가는 길이다. 얼굴이 밝고 젊어 보이는 사람들은 긍정적으로 생각하고 스트레스에 강하다. 자기 자신을 잘 관리하고 외모 관리에도 시간과 노력을 투자한다. 자기 외모를 잘 가꾸면 본인 스스로 자존감이 높아진다.

내 마음이 동안을 만든다.

동안으로 가는 길은 안티에이징이 기본이다. 마음이 편하면 천천히 늙어가고 표정도 밝다. 근심·걱정으로 마음이 불편하면 빨리 노화가 온다. 우리가 겪는 불행의 근원은 모두 마음 때문이다. 똑같은 사건도 생각하기 나름인 것이 많다. 살아온 연륜으로 비우는 법도 배우고 너그러움과 배려도 알 수 있는 나이가 중년이다. 감사함을 알고 욕심을 내려놓으면 마음이 한결 편안해짐을 알 수 있는 나이가 중년 아닌가. 스스로 힘들고 괴롭게 하는 것을 내려놓을 때 비로소 얼굴이 편안해지고 밝아진다.

나이가 들면 호르몬의 변화로 우울증이 오기도 한다. 이때 자신을 행복하게 하는 일을 자주 만들어 스트레스에서 벗어나는 길을 찾아보자. 부정적인 생각은 상황을 더 부정적으로 만든다. 책을 읽고 좋은 글귀를 기억하고 실천하자. 즐거운 일은 자신이 스스로 만들어 가야 한다. 피할 수 없으면 즐기라고 하였다. 모든 것은 자기 생각에서 비롯된다.

여유를 가지고 즐거움을 찾자.

세상은 이전보다 더 빨리 발전한다. 이를 따라잡지 못해 숨 가빠하거나 스트레스를 받기보다는 변화하는 환경을 잘 받아들이고 두려워하지 말아야 한다. 부정적인 감정이 노화의 씨앗이다. 여유로운 마음으로 즐거움을 찾아 나서자. 즐거운 삶을 원한다면 즐거워지고자 노력해야 한다.

누군가에 의존하기보다는 스스로 찾아 나서야 한다.

  스트레스와 괴로움도 스스로 떨쳐낼 마음의 여유를 가지자. 갑자기 예상치 못한 큰일이 닥쳐 힘들고 어려울 때일수록 마음의 여유가 필요하다. '이 또한 지나가리라'라는 마음으로 여유를 가져보자. 운동선수들도 경기가 잘 안 풀릴 때 작전타임을 갖는다. 긍정성과 낙천적인 마음을 가지자. 그리고 웃자. 웃음은 우리 몸 근육의 긴장을 풀어주는 역할을 한다. 웃는 것만으로도 굳어진 몸이 한결 이완된다. 화를 내는 것도 자신이고 웃는 것도 자신이다. 진정한 젊음과 동안은 스스로 만들어내는 것이다.

활성산소를 줄이자

  인간은 생로병사를 피하지 못한다. 누구나 태어나서 늙고 병들어 죽게 되는 것은 인간의 숙명이다. 이런 사실은 엄연한 현실이지만 왠지 서글프게 느껴진다. 어릴 때는 빨리 성장해서 어른이 되기를 원하지만, 인생의 중반이 되면 주름이 생기고 흰머리가 생긴다. 탱탱하던 피부가 노화되어 눈가에 주름이 생기고 신체의 여기저기에서 탈이 나기 시작한다. 오랫동안 사용한 자동차가 고장이 나듯, 수십 년 사용한 신체는 새 자동차처럼 고장 없이 잘 굴러갈 수 없다. 수리하고 고치는 것은 당연하다. 누구든지 나이가 들면 노화가 오기 마련이다.

  그러나 자동차도 잘 관리하면 오래 사용하듯이 인체도 잘 관리하면 건강하게 오래 살 수 있을 것이다. 스트레스와 활성산소가 노화의 원인이라고 의사들은 말한다. 노화의 직접적인 원인인 스트레스와 활성산소를 잘 관리해 가면 노화를 늦출 수 있고 젊음을 오래 유지할 수 있다고 한다.

사람은 산소 없이 수명을 유지할 수 없다. 산소는 생명을 유지하는데 필수요소이다. 우리가 매일 섭취하는 음식물을 통해 얻은 영양소와 호흡을 통해 얻는 산소가 만나 세포 속에서 에너지를 만든다. 우리 몸으로 공급된 산소는 섭취한 음식물을 산화시켜 에너지원으로 사용한다. 이때 에너지를 만들고 남은 폐기물이 활성산소이다. 활성산소는 세포 손상을 초래하여 각종 질병과 노화를 일으키는 원인이 된다고 한다. 건강한 식사가 노화와 질병을 예방하는 좋은 방법이라는 방증이다.

그뿐만 아니라 자외선, 방사선, 스트레스, 환경오염, 흡연 등도 활성산소를 만들어내는 원인이라고 의사들은 말한다. 음식물의 과도한 섭취는 활성산소를 생성한다. 소식하면 장수한다고 의사들은 말한다. 장수한 사람들의 공통적인 특징은 소식이다. 일본 오키나와의 장수촌에서는 식사량의 80%만 채우고 소식한다고 한다. 과식하는 사람에 비해 소식하는 사람은 수명이 1~2년 늘어난다는 과학자들의 연구 결과도 있다.

활성산소에 의한 산화를 막아주는 물질이 항산화 물질이다. 우리 몸의 항산화 작용을 위해서는 슈퍼푸드로 주목받고 있는 검붉은 색 과일, 특히 베리류가 항산화 역할을 한다고 한다. 블루베리, 아사이베리 등을 자주 섭취하자. 블랙푸드는 검은콩, 검은깨, 검은 땅콩과 같은 식물성 식품과 미역이나 김 같은 해조류, 흑마늘, 흑삼과 같은 식품들이다. 노화 예방에는 항산화 식품이 좋다고 알려져 있다.

특히, 노화가 빠르게 진행될 수 있는 일을 하거나, 스트레스를 많이 받는 사람, 흡연과 음주를 많이 하는 사람, 야외에서 자외선에 많이 노출되어 일하는 사람들은 이런 항산화 식품을 섭취하면 노화 예방에 큰 도움이 된다고 한다.

노화 방지를 위해서도 금연하자. 담배 연기 속에는 4,000여 종의 화학 물질이 들어 있다고 한다. 그중 2,000여 종은 우리 몸에 해로운 물질이다. 첫째가 타르 성분이고, 둘째가 일산화탄소이며, 셋째는 니코틴이다. 담뱃진 속에는 20여 종의 발암 유발 물질이 있어 담배를 오래 피운 사람은 암 발생률이 높다. 담배를 피운 사람의 폐가 검은 이유는 담뱃진 때문이다. 흡연은 활성산소를 유발하고 노화를 촉진한다. 금연하면 피부가 윤기가 나고 건강해지는 법이다.

과도한 자외선을 피하자

자외선은 햇볕을 통해서 피부에 영향을 준다. 과도한 자외선은 피부 노화를 촉진한다. 시골에서 농사를 짓는 사람이 도시에서 직장생활하는 사람보다 노화가 빠르게 진행되는 이유이다. 과도한 자외선 노출은 피부 노화를 유발한다. 주근깨, 잡티 등의 색소변화부터 시작해서 눈가, 입가 주름을 만들고 피부 위축을 가져오며 피부를 울퉁불퉁 거칠게 한다. 과도한 자외선을 피하고 야외활동 시 선크림을 발라야 하는 이유이다.

중년에는 매력 있는 사람이 되자

내가 평소 존경하는 한 분은 항상 밝고 환한 얼굴이다. 같이 있으면 나도 기분이 좋고 덩달아 밝아지는 느낌이다. 웃는 얼굴은 누구에게나 편안하고 친밀감을 느끼게 한다. 특히 중년의 미소는 삶의 여유가 느껴지고 매력 포인트가 된다.

누군가를 만났을 때 '인상이 좋다'는 말을 들으면 기분이 좋기 마련이다. 나도 그런 소리를 들을 때 기분이 좋다. 인상이 좋은 사람은 항상 긍정적인 삶의 태도를 유지하고 살기 때문이 아닐까 생각한다. 누구에게나 스트레스를 받는 힘든 과정이 있다. 그러나 되도록 긍정적으로 생각하고 어려운 일이 있어도 잘 풀릴 것이라고 낙관하는 사람이 인상 좋은 사람이다. 나는 대체로 좋은 사람을 만날 것이라고 믿으며, 선한 사람과 가까워지려고 노력한다. 심성이 좋지 않은 사람은 가까이하기 싫어진다. 그것이 나의 행복을 만드는 근원이라고 생각하기 때문이다. 대부분 사람은 인상이 밝고 선한 사람을 좋아한다.

우리는 사람의 얼굴에서 많은 정보를 얻는다. 잘생기진 않았지만, 왠지 따뜻한 느낌을 주는 사람도 있고, 멋지게 생겼지만, 왠지 친해지고 싶지 않은 사람도 있다. 대부분 인간미가 넘치는 사람을 좋아한다. 단순한 외모의 문제가 아니라 얼굴은 그 사람의 삶의 자세와 철학을 대변하기 때문이다. 중년의 얼굴은 그 사람의 삶의 궤적이 담겨있는 것이다.

생각을 바꾸면 행동이 바뀌고 행동이 바뀌면 운명이 바뀐다고 한다. 어떻게 생각하느냐가 여러 가지 의사결정에 영향을 주고 사고방식을 지배한다. 타고난 얼굴 바탕은 어쩔 수 없지만, 삶의 과정에서 웃는 근육이 발달할 수도 있고, 화난 근육이 발달할 수도 있고, 슬픈 표정을 짓는 근육이 발달할 수도 있다. 삶의 과정이 바뀌면 당연히 관상이 바뀔 수 있다. 관상에는 경험과 실력과 심리상태가 녹아있다. 사람의 생각과 습관은 자신도 모르게 얼굴에 묻어난다. 특히 자신감은 얼굴에 확연히 드러난다.

자기 얼굴에 책임을 져라

수십 년 동안 반복된 웃음, 기쁨과 즐거움, 우울감, 걱정, 삶의 태도는 그 사람의 얼굴에 드러난다. 자신이 어떤 사람인지 얼굴이 보여주고 있는 것이다. 우리는 자신의 얼굴을 만들어 가고 있다. 얼굴이 빛나는 사람은 희망이 있는 사람이고 자신감이 있는 사람이다. 기분 좋은 일이 있는 사람이다. 또한 남몰래 선한 일을 하는 사람이고 감사한 마음으로 사는 사람이다.

수십 년 동안 반복된 웃음, 기쁨과 즐거움, 우울감, 걱정, 삶의 태도는 그 사람의 얼굴에 드러난다. 자신이 어떤 사람인지 얼굴이 보여주고 있는 것이다. 우리는 자신의 얼굴을 만들어가고 있다. 얼굴이 빛나는 사람은 희망이 있는 사람이고 자신감이 있는 사람이다. 기분 좋은 일이 있는 사람이다. 또한 남몰래 선한 일을 하는 사람이고 감사한 마음으로 사는 사람이다.

나이를 먹어가며 자신이 만든 얼굴에 스스로 책임을 져야 한다. 자신이 만들어 놓은 역사가 그대로 얼굴에 투영되기 때문이다. 그래서 관상이라는 것을 통해서 그 사람의 미래를 점쳐보는 것이 가능하다. 현재는 과거의 거울이고, 미래는 현재의 생활에서 시작된다.

링컨은 이렇게 말했다. "나이 마흔이면 자기 얼굴에 대한 책임을 져야 한다." 얼굴은 삶의 내용에 따라 만들어진다는 말이다. 대통령이 된 링컨에게 한 친구가 어떤 사람을 추천했다. 링컨은 그 사람의 얼굴을 보더니 거절했다. 얼굴에 진실성이 보이지 않는다는 것이 이유였다.

셰익스피어는 이렇게 말했다. "하나님은 우리에게 선한 얼굴을 주셨는데 사람들이 악의 얼굴을 만들었다." 어린아이들 얼굴은 선하고 천사같이 천진하다. 그런데 어른이 되면 추해지고 일그러지고 욕심이 가득한 얼굴이 되기도 한다. 얼굴은 마음의 창이라고 한다. 긍정적인 생각이 밝은 얼굴을 만든다. 회사에서 직속 상사나 리더의 평상시 표정이 어둡거나 사고가 긍정적이지 않으면 구성원들에게 부정적인 정서가 전달된다. 이런 정서는 조직의 성과에도 좋지 않은 영향을 미친다. 이왕 하는 일 즐겁게 일하자. 어차피 해야 할 일이라면 기분 좋게 하는 것이 좋다. 내가 인상을 쓰면 상대방도 찡그리고 내가 웃으면 상대방도 웃는다. 상대는 나를 비추는 거울이기 때문이다.

신은 내면을 보지만 사람들은 겉모습을 본다

나는 주변에서 얼굴이 선하게 보인다는 이야기를 많이 듣는다. 아마도 내가 잘 웃기 때문이 아닐까 생각된다. 나는 그럴 때마다 올바른 마음으로 살아야겠다, 남에게 손해를 끼치지 말자는 생각을 하게 된다. 도덕적으로 당당하게 살자는 것이 나의 신념이다. 일은 항상 긍정적이고 열정적으로 해야겠다고 다짐한다.

사람들은 타인을 판단할 때 그의 겉모습을 가장 먼저 본다. 겉모습 때문에 내면을 보여줄 기회를 놓친다면 너무나 아쉬운 일이다. 외모는 내면의 또 다른 표현이다. 외모를 꾸민다고 해서 비싼 옷이나 장신구를 걸치는 것은 아니다. 깔끔한 복장과 깨끗한 옷차림으로 좋은 이미지를 주려고 하자. 가끔 구깃구깃한 와이셔츠에 다림질 안 된 통바지를 입고, 어깨에는 하얀 비듬이 있는 사람과 마주하게 된다. 손질 안 된 머리, 냄새 나는 옷을 입은 사람과 마주할 때도 있다. 그런 사람은 신뢰감이 떨어지고 직장에서도 결코 성공할 수 없다.

나는 누구를 만날 때나 옷차림에 신경을 쓰고 좋은 이미지를 주려고 노력한다. 깔끔한 옷차림은 무엇보다 스스로 자신감을 느끼게 해주고 기분 좋게 만든다. 나는 항상 긍정적으로 생각하려고 한다. 선한 생각을 지닌 밝고 환한 사람을 좋아하고 가까이하고 싶다. 그런 사람이 주변에 많으면 내 인생이 행복해질 것이기 때문이다.

향기로운 꽃에 벌이 모이듯 자신만의 매력이 있다면 주위에 좋은 사람이 알아서 모인다. 매력은 발산하는 것이다. 깔끔한 옷차림과 밝은 미소를 머금은 표정을 유지하자.

중년에는 옷을 잘 입는 것도 중요하다. 비싼 옷이 좋은 옷은 아니다. 깔끔하고, 세련되게 입으면 된다. 살림살이가 어렵다고 옷을 구질구질하게 입으면 기분도 우중충해진다.

'웃는 얼굴에 침 못 뱉는다'라는 말처럼, 좋은 인상을 주는 사람에게 함부로 하는 사람은 없다. 내가 웃는 낯으로 밝은 표정을 지으면 함께한 사람들의 표정도 누그러지고 분위기가 풀어진다. 미소의 힘은 생각보다 크다. 어디를 가든 미소를 짓자. 긴장감이 드는 자리에 가더라도 밝은 표정을 짓도록 노력하자. 미소는 중년의 여유이다.

중년에는 진정한 자신의 삶을 살자

향기 있는 삶을 위하여….

우리는 산업화와 민주화를 거치면서 숨 가쁘게 달려왔다. 너무 바쁘게 달려와 여유가 없다. 빨리빨리에 익숙해져 있다. 경제적인 풍요로 살기는 좋아졌지만, 마음은 늘 급하고 쫓긴다. 알 수 없는 불안과 스트레스가 있다. 앞만 보고 달리며 자신과 주변을 돌아볼 여유가 없다. 중년기에 접어든 이제는 삶의 궤적을 돌아보는 쉼표가 필요할 때다. 진정한 삶의 지혜를 얻고 자기 삶을 그려보자. 새로운 인생을 계획하고 인생을 관조하는 지혜를 가지자.

인간은 사회적 동물이다. 혼자서는 살아갈 수 없다. 우리는 주변 사람들과 함께 살아가면서 영향을 주고받는다. 나라는 사람도 태어나면서부터 부모님과 이웃의 영향으로 자아가 형성되었고, 자라면서 친구들과 선생님, 직장과 사회에서 영향을 받아 오늘의 내가 있는 것이다. 불교의 법화경에서는 "무엇이든지 본래는 깨끗하지만, 모두 인연에 따라서 죄와 복을 일으키게 된다. 마치 향을 쌌던 종이에서는 향내가 나고, 생선을 묶었던 새끼줄에서는 비린내가 나는 것과 같다"라고 이야기한다. 인생을 살아가면서 누구와 인연을 맺고 동행하는지가 중요하다고 설파하고 있다. 주변의 어떤 사람과 동행하느냐에 따라 인생이 달라진다.

중년의 시기는 경험한 것도 많고 지혜도 생긴다. 자기의 철학을 가지고 주변 사람에게 선한 영향력을 끼칠 수 있는 때이기도 하다. 중년의 시기에 향을 싸는 종이와 같은 사람과 동행하면 인생이 풍요롭고 의미 있는 경험을 많이 할 수 있을 것이다. 그러기 위해서는 먼저, 자신부터 향기나는 사람이 되어야 한다. 비뚤어진 사고방식, 비교하는 마음, 집착하는 마음, 이런 것들을 가지치기하듯이 잘라내고 내 마음을 정돈해 보자. 나에게서 향기가 나도록 향기를 품자. 아름답고 예쁜 싹들이 자라나게 토양을 만들어야 한다.

농부는 수확을 위해서 밭에서는 잡초를 제거하고, 봄이 오기 전에 나무들은 가지치기하여 정리 정돈한다. 나 자신을 위한 가지치기가 필요하다. 농부들이 겨울에 가지치기하듯이 잘못 튀어나온 가지는 잘라내고 좋은 나무가 잘 자랄 수 있도록 해야 좋은 과일을 얻을 수 있다. 내 마음이 정돈되고 나의 삶을 걸을 때 여유가 생기고 향기가 난다.

지금(Now), 여기(Here)에서 최고로 사는데 행복이 있다

인간은 누구나 행복한 삶을 살기를 바란다. 그러나 행복은 찾아오는 것이 아니라 찾아가고 만들어 가는 것이다. 모든 걸 다 가진 것이 행복일까?. 모든 것을 다 가질 수도 없겠지만 많은 것을 가진다 해도 또 다른 근심 걱정거리가 생기고 불안해지므로 절대 행복해질 수 없다. 스스로 만족할 줄 아는 삶을 살면 행복해지는 것이다. 행복은 멀리 있는 것이 아니라, 오늘 하루를 지금(Now), 여기(Here)에서 최고로 사는 데 있다. 나의 인생과 삶의 의미를 찾는 그 날부터 고통에서 기쁨으로, 복잡함에서 단순함으로, 불안에서 편안함으로 바뀔 수 있다.

우리 삶이라는 것이 예측하지 못하는 일이 많다. 삶과 죽음, 질병, 사건·사고 등 무수한 일들이 일어난다. 미래를 위해서 사랑을 저축하지 말자. 내일은 걱정하지 말고 오늘 하루에 집중하자. 내일 물을 주려던 그 꽃은 이미 시들어 있고, 내일 보려던 그 사람은 이미 떠나고 없다. 내일 전해 주려던 사랑의 말은 이미 내 머릿속 기억에서 사라져 버린다. 내일을 위해 저축만 하고 불안해하며 소비를 못 하고 죽을 때 가장 많은 자산을 남기는 사람들이 많다고 한다. 인생은 소풍 같은 것이다. 아름다운 경험을 하고 새로운 도전을 하자. 중년의 나이는 금방 지나간다. 더 나이 들고 힘이 없어지고 건강을 잃으면 하고 싶어도 못 한다. 한 살이라도 젊었을 때 여행도 가고 책도 읽고, 취미생활 하며, 하고 싶은 것을 해보자. 세상살이에 기운을 주는 일을 해보자. 좋은 사람과 교류하고, 양식이 되는 책을 읽고, 만 리로 여행을 떠나보자.

　모든 일은 생각하기에 달려있고 마음먹기에 달려있다고 한다. 돈이 부족하다고 느끼면 남들이 보기에는 많은 돈이 있어도 부족하다. 돈, 권력, 명예에 대한 욕심은 끝이 없다. 가지고 있는 것에 감사하면서 열심히 살아가면 되는 것이다. 만족하지 못하는 마음 때문에 불안이 생긴다. 오늘 하루에 집중하고 즐겁게 살아가는 것에 행복이 있다. 내일을 걱정하기보다는 오늘 이 순간을 더 소중히 간직하고, 하고 싶은 일들을 해보자. 내일이라는 단어 때문에 후회하는 것보다 지금, 이 순간을 소중하게 보내는 것이 바로 행복이다.

후회하지 않는 삶을 위하여

　우리는 인연을 맺은 주변 사람과 비교하고, 타인을 의식하며 살아간다. 인정받기를 원하고 자신을 알아주기를 바란다. 남들보다 돈을 잘 벌고, 멋진 옷을 입고 뽐내고 싶어 한다. 그러나 늘 타인과 비교하는 삶은 자기 삶을 옥죄게 된다. 타인과 비교하면 늘 부족하기 마련이다. 충분히 소유하고 있으면서도 늘 부족하게 느껴지고, 없는 걱정도 만들게 된다. 남들과의 비교는 내일을 늘 불안하게 만든다. 우리는 너무 바쁘게 달려가고 있다. 삶에 여유가 없고 항상 총총걸음으로 길을 간다.

　무엇 때문에 그렇게 바쁘게 달려갈까? 먹고 살기는 좋아졌지만, 정신적으로 과거보다 여유가 없는 것이다. 한 박자 쉬어 우리의 삶을 되돌아보자. 자신을 찾고 삶의 의미를 되새겨보고 어떻게 살아야 하는지 되새김 해보자.

50대 중년의 나이에 들어서니 친구들이 예측하지 못한 사건·사고나 질병으로 생을 마감하는 것을 자주 보게 된다. 100세 시대라고 하지만 의외로 많은 사람에게 예측하지 못한 죽음·질병이 찾아온다. 물론 나에게도 그런 일이 갑자기 올 수 있다고 생각한다. 그런 순간에도 후회하지 않도록 나의 삶을 살아야 한다.

'흔들리지 않는 나무가 어디 있으랴'마는 우리 마음은 항상 여유가 없다. 마음은 조그마한 일에 흔들리기도 한다. 지나고 나면 별일 아닌 일에 목숨을 걸기도 한다. 큰 그림을 그리고 멀리 내다보고 조급해하지 말아야 한다. 큰 나무는 바람에 흔들림이 작다. 너무 높이 올라가려고도 하지 말자. 높이 올라 꼭대기에 있으면 바람에 흔들리고 떨어지기도 싶다.

세상에 존재하는 모든 것은 정해진 수명이 있다. 사람도 마지막이 있다는 사실을 늘 생각하고 어느 순간 어떤 일이 있더라도 받아들일 준비를 하자. 인생이란 정해진 것이 없기에 왜 나에게 이런 일이 생기느냐고 절망해 보아야 소용없다. 하루하루 열심히 살아가고 주어진 운명을 받아들일 준비를 하면 된다.

내가 아닌 남의 삶을 살면 늘 불안하다. 나를 돌아보고 내 삶을 살자. 자신의 운명은 자신이 결정하는 것이다. 자신의 운명은 자신이 어떻게 생각하느냐에 달려있다. 모든 것은 마음먹기에 달려있다. 버킷리스트도 만들고 하고 싶은 일을 해보자. 타인을 위한 삶을 살기에는 인생이 너무 짧다. 복잡한 세상에 여유를 가져보자. 한 박자 늦추어 세상을 바라보자. 아무리 아름다운 경치도 마음이 다른 곳에 있으면 보이지 않는다. 멋진 골프장에서도 여유가 없으면 주변 경치가 보이지 않고 불안하여 운동을 즐기지 못한다. 마음의 여유를 가지고 한 번쯤 인생에 대해서 생각해 보고 자기 삶을 살아가자. 지금부터는 한 살이라도 젊을 때 건강관리를 하고 인생의 의미를 찾아 나서자. 인생의 노년기에 '나는 왜 그렇게 살았을까'라고 후회하지 않아야 한다. 중년에는 자기 삶을 살아보자.

내 마음속의 화를 잘 다스리자

인생은 좋은 일도 많지만 생각지도 않은 험한 일이 일어나기도 한다. 예상하지 못한 일들이 불현듯이 발생한다. 우리 삶은 정해진 대로 움직이는 법이 없다. 숨어 있는 변수가 많고, 돌파해야 할 난관들이 수없이 많다. 사람들로부터 깊은 상처를 받기도 하고 가정이나 직장에서도 자기 의도대로 되지 않는 일이 많다. 부당하거나 억울한 일을 당하기도 한다. 억울하다고 생각되면 자신도 모르게 화가 난다. 일상의 삶이 항상 좋은 일만 있지는 않다.

'호사다마(好事多魔)'라고 한다. 좋은 일 뒤에는 늘 탈이 많이 나는 경우를 목격한다. 좋은 일이 있다고 좋아하다가 '화(禍)'를 당하기도 한다. 나의 장인어른은 '좋다고 너무 좋아하지 말고, 싫다고 너무 싫어하지 말아라'라고 늘 말씀하신다. 중년의 나이가 되고 보니 그 말의 의미를 깨닫게 된다. 수많은 관계 속에 살다 보면 내 뜻대로 되지 않거나 부당하다고 느껴질 때 화가 나기도 하고 뜻하지 않는 일로 고통을 받기도 한다. 그러나 대부분 사람은 화를 낸 뒤에 후회한다. 지나고 나면 별일 아니었는데

화를 내어 후회하기도 한다. 때로는 상대방 앞에서 화를 퍼붓고 분노하여 되돌릴 수 없는 상처를 준다.

자기 생각이 사실이 아닌 경우가 많다

그러나 자신이 생각하는 것이 사실이 아닌 경우가 많다. 내 생각은 하나의 생각일 뿐이다. 우리는 눈으로 보고, 귀로 들으면 사실이라고 믿는다. 그러나 살인사건 등에서 목격자의 잘못된 증언으로 죄 없는 사람이 억울하게 옥살이하고 진범이 따로 있는 경우를 종종 본다. DNA 검사로 진범이 밝혀지면 잘못된 판결의 90%가 목격자들의 증언에 의한 것이다. 인간은 자기중심으로 세상을 바라본다. 그리고 인지 편향으로 자신이 원하는 결과를 바라거나 어떤 사건을 접하고 감정이 앞설 때 원하는 정보만 선택적으로 인지한다.

인간은 혼자만의 생각으로 화를 내기도 한다. 사람은 자기가 듣고 싶은 것만 듣고, 보고 싶은 것만 본다고 한다. 동굴 벽화에 비친 그림자를 보고 실제라고 믿었고, 빙산의 일부를 보고 전부라고 믿었다. 오랫동안 인간들은 태양이 지구를 돌고 있다고 믿었다. 생각이 사실이 아닌 경우가 많고 인간은 인지편향으로 잘못된 생각을 가지고 분노할 수 있다.

사람의 마음은 수시로 바뀐다. 좋아하는 마음, 싫어하는 마음도 변한다. 지금 좋아한다고 할지라도 그 일이 계속되고, 일상이 되면 좋아하는 마음도 바뀔 가능성이 있다. 하루에도 수백 번 생각이 흔들리는 것이 인간의 마음이다.

평소에 웃을 일을 많이 만들고 감정표현과 대화하는 훈련을 할 필요가 있다. 생각이 행동을 만들고 행동이 습관을 만든다고 한다. 좋은 생각과 긍정적인 마음은 분노를 가라앉히고 마음의 평화를 가져온다. 평소에 긍정적인 생각을 하고 자기감정을 긍정적으로 이끌어야 한다. 자기의 감정을 표현하는 훈련으로 분노에 이르지 않도록 조절할 필요가 있다. 이러한 훈련은 분노가 세련된 언어로 표출되도록 돕는다.

부정적인 사건은 흘려버리자

길을 가다가 누군가에게 이유 없이 따귀를 한 대 맞았다고 가정해 보자. 상상만 해도 기분이 나쁠 것이다. 실제로 그런 일이 생기면 극도로 기분이 나쁘고 화가 날 것이다. 하지만 더 큰 문제는 분한 마음에 계속 그 상황을 생각하며 친구나 가족에게 그 심정을 설명하고 머릿속에 그 상황을 재구성하는 것이다. 그런 과정에서 계속 화가 나서 점점 더 분노하게 된다. 그리고 또다시 친구들에게 말한다면 계속 부정적인 이미지와 감정들을 마음속에 쌓아 가는 것이다. 남에게 억울하게 따귀를 맞아서 생긴 부정적인 이미지 한 장을 곱씹고 재구성하면서 수많은 부정적인 이미지를 스스로 심는다.

세상에는 예측하지 못한 일들이 많이 일어난다. 그 일에 대해서 어떻화가 날 때는 천천히 몇 번 심호흡을 하고, 논쟁을 하려면 심호흡하면서 걸어 보라고 전문가들은 말한다. 또한, 화가 날 때 숲길을 걸어보자. 우거진 숲길을 걸으면 기분이 상쾌해진다. 맑은 공기가 우리의 뇌를 채우고 이산화탄소가 머릿속에서 빠져나가면서 기분이 좋아지는 것을 느낀다.

게 반응하고 대처해야 할까? 나에게 발생하는 부정적인 사건들이 흘러가도록 빨리 잊자.

심호흡을 하고 푸른 숲속 길을 걸어보자

대부분 사람은 화를 낸 뒤에 후회한다. 화를 잘 참지 못하겠거나 잠을 수 없는 상황이면 자리를 피하는 것이 좋다. 즉각적인 반응을 하지 말고 다음에 조용히 대응하는 것이 좋다. 화가 나서 도저히 참기 어려울 때면 자리를 피한 뒤 곰곰이 생각하고 상대와 차 한잔하면서 자기 생각과 감정을 전달해보자. 자기 자신의 감정을 표현하는 방법도 배워야 한다. 말로 표현하기 어렵다면 편지 같은 다른 매체를 이용해서 감정을 표현하는 방법도 괜찮다

화가 난다고 버럭 화를 내면 결국은 자신과 상대에게 치명적이다. 어느 누가 모욕당하고 아무렇지 않겠는가. 한 번 더 생각하고 자신의 의견을 천천히 이야기해 보는 것이 어떨까? 아무 데서나 버럭버럭 화를 내는 사람은 아무 데서나 배설하는 짐승과 다름이 없다. 화가 치밀어오를 때는 멈춤의 시간이 필요하다. 그 자리를 잠시 떠나 심호흡하며 생각을 가다듬어 보자.

화가 날 때는 천천히 몇 번 심호흡을 하고, 논쟁을 하려면 심호흡하면서 걸어 보라고 전문가들은 말한다. 또한, 화가 날 때 숲길을 걸어보자. 우거진 숲길을 걸으면 기분이 상쾌해진다. 맑은 공기가 우리의 뇌를 채우

고 이산화탄소가 머릿속에서 빠져나가면서 기분이 좋아지는 것을 느낀다. 암환자들이 공기 좋은 산속이나 한적한 산골 마을에서 지내며 병을 고쳤다는 이야기를 많이 듣는다. 예술가들이 공기 좋고 한적한 시골에 내려가 창작 활동을 하는 사례도 자주 본다. 자연은 우리에게 맑은 공기와 힐링할 공간을 제공한다.

나는 어린 시절 시골에서 자란터라 항상 푸른 산과 숲을 좋아한다. 화가 날 때나 머리가 복잡할 때, 힘이 들 때 숲속을 걸으면 스트레스 해소는 물론이고 건강하게 살아 있음을 느낀다. 화가 날 땐 일상에서 벗어나 자연으로 가보자. 복잡한 생각을 흘려보내자. 푸른 숲의 맑은 산소와 피톤치드가 뇌에 공급되면 스트레스가 날아갈 것이다. 화가 나고 고통스러울 때, 머리가 아프고 쑤실 때 숲속에 가서 걸어 보자. 푸른 숲속에 가면 머리가 맑아지고 두통이 사라지는 것을 느낄 수 있을 것이다.

품격으로 중년의 삶을 가꾸자

나의 마음은 아직 청춘이고 20대 때가 눈에 선한데 누가 나이를 물어보면 스스로 깜짝 놀란다. 어느새 나도 50대 후반이 아닌가. 시간의 흐름은 화살과 같다. 시간은 나이의 속도에 비례한다는 말이 있다. 40대는 40킬로미터로 시간이 가고, 50대는 50킬로미터로 시간이 가고, 60대는 60킬로미터로 시간이 간다고 한다. 나이가 들수록 더 빠른 속도로 나이를 먹는다는 말이다. 하루 한 달이 화살과 같이 지나가고 지나간 시간은 한 순간의 점이 된다. 1년이라는 세월도 추억 속 사진 한 장 같이 스쳐 지나간다.

운전할 때 처음 가는 길은 긴장이 되고 시간이 오래 걸린다. 그러나 매일 다니는 익숙한 길은 쉽게 빨리 간다는 느낌이다. 인생도 아마 살면서 경험치가 쌓이고 새로움이 없이 한 번씩 경험했던 일이 많아지기에 시간이 빨리 가는 느낌일 것이다.

나이가 들어간다고 서글퍼할 일도 없다. 나이를 먹을수록 성숙하고 원숙하게 된다. 마치 잘 익은 과일처럼 나이가 드는 것은 점점 더 성숙해지는 것이다. 인생 또한 그 나이에 맞는 그 멋이 있다. 20대에는 20대의 젊음과 패기가 있고, 30대에는 치열하게 살아가는 열정이 있고 40대에는 노련함이 있고 50대와 60대에는 원숙한 경험치가 있다. 인생을 큰 그림으로 길게 보면 나름 그 나이에 어울리는 멋이 있다. 중년에는 중년의 멋을 살리자.

명성을 쌓는 데는 20년, 무너뜨리는 데는 5분

품격을 사전에서 찾아보면 '품성과 인격을 줄인 단어', '사람 된 바탕과 타고난 성품'으로 정의하고 있다. 품격을 갖춘 사람은 인격적 품위를 솔선수범하여 지키는 사람이다. 국민소득만 보면 우리나라는 선진국의 길목에 있는데 각종 사건·사고들은 우리를 부끄럽게 한다.

요즘 뉴스를 보면 부끄러운 일들이 너무 많다. 나라도 개인도 품격을 가져야 한다. 품격은 어느 날 갑자기 생겨나는 것이 아니고 숙성의 시간이 필요하다. 1인당 국민소득이 1천 달러일 때, 1만 달러일 때, 3만 달러일 때의 생각과 삶의 가치 기준은 다르다. 1인당 국민소득이 4만 달러를 향해 달리는 우리는 4만 달러 시대에 걸맞은 품격을 갖추어야 한다. 소득이 일정 수준을 넘어가면 양보다 질을 찾게 되고 성숙하고 여유로워지면서 품격을 찾는다. 품격 있는 사람은 인간으로서의 훌륭한 성품을 지니고 자기 일에 대해서는 책임을 지는 태도를 보인다. 평소 사소한 말이나 행동에서부터 품격이 묻어 나온다.

미국의 방위사업체 CEO 빌 스완스가 말한 '웨이터의 법칙'이 있다. '당신에게는 친절하지만, 웨이터에게 무례한 사람은 절대 좋은 사람이 아니다'라는 이론이다. 고급 레스토랑에서 웨이터가 실수로 손님 중 한 명에게 와인을 쏟았다. 옷을 버린 손님은 불같이 화를 내며 '당신 미쳤어? 내가 누구인지 알아? 지배인 오라고 해!'라고 소리쳤다. 이때 동석했던 사람은 브랜드 다빈스라는 의류 업계의 거물이었다. 그녀는 그 모습을 보고 무례한 그 사람과의 거래를 취소했다. 웨이디의 법칙을 주창한 빌 스완스는 다른 것은 몰라도 이 법칙만은 정확하다고 말한다.

자신보다 지위가 낮은 사람에게 권력을 휘두르는 것으로 자신의 지위가 높다는 것을 확인하고 싶어 하는 어리석은 사람들이 있다. 함께 일하는 사람들은 누구도 예외 없이 소중한 사람들이다. 지위가 낮은 곳에 있는 사람일수록 더욱 존중해야 한다.

명성을 쌓는 데는 20년 이상 걸리지만, 그것을 무너뜨리는 데는 단 5분이면 충분하다. 세상에서 주목받지 못하는 사람, 소외된 사람들에게 내가 먼저 웨이터의 법칙을 적용하면 나 자신은 물론 주변 사람들도 품격 있는 사람으로 존경받게 될 것이다.

품격 있는 삶을 위해 해야 할 것들

나이가 많다고 모두 어른이 아니다. 자기 것만 고집하고 더 가지려고 발버둥 치는 사람은 어른이라고 하기 힘들다. 나이가 젊어도 배려할 줄 알고 생각이 깊고 여유가 있으면 어른이다. 지혜를 베풀고 이웃과 사회에 봉사하고 나누어 줄 수 있어야 품격 있는 사람이다. 나이가 들수록 시간의 경험과 경륜으로 지혜를 살려 후배들에게 나누어 줄 수 있어야 한다. 품격 있는 삶을 위해서 지켜야 할 것을 정리해 본다.

❶ **품격은 배려에서 나온다.**

먼저 나눔의 품격을 가져야 한다. 자신의 재능과 마음을 나누어 줄 수 있어야 한다. 내가 가진 경험과 지혜를 나누어 주고 공동체를 위해 봉사해야 한다. 자기 자신만을 위해 앞만 보고 달려가는 삶에서 벗어나 주변을 돌아보아야 한다.

어깨에 힘을 빼고, 입꼬리를 올리고 목소리를 낮추자. 그리고 넓은 가슴으로 포용하자. 황하와 양쯔강은 작은 물줄기를 마다하지 않아 큰 강줄기를 이루었다. 다른 사람의 비평도 기꺼이 흡수하는 자세를 가져야 한다. 높은 곳에 있는 사람은 멀리 보고 사방을 두루 보고 깊은 곳도 보게 된다. 마음을 넓게 쓰자. 그늘이 넓은 나무 밑에 새들이 모이고 가슴이 넓은 사람 밑에 사람들이 모이는 법이다.

❷ **품격은 감사에서 온다.**

내 마음의 풍요가 감사를 부르고 그 감사가 다시 풍요를 부른다. UN에서 정한 나이 기준으로 보면, 18세에서 65세까지가 청년이고, 66세부터 79세까지가 중년이다. 아직도 우리는 젊은 것이다. 103세의 철학자 김형석 연세대학교 명예교수는 100년 인생을 살아보니 65세부터 80세까지가 제일 행복했다고 한다. 65세에서 80세가 되니 여유가 있고 지혜가 충만하고 건강도 큰 문제가 없었다고 한다. 이때 쓴 책들이 가장 좋은 책이라고 생각하고 있으며 가장 많이 팔린 책이라고 한다. 우리는 아직도 청년이다. 할 일도 많다.

생각해 보면 감사할 일이 정말 많다. 계절의 변화와 아름다운 경치가, 흙냄새, 따스한 햇볕, 신선한 공기 등 일상에서도 감사할 일이 정말 많다. 동시대를 함께하는 가족, 친지, 친구, 동료에게 감사하자. 감사하는 마음은 행복을 느끼는 세로토닌 분비를 촉진하여 즐겁게 만들어 준다. 매일매일 감사한 일을 찾고 행복을 느끼는 삶을 꿈꾸자.

❸ 마음의 근육을 쌓는다

나이가 들어가면서 누구나 근력 운동과 유산소 운동을 한다. 나도 헬스클럽에서 웨이트 트레이닝으로 근육을 다지고 러닝머신을 달리며 유산소 운동을 한다. 주말이면 집 근처 운동장을 돌고 팔굽혀펴기와 스쿼트 등으로 근력을 다진다. 운동은 언제나 나에게 활력을 준다. 근력 운동은 근육에 고통을 줌으로써 단단하게 만드는 것이다. 그렇다면 마음의 근육은 어떻게 단련할 수 있을까. 세상의 풍파에 부딪히며 마음의 근육이 만들어진다. 온실에서는 마음의 근육이 만들어지지 않는다.

살아가면서 늘 좋은 일만 생기지는 않는다. 즐거운 일만 있고 관계도 좋은 관계만 있는 것이 아니다. 삶에선 고통스러운 순간도 많다. 사업 실패, 이혼, 퇴직, 건강 문제 등 수많은 문제가 발생한다. 그러나 어둠이 지나면 새벽이 오고, 불행이 있기에 행복이 있다.

어려운 일들은 자신을 단련시키며 마음의 근육을 쌓는 것이고 내공을 다지는 디딤돌이다. 흔들리지 않는 내공은 삶의 지렛대가 되어주고 중년의 버팀목이 된다.

❹ 마음의 여유가 필요하다.

하는 일이 잘 풀릴 때도 있지만 마음대로 되지 않을 때도 있다. 일이 잘 풀리지 않으면 마음이 조급해진다. 사소한 일에도 짜증이 나게 된다. 이런 때는 조금 여유를 가져보자. 여유를 가지지 못하면 잘못된 판단을 하기 쉽고 큰 실수를 저지르기도 한다.

운동을 할 때도 힘을 빼라고 하지 않는가. 힘을 빼면 다치지 않고 부드럽게 운동할 수 있다. 마찬가지로 집착하는 마음을 내려놓으면 더 많은 것을 얻을 수 있다. 사람이나 물질이나 너무 집착하면 내가 원하지 않는 방향으로 흘러가고 결국 나에게서 떠나버린다. 물질도 나에게서 떠나버릴 수 있음을 알고 사람도 언제나 나에게서 떠날 수 있음을 아는 것이 중년의 삶의 지혜이다.

❺ 존경을 부르는 겸손

우리는 자신을 낮추는 사람을 겸손하다고 한다. 겸손은 그 사람을 더욱 아름답게 하고 높은 곳에 서게 해준다. 곡식도 무르익으면 고개를 숙인다. 사실 똑똑한 사람보다 겸손한 사람이 성공하는 경우가 많다, 세상은 혼자 살 수가 없다. 겸손하면 주변에 사람이 모이고 다른 사람이 많이 도와주기 때문이다.

스스로 자기가 잘났다고 하는 사람들이 많기에 우리는 겸손한 사람과 같이 하고 싶어 한다. 잘 난체하며 고개를 쳐드는 열매는 바람에 휙 날아가는 것이 자연의 이치이다. 그 사람의 내면에 겸손이 있으면 우리는 금방 알아본다. 그리고 우리는 그 사람을 좋은 사람으로 인정한다. 허리를 굽실거리고 다니면서 교만한 행동을 하면 누구도 좋아하지 않는다.

중년의 나이가 되면 경험한 것도 많아지고 그동안의 학습으로 아는 것도 많아진다. 그래서 허리와 고개가 뒤로 젖혀지고 사람들을 가르치려 하고 말이 많아진다. 그러면 주변에 사람이 떠나가기 시작한다. 늙어서 외롭게 살고 싶으면 남을 가르치려고 하고 말을 많이 하면 된다.

나이가 들수록 낮아지려고 해야 한다. 자신을 낮추면 높아지고, 자신을 높이려고 하면 낮아진다.

나에게 필요한 친구는 능력이 뛰어난 친구도 아니고, 돈이 많은 친구도 아니다. 인간성이 좋고 편하게 이야기할 수 있고 소주 한 잔 함께 할 수 있는 친구가 필요하다. 마음이 따뜻하고 항상 웃는 모습으로 편안하게 해주는 친구는 언제나 환영받는다. 중년에는 그런 친구가 되어주자.

❻ 여유 있게 주위를 살피자.

앞만 보고 산에 올라갈 때는 들꽃의 아름다움이나 멀리 펼쳐진 경관을 볼 수 없다. 주변을 살피며 천천히 내려오면 새소리, 물소리, 계곡의 아름다운 모습을 느끼고, 저 멀리 산등성이의 멋진 경치와 운무의 이동을 볼 수 있다. 마찬가지로 운전을 할 때 시속 100킬로미터로 달릴 때는 앞만 주시하느라 주변을 돌아보지 못한다. 주위를 둘러보다가는 사고가 날 우려가 있다. 그러나 시골길을 천천히 운전하면 주변에 아름답게 핀 꽃과 유유히 흐르는 강물이 눈에 들어온다.

인생에서도 주변을 살피며 여유를 가지면 소소한 즐거움과 삶의 의미를 느끼는 순간을 만들 수 있다. 여유를 통해 살아가는 맛을 느낄 수 있다. 나누고 베푸는 것은 꼭 물질적인 것만 있는 것은 아니다. 따뜻한 말 한마디가 사람의 목숨을 살릴 수 있고 어려운 사람에게 힘이 될 수 있다. 물질적인 것보다 밝은 미소, 사랑스러운 눈빛을 다른 사람에게 주자.

씨앗은 뿌린 대로 거두는 것이고, 많이 뿌리면 많이 수확하고 적게 뿌리면 적게 수확한다. 베풀면 다시 돌아온다는 것이 자연의 섭리이다. 나누어 주는 연습은 풍요로운 마음을 만든다. 살기가 팍팍하다 보니, 더더욱 계산기를 두드리게 된다. 하지만 계산기를 두드리는 순간 우리 모두 손해를 보고 불행해진다.

책 한 권에 자신의 인생을 브랜딩 해보자

글쓰기는 머릿속 지식과 경험, 생각을 글로 표현하는 것이다. 아무리 아는 것도 많고 경험이 풍부해도 글로 표현하지 않으면 다른 사람에게 알릴 방법이 없다. 일기 쓰기부터 시작하여 특별한 주제를 정해놓고 글쓰기를 자주 하자. 나는 코로나19 상황 이후로 주말마다 집 근처 스터디카페에서 책을 읽고 글을 쓴다. 일주일을 정리하는 글쓰기이다. 독서로 머리를 채우고 생각과 마음을 한 문장 한 문장 정리했다는 뿌듯함을 안고 집으로 돌아간다.

자신의 인생 경험과 전문성으로 영향력을 미치고 싶다는 포부가 있다면 책 쓰기는 필수이다. 책은 특별한 사람이 쓰는 것이 아니다. 유명 작가가 아니더라도 자신만의 이야기와 콘텐츠가 있다면 누구나 책을 쓸 수 있다. 책은 한 권 쓰기가 어렵지, 한 권을 쓰고 나면 두 권, 세 권 계속해서 쓴다고 한다. 책을 낸다는 것은 자신의 존재감을 세상에 드러내는 것이다. 일단 책을 쓰면 이곳저곳에서 강의 요청도 들어온다고 한다. 저자와 강사라는 타이틀을 더 얻을 수 있다. 자신을 브랜드화하기에 적합하다 도전해 보자.

2장 인생의 지혜

톨스토이는 물질적인 가치만을 추구하다 타락하는 인간의 모습을 잘 그려냈다. 물질적인 것만 추구하다가는 목마를 때 바닷물을 마시는 것처럼 더 많은 갈증을 느끼게 될 뿐이다. 과연 인간의 욕망은 끝이 있을까?

인간의 욕망은 끝이 없다. 조금만 생각해 보면 물질적인 풍요를 추구하는 끝이 보이지 않는 길만을 가지는 않을 것이다.

우울감, 불안감을 잘 다스리자

인생은 무거운 짐을 지고 산에 올라가는 것이라고 하던 군대 시절 간부의 이야기가 생각난다. 살아가는 과정은 누구에게나 힘든 시기와 고통이 있다. 내가 부러워하는 어떤 사람이 있다 하더라도 그 속을 들여다보면 나와 별반 다르지 않다. 살아가면서 느끼는 것은 내가 부러워했던 젊은 시절 친구·동료들 모두가 삶의 고비고비가 있다는 것이다. 물론 나에게도 힘든 시기와 과정이 있었다. 인간이면 누구나 힘들 때가 있고 시련이 있다. 누구나 상처받고 고달픈 일이 있다.

인간은 깨지기 쉬운 나약한 존재이다. 불안은 자신의 안전과 성과를 확보하려는 순기능을 가지고 있다. 토끼는 먹이사슬의 하위에 있는 동물로 항상 귀를 쫑긋 세워 주위를 경계해야 맹수로부터 잡아먹히지 않는다. 인간도 자신을 보호하려고 경계하고 긴장하는 것이다. 하지만 불안에 지속적으로 강하게 노출되면 불안장애, 공황장애, 외상후스트레스장애로 악화하여 삶이 고통스러워진다.

인간은 이제 야생에서는 천적이 없는 먹이사슬 최상위 단계에 있다.

수렵생활시 두려움의 대상이었던 맹수까지 통제할 수 있어서 천적이 없는 단계에 인간이 올라섰다. 그런데 우리는 왜 불안할까. 인간은 수렵 채집으로 씨족을 이루어 살다가 농경사회가 되어 큰 마을을 만들었다. 산업화하면서 대도시에 운집하게 되었고, 많은 사람이 비좁게 살다 보니 한정된 공간과 자원으로 경쟁과 갈등이 심해졌다. 결국은 인간의 천적은 바로 옆의 인간이 되어버린 형국이다. 예전과 다르게 서로 믿지 못하게 되었고 경계하며 살아간다. 가까이 있으면서도 서로를 불신하고 갈등 속에 불안을 품게 되었다.

대부분의 평범한 사람들은 자연스럽게 앞일에 대한 걱정, 예측하지 못한 일에 대해 불안한 마음을 가지고 있다. 이는 앞으로 다가올 위험에 대비하기 위한 인간의 본능이기도 하다. 이러한 불안감이 위기를 극복하는 힘이 되기도 한다. 잘 살기 위해서는 어떻게 해야 할까? 어떻게 하면 안전할까? 나는 지금 잘 가고 있는가? 등의 감정은 자연스러운 본능이기도 하다. 불안과 우울은 삶의 불확실성과 예측 불가능성에 대한 대비일 수 있다. 우리 인생은 항상 예측한 일들만 생기지는 않는다. 인생의 여러 가지 일들이 예고 없이 생기기 때문이다.

인생의 여러 가지 일들

세상사가 자기 뜻대로 모든 것이 이루어지는 예는 없다. 언제나 함께 있을 것 같은 부모님이 돌아가시고 사랑하는 배우자와도 언젠가 사별하게 된다. 뜻하지 않게 이른 죽음을 맞이한 친구도 있고, 아끼고 사랑하던 사람이 큰 사고를 겪기도 하고 먼저 하직하기도 한다. 자연재해를 입고 질병이 생기기도 한다. 살아가면서 상처받고 부딪히며 그런 가운데 삶의 지혜가 생긴다. 큰 사건·사고 없이 편안하게 꽃길만 가다가 생을 마감하는 사람은 없다. 각자가 인생 스토리가 있다. 누구나 삶의 무게만큼이나 고난을 겪고 예상치 못한 일을 만난다. 그런 과정에서 상처받고 힘든 시기를 지낸다. 불안감이 종종 우울증으로 전이되어 힘들어하는 사람들을 보게 된다. 정신적으로 강하고 성숙한 사람이라도 몸이 아프면 마음까지 약해진다. 누구나 질병이 생겨 장기간 병원 신세를 지게 되면 외부 활동이 줄어들고 우울감이 찾아온다.

 내가 직장생활 할 때 있었던 일이다. 한때 잘 나가던 노동조합 모 간부가 있었다. 이 직원은 회사 경영진과 협상하고 직원들을 앞에서 이끌어 가는 리더였다. 그러나 조합 간부에서 내려오면서 사람들의 시선이 차가워지는 것을 느꼈다. 조합 간부 시절 그 자리에 있었기에 직원들이 조심하고 고분고분했지만, 간부직을 내려놓으니 주변에 사람이 없었다. 물론 간부로 있을 때 권위적인 행동으로 빈축을 사기도 했었다. 그 직원 앞에 서는 조용히 있었지만, 사람들 사이에서 쑥덕거림의 대상이었다. 노동조합 간부 사직 후 그 직원은 주변의 차가운 시선을 몸으로 체감했다. 회사에 출근하기도 싫고, 의욕이 사라지고, 아침에 눈을 뜨면 잠자리에서 나오기가 싫다고 했다. 사람을 만나기도 싫고 모든 게 귀찮게 느껴진다는 것이다. 전형적인 우울증이었다. 나는 그 직원과 상담하면서 우울증이 참으로 무서운 병임을 알게 되었다.

큰일이 있더라도 당황하지 말고 순응하고 인생의 과정으로 받아들일 수 있어야 한다. 그런 과정을 삶의 일부로 이해해야 한다. 과거의 나쁜 기억과 미래의 불안에서 벗어나 현재의 삶에 충실할 수 있는 여유가 필요하다. 과거보다 훨씬 살기 좋아졌지만, 과거보다 불안과 우울감이 더 심해지는 이유는 뭘까? 부와 행복 이런 것들이 사실은 상대성을 갖기 때문이다. 과거보다 살기 좋아졌지만, 사람들은 행복해하지 않는다. 부와 행복, 좋고 나쁜 것도 상대적이기 때문이다.

행복 총량의 법칙

농경사회에서는 논밭에서 함께 일하고, 수확의 기쁨을 누리며 자연과 함께했다. 이웃과 협업이 필수였기에 우울증이 발붙이기 어려웠다. 그러나 현대를 사는 도시인은 협업이 아니라 부딪히고 갈등하고 경쟁하면서 살아간다. 또한, 남들과 비교하면서 살아가기에 우울하고 외로운 사람이 많다. 우리는 살기 좋아졌다고 하지만 정신적으로 행복해지지는 않았다.

돈이 많고 명망 있는 권력자들이 항상 행복할까. 그렇지는 않을 것이다. 수많은 사건·사고들을 보면 알 수 있다. 높은 자리에 있는 사람이든, 돈이 많은 사람이든 모두 스트레스와 마음의 고통이 있다. '행복 총량의 법칙'은 살아가는 동안 누구나 똑같은 정도의 행복한 일과 고통을 겪는다는 것이다. 행복과 불행의 총량은 같다는 말이다. 나에게만 다른 사람보다 많은 고통이 생긴다는 생각에서 벗어나야 한다. 누구나 인생의 고통과 행복의 총량은 같다는 생각에 공감이 간다. 중요한 것은 대처하는 방식의 차이이다. 고통을 잘 이겨내고 긍정적으로 승화시키는 사람이 있는가 하면 고통으로 좌절하는 사람도 있다.

로또 복권에 당첨된 사람들의 결말이 대부분 좋지 않은 것은 여러 가지를 이야기해 준다. 엄청 많은 돈이 생기면 행복해질 것 같지만 오히려 고통 속으로 빠지는 경우를 종종 본다. 돈이 갑자기 생기면 어디다 어떻게 쓸까 고민하게 되고 돈 걱정을 한다. 예상치 못한 큰돈은 결국 잘못된 선택으로 이어지고 인생의 나락으로 떨어지는 경우가 많다. 돈도 벌어보고 실패의 경험도 겪어야 관리능력이 생기고 돈이 차곡차곡 쌓아지는 것이다. 관리능력이 안 되는 사람에게 갑자기 큰돈이 들어오면 당황하게 되고, 자기 그릇보다 훨씬 큰돈을 감당하지 못하는 것이다.

흔들리지 않고 피는 꽃은 없다

살아가면서 겪게 되는 고통, 시련을 잘 관리하는 능력이 필요하다. 시련 속에 하느님의 큰 뜻이 있거나 하느님의 숨은 의도가 있다고 생각하자. 인생을 살다가 역경을 만났을 때 아무것도 배우지 못하면 그것은 형벌이다. 그 역경을 통해서 지혜를 배우고 무엇인가를 배웠다면 수업료를 들인 것이다. 흔들리지 않고 피는 꽃은 없다. 흔들리는 가운데 성숙해지고 단련된다. 아름다운 나무 열매는 꽃이 진 뒤에 맺히는 법이다. 사람도 상처받은 뒤에 삶의 아름다움을 느끼고 감사를 배운다. 고통의 시간을 지나고 나면 아름다움이 남는다고 누군가가 이야기했다.

긴장이 없으면 행복할 것 같지만 전혀 그렇지 않다. 적당한 긴장과 스트레스가 삶을 활력 있게 만든다. 긴장이 없는 삶은 무의미하게 되고 그런 삶은 권태기가 오기 마련이다. 살아가면서 겪는 트라우마, 힘들었던 시간은 지나고 나면 이야기 소재가 되고 경험을 이야기로 바꿔내면 소중한 자산이다. 인생이라는 큰 그림 속에서 보면 현재의 고난은 추억으로 남을 수 있는 일들이다. 고통스러운 일들도 지나고 나면 인생의 한 페이지로 소중한 경험으로 남는다. 지혜로운 사람은 위기 앞에서도 정서적으로 평온하며 시간의 흐름 속에 세상만사가 변해감을 이해한다. 살아가면서 일어나는 수많은 사건이 고통을 주기도 하고 행복을 주기도 하지만 그런 과정이 삶의 지혜가 되고 내공을 쌓게 하는 계기가 된다.

친밀한 인간관계와 포옹, 그리고 운동

우울감을 극복하기 좋은 첫 번째 방법은, 가족과 친밀한 관계를 형성하는 것이다. 항상 나와 함께하고 이해해 주는 사람이 있으면 불안이나 우울감이 감소한다. 건강하고 행복한 생활의 근본은 따뜻한 가족애와 인간관계이다. 특히, 가족과의 따뜻한 관계는 마음에 안도감과 평화를 가져온다. 가족과 허깅을 하고 스킨십을 하면 마음이 안정된다. 나의 경험으로 비추어 보면 처음 아내와 아이들과 허깅할 때는 조금 어색하다. 그러나 습관이 되면 허깅을 하지 않으면 오히려 허전하다. 둘째는, 긍정적인 생각과 운동이다. 긍정적인 사람과 부정적인 사람의 차이는 시간의 힘을 믿고 기다릴 줄 아느냐이다. 긍정적인 사람은 '앞으로 좋은 일이 있을 것'이란 기대를 저버리지 않고 살아가는 사람이다. 나쁜 일이 생겨도 '이 또한 지나간다'라는 생각으로 살아간다.

불안이나 우울증을 스스로 해결할 수 있는 최고의 방법은 운동이라 생각된다. 가벼운 우울증 증세가 있다면 운동만 꾸준히 해도 치료가 된다. 운동을 하는 것은 항우울제를 복용하는 것만큼 효과가 있다고 의사들은 이야기한다. 또한, 운동을 꾸준히 하면 폐활량이 늘어나고 우울증을 예방할 수도 있다. 나는 매일 1시간은 걷고 달리며 헬스장에서 몸을 단련한다. 우울증이 들어올 틈이 안 생긴다. 움직이다 보면 나도 모르게 기분이 좋아진다. 기분이 바뀌고 생각이 바뀐다. 폐활량이 늘어나 혈관이 확장되고 몸이 좋아지니 자신감도 생긴다. 일상에서 식사하듯이 운동을 꾸준히 하는 습관을 들이면 우울증을 예방하고 불안의 굴레에서 벗어날 수 있다.

군중 속의 외로운 현대인,
먼저 소통하자

군중 속의 외로운 현대인

현생 인류인 호모사피엔스는 서로 협력하고 무리를 이루어 세상을 지배하고 사회를 만들며 발전했다. 인류는 고대부터 집단생활로 적들의 침범을 방어하며 생존해왔다. 고립된다는 것은 야수에게 공격당하는 것을 의미했고 죽음의 공포로 이어졌다. 외로움은 집단으로부터 고립되거나 낙오되었다고 느껴질 때 생기는 감정이다.

그러나 현대인들은 외로움에 노출되어 있다. 과학기술의 발전으로 현대인들은 해외에 있는 사람들과도 소통하고, 지구 반대편의 사람들과도 교류한다. 학업과 직장을 위해 자기 집에서 수백 킬로미터나 이동하여 가족 등 1차 집단과 떨어져 살아간다. 고향을 떠나 살아가고 유목민처럼 또다시 새로운 곳으로 이동한다. 계속 움직이다 보니 끈끈한 인간관계를 맺기가 어려운 구조이다. 또한, 핵가족화와 도시화로 소속 집단이 계속 바뀌어 외로움을 느끼기 쉽다.

위기 상황에서 도움을 받고, 몸이 아프거나 급한 일이 있을 때 집안일을 부탁할 사람이 없는 상태를 나타내는 '사회적 고립도'라는 지표가 있다. 우리나라의 사회적 고립도는 34% 수준이다. 결코, 낮은 수준이 아니다. 외로움은 전 세계인들이 일상에서 공통으로 느끼는 감정이 됐다. 이웃나라 일본 정부에서는 외로움 문제 담당 장관을 임명했다. 앞서 영국에서도 고독부를 신설하여 노인들의 외로움을 살피고 있다고 한다. 외로움을 느끼는 사람들의 자살률이 높아 사회적 문제가 되기 때문이라고 알려졌다.

농경사회에서는 온 가족이 함께 살아가고, 온 동네 사람들이 서로 잘 아는 사이였지만, 현재를 사는 현대인들은 도시 생활로 이웃과도 단절되어 살아가고 있다. 특히 아파트 생활은 옆집에 누가 사는지도 모르고 살아간다. 엘리베이터에서 만나도 서로 인사도 하지 않는 경우가 많다. 예전 시골 동네는 담장도 낮고 대문도 항상 열려 있어 이웃과 교류도 많았지만, 현대 도시 생활은 철저히 이웃과 차단되어 사람들과 관계가 단절되어 있다.

사람들의 경제력이 높을수록, 주택가격이 비싼 지역으로 갈수록 담장이 높고, 아파트 출입은 철저히 외부와 단절되어 있다. 서민 동네로 갈수록 담장이 낮고 이웃과 소통도 원활하다는 사실도 알 수 있다. 또한, 현대인들은 다람쥐 쳇바퀴 도는 일상을 바쁘게 살아가다 보니 소중한 사람들과의 관계가 멀어지곤 한다. 공간적으로 멀리 떨어지게 되면 관심에서 벗어나게 되고 자연히 가까웠던 사람들과도 멀어지게 된다. 매일 일상을 바

현대인들은 군중 속에서 고독하고 외롭다고 한다. 각자의 삶에서 생존을 위해 치열하게 살아가지만, 한편으로는 정신적으로 피폐화되어 가고 외로움과 우울증을 호소하는 사람들이 많다. 내가 먼저 그동안 소원했던 지인들에게 연락하고 소통해보는 것이 어떨까? 그것은 자신을 위한 것이고 외로움을 극복하고 행복으로 가는 길이다.

쁘게 살면서 외로움을 느끼는 것이 현대인이다. 도시 생활 속에 개인주의화 되어가고 이기적인 삶으로 외로움을 겪는다. 군중 속에 있으면서도 외로운 사람들이 많다.

인간은 사회적 동물이다. 혼자서는 살 수 없고 타인과 함께 어울려 살아가며 정보도 얻고 유대감을 느낀다. 현대인들은 외로움을 해소하는 방법으로 말 잘 듣고, 나를 반겨주는 반려동물을 키운다. 애완동물 사업이 호황이다. 특히 다른 가축과 달리 개는 작은 보살핌에도 주인에게 무한충성으로 보답한다. 단순한 가축 중의 하나에서 애완견으로 그리고 다시 반려견으로 바뀐 것이다. 불과 한 세대 전에는 상상도 못 한 일들이다.

인간은 사회적인 동물이기 때문에 아무리 똑똑하고 유능해도 혼자는 살아갈 수 없는 존재이다. 서로 상부상조하며 살아가는 것이 인간에게 주어진 숙명이다. 인간은 혼자서는 살 수가 없기에 함께하는 이웃, 가족, 친구들과 소통해야 한다. 먼저 관심을 보내고 소통해보자.

먼저 관심을 보내고 소통하자

나는 30년 직장생활을 하면서 많은 사람을 만났다. 그 중 항상 기억에 남고 가슴에 존경스러운 마음이 떠오르는 선배가 있다. 항상 나를 배려하고 어려운 일이 있을 때 연락하고 걱정해준 선배이다. 후배라고 함부로 대하지 않고 아끼는 마음이 가슴으로 느껴지고, 어려울 때 선배로서 멘토의 역할을 해주는 그 선배를 항상 존경하고 있다.

나 또한 아끼는 후배가 있다. 예의 바르고 겸손한 후배이다. 그 후배의 따뜻한 마음이 느껴지고 배려하는 마음이 나에게 전달된다. 자주 연락하고 안부를 묻는다. 매년 정초에는 우리 집에 부부가 같이 와서 식사를 한다. 비록 후배지만 마음 터놓고 얘기할 수 있어 늘 응원하게 된다. 사람들과 좋은 관계를 맺는 방법은 먼저 관심을 보내고 연락하기가 아닐까 생각된다. 인간은 자기중심적으로 세상을 바라본다. 누구나 자기에게 관심을 보여주고 연락하면 싫어할 사람은 없을 것이다. 자기에게 사람들이 다가와 주고 연락해주기를 바란다.

내가 미리 연락하면 외로움은 없다

오랫동안 연락을 못 한 친구나 직장동료, 지인의 안부가 문득 궁금해질 때가 있다. 이럴 때 전화 혹은 문자로 갑자기 연락해도 괜찮을지 망설여질 때가 있다. 혹시 이상하게 생각하지 않을까? 어떤 목적으로 전화하는지 의심받지 않을까? 등 뜻밖의 연락을 받은 상대가 부담을 느끼지 않을까 싶어서다.

그러나 일반적 우려와는 달리 사회에서 관계를 맺은 지인이 순수한 마음으로 인사를 나누기 위해 예상치 못한 전화, 또는 문자를 보내왔을 때 사람들은 이를 매우 기쁘게 받아들인다는 연구 결과가 있다. 대부분 사람은 상대의 연락을 기쁘게 받아들이고 안부 연락을 받았을 때 좋아한다는 내용이다. 미국 피츠버그대 페기 리우 교수는 "사람은 근본적으로 사회적 존재이고 다른 사람들과의 연결을 즐긴다"라고 말했다. 그는 또 "사회적 연결을 유지하는 것이 우리의 정신적, 육체적 건강에 좋다는 것을 보여주는 많은 연구가 있다"며 "사람들은 상대가 안부 연락을 얼마나 높이 평가하는지를 과소평가한다"고 강조했다. 갑작스러운 안부 전화도 친구는 반가워한다는 것이다. 대부분 사람은 관계의 회복을 좋아하고 감사히 받아들인다는 사실을 보여준다. 흔히 생각하는 것보다 사람들은 순수한 안부 연락에 고마워할 가능성이 크다는 것이다. 내가 자주 연락하면 상대방도 마음 편히 연락하게 되고 관계가 한층 강화된다. 내가 미리 연락하고 소통하면 주변에 친구가 많이 모이고 외로워지지 않는다는 것이다.

먼저 상대에게 관심을 기울이자. 사람은 누구나 혼자서는 살아가지 못한다. 끊임없이 사람과의 관계를 형성하고 주위 사람과 부딪힌다. 그런 관계 속에 인간관계가 형성되고 벗이 생기기도 한다. 우리의 일상에서 가장 많은 시간을 보내며 함께 지내는 사람은 가족, 친구, 동료이다. 그러나 우리는 주는 것보다 받기만을 고집하고 있다. 자기에게 관심을 두길 바라며 자기를 채색하고 연출한다. 나에게 다가와서 말 건네주기를 바라기 전에 먼저 인사하고, 먼저 정을 담아줄 때 우리의 사회생활은 한결 부드러워질 것이다. 《인생론》을 쓴 데일 카네기는 "당신이 두 달만 다른 사람에게 관심을 기울이면, 당신에게 관심을 기울이도록 기다리는 2년 동안보다 더 많은 친구를 만들 수 있다"고 했다. 인간관계 형성에 있어 관심의 중요성을 이야기한 것이다.

가까운 이웃과 소통하기

나는 아이들이 어릴 때 광명시에 소재하는 3층 연립형 아파트에 살았다. 그때는 윗집, 아랫집, 옆집과 수시로 소통하고 이웃에 있는 옆 동 아파트 주민과도 교류하였다. 아이들은 이집 저집을 내 집같이 함께 뛰어다니며 놀았고, 부모들은 자주 만나 함께 소주잔을 기울이며 가족같이 지냈다. 2002년 월드컵 때는 연립아파트 1층 창문에 TV를 내어놓고 아파트 뒷마당에서 우리 동 주민들이 맥주잔을 나누며 응원했던 기억이 생생하다. 수십 년이 지났지만, 아이들은 아이들대로 어른들은 어른들대로 지금도 그 시절 이웃들과 모이고 교류하고 있다. 외로움을 극복하기 쉬운 방법의 하나는 가까운 이웃과 자주 연락하고 교제를 나누는 소그룹 공동체를 만들어 활동하는 것이다. 소그룹에 참여하는 사람들이 그렇지 않은 사람들보다 훨씬 덜 외롭다는 조사 결과가 있다.

이웃사촌이 먼 친척보다 낫다는 말이 있다. 농경사회와 같이 이웃과 소통하고 교류하며 기쁨과 슬픔을 함께 나누는 이들도 많이 있다. 옆집과 소통하고 아이들이 같이 어울리고 어른들도 함께하는 모습도 종종 본다. 바쁜 일상을 살다 보면 사회적 관계가 소원해지기 쉽다. 다시 연락을 취하고 지금 핸드폰을 들어보자. 자주 연락하고 만나다 보면 친분이 쌓이고 관계가 회복된다. 현대인들은 군중 속에서 고독하고 외롭다고 한다. 각자의 삶에서 생존을 위해 치열하게 살아가지만, 한편으로는 정신적으로 피폐화되어 가고 외로움과 우울증을 호소하는 사람들이 많다. 내가 먼저 그동안 소원했던 지인들에게 연락하고 소통해보는 것이 어떨까? 그것은 자신을 위한 것이고 외로움을 극복하고 행복으로 가는 길이다.

만족하지 못하는 인간의 마음

　시골에서 서울로 올라와 타지생활을 시작한 친구의 이야기다. 가끔 주말에 만나 소주 한 잔을 기울이고 직장생활의 애로를 나누며 타지생활의 고단함을 나누던 친구이다. 그 친구는 결혼생활을 월세를 내는 단칸방에서 시작하였다. 항상 '전세방 하나만 얻으면 소원이 없겠다'라고 했다. 그는 작은 신문사에서 기자로 일했고 부인은 조그마한 가게에서 열심히 일하였다. 친구 부부는 몇 년 후 마침내 전세방을 마련한다. 전세방을 힘겹게 마련하여 즐거워하였고 친구들을 초대하였다. 빈손으로 상경하여 단칸방 월세살이의 고된 삶에서 방 2개짜리 전세방은 궁궐 같았다.

　그러나 빛나던 전세방이 곧 초라하게 느껴지기 시작한다. 친구들이 하나둘 자기 집을 마련하기 시작하고 아이들이 자라면서 전세방으로는 만족하지 못하게 된다. 이번에는 내 집 마련을 위해 몸과 마음을 바쳐 열심히 일하고 저축하였다. 그리고 마침내 서울 외곽에 24평 아파트를 마련하였다. 목표를 달성했지만 새로운 꿈이 또 생겼다. 아이들이 자라면서 더 큰 평수가 필요했다. 또다시 열심히 달려 30평 아파트를 샀다. 그러나 지금은 더 좋은 지역의 아파트를 사고 싶어 한다.

친구의 이야기지만 보통 사람들의 이야기이고 우리들이 사는 삶이 아닐까 생각된다. 워낙 주택가격이 비싸 자기 집을 갖는 것이 소망이고 그 소망을 이루기 위해 열심히 달린다. 희망의 사다리를 두고 한 칸씩 올라가는 행복이 아닐까 생각한다.

한편 한 지인은 고금리를 준다는 말에 솔깃해 자신의 알토란같은 돈을 빌려주었다가 돌려받지 못하여 허덕이고 있다. 대박을 꿈꾸며 큰돈을 주식에 투자했다가 소위 '쪽박'을 차서 빚더미에 앉은 사람도 있다. 빚내서 비트코인 등 가상자산에 손을 대었다가 가격폭락으로 빚만 남은 사람도 많다. 무리한 투자로 사업을 벌여 자산을 탕진하고 신용불량자로 살아가는 사람도 있다. 인간의 욕망은 끝이 없다. 욕망의 덩어리를 행복으로 이끌 방법은 무엇일까? 욕망의 항아리에 구멍을 막고 채움의 보람을 느껴야 한다. 만족은 욕망이 적을 때 채워진다. 행복의 공식은 'Happy = Have/Want'이다. 욕망을 줄이면 행복이 따라오는 것이다. 우리는 자신의 능력을 키우면서 한편으로는 욕망을 줄여나가야 한다. 욕심을 줄일수록 만족하는 마음은 점점 커진다. 물질적인 것만 추구하다가는 목마를 때 바닷물을 마시는 것처럼 더 많은 갈증을 느끼게 될 뿐이다. 과연 인간의 욕망은 끝이 있을까? 인간의 욕망은 끝이 없다. 조금만 생각해 보면 물질적인 풍요를 추구하는 끝이 보이지 않는 길만을 가지는 않을 것이다. 우리에게 행복과 만족을 주는 것은 물질적인 가치만 있는 것은 아니다. 명품 가방이나 비싼 자동차를 처음 구입할 때는 누구나 큰 만족을 느낀다. 하지만 명품 가방이나 시계를 10번 살 때도 여전히 처음처럼 만족할까? 물질적인 풍요만 찾는다면 언젠가 허무의 바다에 이를 것이다.

오늘은 폭풍 내일은 잔잔한 파도, 그것이 인생

젊은 시절부터 사업을 하던 나의 오래된 친구가 있다. 그 친구는 줄곧 잘 나가는 회사를 운영하여 친구들의 부러움을 샀다. 그러나 회사 규모가 커지고 중소기업의 범위를 넘어서게 되었다. 중소기업이라 받던 특혜가 없어져 관공서 입찰에서 우대 혜택을 받지 못하게 되면서 회사가 어려워졌다. 거기에 더해 코로나19 상황까지 겹쳐 위기에 직면했다. 옆에서 지켜보는 마음도 안타까웠다. 그동안 친구는 동문회에 적극적으로 참가하며 후원을 하고 모임을 주도하였는데, 사업이 어려워지면서 모임에 발길을 끊었다.

얼마 전 한적한 곳에서 나와 단둘이서 소주잔을 기울였다. 친구는 잘못한 경영적 판단에 대해 후회도 하고, 실패의 원인에 관해 이야기하기도 했다. 위기에 처하니 믿었던 사람들에 대해 배신감도 느끼지만 많은 것을 배우고 있다고 했다. 몇 년 후에는 다시 우뚝 설 계획을 세우고 있고, 희망도 보인다고 말했다. 우리는 살아가다 보면 좌절하기도 하고 실패하기도 한다. 사업을 하든 직장을 다니든 자신이 원하는 대로 이루어지지 않는 경우가 많다.

  우리는 시험에서 떨어지기도 하고, 승진에 탈락하기도 하고, 결혼에 실패하기도 한다. 자기 뜻대로 모든 게 이루어질 수 없는 게 현실이다. 나는 지점장 시절 주요 거래 업체가 이탈되면 가슴이 아팠다. 본부 근무 시절에는 새로운 시장 진입을 위해 온 힘을 쏟았지만, 결과는 반대로 나타났다. 준비를 잘했음에도, 입찰에서 떨어져 실망하고 좌절하기도 하였다. 선의로 한 행동이 오해받아 위기에 내몰리기도 했다.

  실패를 겪고 나면 사람이든 회사든 아픔을 통해 배우는 것이 있다. 실패의 원인을 분석하고 같은 실수를 하지 않으려 노력하기 때문이다. 그리고 실패는 성장의 기회가 될 수 있다. 실패한 경험은 새로운 도전의 자양분이 된다. 실패의 원인을 분석해 다시는 똑같은 실패를 반복하지 않기 위한 교훈을 찾게 된다. 실패에 유연하게 대처하는 회복 탄력성도 높아진다. 실패가 두려워 도전하지 않거나 한 번의 실패로 좌절해 버린다면 더 이상의 발전은 어려울 것이다.

  도전에는 언제나 위험이 따르기 마련이다. 그 위험이 때로는 기회가 될 수 있다. 인간은 환경 적응력이 엄청 빠르다. 수만 년 동안 진화하고 생존해오면서 우리의 DNA 속에는 변화하는 환경에 대한 최적의 생존방안이 전승되어 오고 있다.

인간은 환경 적응력이 빠르다

일상에서 어려운 일이 있어도 시간이 지나면 회복하게 되고 정상적인 상황으로 돌아온다. 시간은 어려운 문제를 귀신같이 해결한다. 교도소를 방문한 사람들은 수감자들이 행복해 보여 깜짝 놀란다고 한다. 교도소에 근무하는 친구의 이야기를 들어보면 수감자들은 처음 교도소에 들어올 때는 세상을 원망하고 분노하고 좌절하지만 몇 달이 지나면 대부분 적응한다고 한다. 인간은 환경적응이 빨라 변화된 생활에 금방 익숙해지고 또 다른 희망을 찾는다. 수감자들은 처음의 분노를 가라앉히고, 마음을 차분히 안정시키고, 교도소 생활을 받아들이고 가능한 한 유쾌하게 지내려고 노력한다는 것이다.

어떤 수감자는 꽃을 가꾸며 노래를 부르고 어떤 수감자는 꾸준히 기술을 배우며 희망의 끈을 놓지 않는다고 한다. 극도로 통제된 상황 속에서도 꽃을 가꾸며 노래할 수 있는 존재가 인간인 것이다. 어떤 위기가 왔을 때 대부분의 사람은 처음에는 분노하고 불안해한다. 그러나 시간이 지나면 불안은 점차 사라지고 불확실성이 해소되면서 상황을 받아들이고 적응하게 된다. 그리고 주어진 현실에서 또 다른 꿈을 설정하고 나아가게 된다.

우리는 살아가는 동안 많은 위기에 봉착하고 어리석은 행동을 하기도 하고 실수한다. 사람이면 누구나 실패하기도 하고 좌절하기도 하고 억울한 일을 당하기도 한다. 천하의 나폴레옹도 그가 이끌었던 전쟁의 3분의

1은 패배했다. 그러나 우리는 그를 실패한 장군이 아니라 위대한 장군으로 기억하고 있다.

지난 일은 후회해 보아야 소용이 없다. 지나간 일로 인해 좌절하고, 심한 경우 목숨을 던지기도 한다. 전쟁에서 폭탄이 떨어진 자리도 시간이 지나고 상황이 정리되면 서서히 생명이 움트고 새로운 숲이 만들어지는 법이다. 실패를 소중한 경험으로 간직하고 또 다른 성장의 밑거름이 되게 해야 할 것이다. 그래야 위기가 오고 실패를 경험하더라도 딛고 일어설 수 있다.

오늘 흐리다고 내일도 흐리지는 않는다

어려운 여건을 딛고 마쓰시타 전기기구제작소를 설립한 마쓰시타 회장은 자신의 어려운 여건을 기회로 만든 훌륭한 경영자로 기억된다. 그는 자신의 불리한 조건을 어떻게 기회로 삼았는지 다음과 같이 이야기한다.

첫째, 가난하게 태어난 것이다. 집이 가난했기 때문에 어린 나이부터 상인의 태도를 익혔고 부지런히 일하지 않고서는 잘 살 수 없다는 진리를 깨달았다.

둘째, 몸이 허약했다. 허약하게 태어난 덕분에 건강의 소중함을 일찍이 깨달아 몸을 아끼고 건강에 힘썼다.

지난 일은 후회해 보아야 소용이 없다. 지나간 일로 인해 좌절하고, 심한 경우 목숨을 던지기도 한다. 전쟁에서 폭탄이 떨어진 자리도 시간이 지나고 상황이 정리되면 서서히 생명이 움트고 새로운 숲이 만들어지는 법이다. 실패를 소중한 경험으로 간직하고 또 다른 성장의 밑거름이 되게 해야 할 것이다. 그래야 위기가 오고 실패를 경험하더라도 딛고 일어설 수 있다.

셋째, 못 배운 것이다. 초등학교 4학년을 중퇴했기 때문에 항상 이 세상 모든 사람을 나의 스승으로 받들고, 배우는 데 노력하여 다양한 지식과 상식을 얻었다.

그는 역경에 좌절하지 않았고 오히려 기회로 생각했다. 실패한 사람과 성공한 사람의 차이는 무엇일까? 실패한 사람은 실패하고 주저앉는다. 성공한 사람은 실패를 성공의 어머니로 인식한다. 긍정적인 사고가 중요하다고 한다. 모든 것은 마음먹기에 달려있다고 하듯이 어떻게 생각하느냐의 문제일 것이다. 실패하였다고, 원하는 대로 되지 않았다고 좌절하고 주저앉아 있지 말아야 한다. 메마른 땅에 비가 내린 후 대지 위로 새로운 싹들이 올라오듯이 희망의 씨를 뿌려야 한다.

시작도 하지 않고 포기하는 것보다 깨지더라고 부딪히며 도전하는 것은 경험을 쌓는 것이고 성장의 동력이 될 수 있다. 사람이기 때문에 실패하고, 실패를 딛고 다시 일어나는 능력도 있다. 오늘 흐리다고 해서 내일도 흐린 것은 아니다. 날씨는 항상 바뀐다. 인생에는 항상 좋은 일만 있는 것도 항상 나쁜 일만 일어나는 것도 아니다. 오늘 폭풍우가 치고 바람 불어도 내일은 잔잔한 파도가 아침 햇살과 함께할 것이다.

선택과 포기의 인생과 인연법

인생은 선택과 포기의 과정이다. 우리는 살아있는 동안 끊임없이 선택해야 하는 존재이다. 무엇인가를 선택하는 것은 다른 한 가지를 포기하는 것이기도 하다. 우리는 시간과 자원의 제약으로 원하는 것을 모두 다 얻을 수는 없다. 어찌 보면 당장 포기해야 할 것을 선택해야 하는 길이기도 하다.

우리 인생에도 여러 갈래의 길이 있다. 대학을 가고 전공을 선택하고, 직장을 구하고, 결혼하는 등 살아가면서 늘 하나를 선택하고, 필연적으로 다른 한 가지를 포기해야 하는 과정의 연속이다. 회사에 다니더라도 어떤 이는 이직하기도 하고 어떤 이는 창업하기도 한다. 세상사 모든 일이 선택과 포기의 과정이다.

갈림길에서 어떤 선택을 하느냐에 따라 인생의 길이 달라진다

산에 오를 때 정상에 이르는 길을 가다 보면 여러 갈래의 길을 만난다. 산길을 가다가 길을 한번 잘못 들면 힘든 여정으로 산속에서 헤매기도 한다. 갈림길에서 잘 선택하면 쉬운 길로 정상에 오르기도 한다. 인생이라는 길도 잘 선택하면 울퉁불퉁한 산길 대신 반듯하게 잘 닦은 꽃길로 달릴 수 있다. 어떤 직장을 다니고 어떤 배우자를 만나는가 또한 인생의 행복을 결정하는데 중요한 요소이다. 그러나 인생의 길이 어려운 것은 정답을 늘 보여주지 않기 때문이다. 가보지 않은 길을 나서기에 항상 선택의 갈림길에서 고민한다. 갈림길에서 어느 방향으로 가는 것이 좋은 길인지 인생의 정답을 알 수가 없다.

본인의 지혜와 학습, 지식과 경험, 주변 사람들의 영향에 따라 선택하고 집중한다. 여기에서 현명한 선택을 하게 하는 것은 지혜이고 본인의 의지일 것이다. 주변 사람과 환경의 영향을 받는 것이 사람이다. 주변에 어떤 사람이 있는지, 처한 환경이 어떠한지, 어떤 인생관을 가졌는지에 따라 선택지가 달라지고 인생이 달라지는 경우가 많다.

나는 시골에서 자랐다. 담장 없는 산골동네라서 이웃집에 일어나는 일들을 서로 훤하게 알 수 있었다. 같은 동네에서 어릴 적부터 같이 뛰어놀고 지내던 이웃집 친구, 형, 동생들이 어른이 되어서도 무슨 일을 하고 살아가는지 잘 알고 있다. 재미있는 일은 가족 단위로 형제들이 비슷한 일을 하고 있다는 것이다. 형제 중의 한 명이 일찍이 도시에 나가 안경 관련 일을 한 집안 형제들은 안경 관련 직종에서 일하고, 학교 앞에서 문구점을 하던 부친의 영향으로 그 집 자녀는 도심에서 문구 관련 일을 한다. 어린 나이에 도시에 나가 봉제공장에 다니던 이웃집 누나 때문에 그 집 동생들은 의류업에 종사하고 있다. 처음 어떤 일을 시작하였는가에 따라 잘되는 집안은 모두 부자가 된 형제도 많고, 산업의 패러다임 변화에 따라 봉제공장 등 사양산업에 종사하는 사람들은 어렵게 살아간다. 마찬가지로 선생님이 많은 집안은 선생님 되는 사람이 많고, 의사가 많은 집안은 의료계 진출하는 사람이 많다. 아마도 주변 사람의 영향을 받는 것이 인간사 아닐까? 어떤 사람을 만나고 교류하는가? 에 따라 인생이 달라진다.

귀인은 만나고 가꾸어가는 것이다

선택과 포기의 과정인 인생에서 큰 영향을 미치는 건 환경이다. 우리 인생은 어떤 사람과 교류하느냐에 따라 영향을 받는다. 성공한 사람들은 자신의 노력뿐만 아니라 다른 사람의 도움을 크게 받았다는 공통점이 있다. 살아가면서 어떤 사람을 만나는가에 따라 사람의 인생이 바뀌는 경우가 많다. 쓰레기통 바닥에 있는 파리는 냄새나는 쓰레기통 밑바닥에서 벌레에 기생하지만, 호랑이 등에 올라탄 파리는 초원을 호령하는 호랑이와 같이 다니는 법이다. 특히 인생의 변곡점 시기마다 누군가와 가까워지거나, 새로운 사람을 만나면 인생이 다르게 펼쳐진다. 인연의 법칙에 따라 어떤 사람을 알게 되고 가까이하게 되면 선택지가 달라지고 인생이 달라진다. 가까운 사람과 영향을 주고받기 때문이다.

그러나 한편, 노력 여하에 따라 본인이 인연을 개척할 수 있는 것 또한 사실이다. 본인의 노력 여하에 따라 새로운 인연이 생기기도 하고 가까운 사람과 멀어지기도 한다. 후천적인 인연은 본인이 충분히 노력하여 운명을 만들어 갈 수 있다. 어떤 사람과 가까워지고 멀어지는 것은 본인의 선택이기 때문이다. 주어진 운명에서 자기의 인생관에 따라 새로운 사람을 만나고 인연을 맺는다. 자기에게 다가오길 바라기보다는 인연이 될 만한 사람에게 찾아가고 가까워진다면 상황은 달라질 것이다. 자기에게 다가오는 사람과 맺은 인연은 수동적인 인연이고 주어지는 운명일 것이다. 반대로 본인이 다가가는 인연은 긍정적이고 좋은 인연이 될 확률이 높다.

누구에게나 인생에서 몇 번의 기회가 오고 귀인이 몇 번은 나타난다. 그런데 문제는 그 사람과의 인연이 선연인지, 악연인지 잘 알지 못하고 있다는 데 있다. 귀인의 도움을 받으려면 자기만의 품성을 가지고 사람답게 살아야 한다. 험한 세상에서 내 안의 넉넉한 품성을 지니고 겸양의 미덕을 가지고 있으면 좋은 인연이 비껴가지 않을 것이다. 누구나 좋은 품성을 가진 사람과 가까워지려 할 것이다. 유유상종이라고 한다. 좋은 품성을 가진 사람은 훌륭한 인품을 금세 알아본다. 귀인을 만나려면 먼저 내가 귀인이 되어야 한다. 상대에게 의미 없는 사람이면 상대는 나와의 관계를 끊으려 할 것이기 때문이다.

나는 대학생 자녀가 있다. 나는 항상 아이들에게 좋은 사람, 선하고 긍정적인 사람이 되라고 한다. 남들이 가까워지고 싶은 사람이 되라고 이야기한다. 그러면 좋은 사람과 함께 할 것이라고 말한다. 그리고 또한, 본인이 좋아하는 사람이나 닮고 싶은 사람에게는 먼저 다가가라고 이야기한다. 다른 사람이 다가오도록 기다리지 말고 먼저 찾아가라고 한다. 사람들은 누구나 상대방이 자신에게 다가오기를 바란다. 먼저 다가가고 노력하는 모습을 보일 때 주도적으로 사람을 만나고 사귈 수 있다. 그런 가운데 인연이 만들어진다. 나에게 긍정의 에너지를 주는 사람들과 가까이해야 한다. 집에만 있어서는 귀인이 오지 않는다. 새로운 사람을 만나고 좋은 사람을 찾아다녀야 운이 찾아오고 귀인을 만날 것이다. 부자들의 공통점은 좋은 인연을 알아보고 소중히 가꾸어간다는 것이다. 귀인은 만나고 가꾸어가는 것이다.

의도적으로 웃는 일을 만들자

어릴 때 친구들과 상대방을 마주 보고 입을 꽉 다문 채 웃기기 게임을 한 적이 있다. 상대방을 요상한 몸짓으로 웃기고 먼저 웃는 사람이 지는 게임이다. 지금 생각해 보면 참 재미있는 게임이다. 키득키득하며 웃음을 참는 모습은 상상만 해도 재미있다. 친구와 가족들과 마주 앉아 서로 웃기는 게임을 하고 웃음을 만들어보자. 행복해서 웃는 게 아니라, 웃기 때문에 행복하다는 말이 있다. 우스울 때 웃는 것은 누구나 할 수 있다. 하지만 웃기지 않더라도, 재미있지 않았더라도, 행복이라 생각하고 웃는 것은 우리 삶을 윤택하고 건강하게 변화시킬 것이다.

웃음은 보약이고 만병통치약이다. 웃으면 엔도르핀을 높이는 효과가 있고 혈액순환에도 도움이 된다. 웃음은 면역력 강화에 도움이 되고 열량이 소비되기 때문에 체지방을 감소시킨다. 웃음은 긴장을 풀어주고 스트레스를 날려준다. 일부 병원에서는 웃음을 치료 방법으로 활용한다. 웃으면 부정적인 생각이 없어지고 삶의 질이 높아진다고 한다. 회의를 하거나 모임을 할 때도 재치 있는 유머 한 마디는 분위기를 부드럽게 한다. 그러나 대부분 사람은 웃음에 인색하다. 앞날에 대한 불안감, 과거에 대한 회한과 현실의 크고 작은 문제들로 걱정을 끌어안고 살아간다. 그러다 보니 표정이 굳어있고 잘 웃지 않는다. 화를 내거나 무표정한 얼굴은 자기를 긴장되게 하고 신체를 경직되게 만든다.

사람의 마음은 갈대와 같다. 좋아하던 사람이 싫어지기도 하고 싫어하던 사람이 좋아지기도 한다. 하루에도 수천 가지 생각을 하는 것이 인간이다. 혼자 생각으로 오해하기도 하고 미워하기도 한다. 웃어넘길 일도 부정적인 생각이 앞서면 고민거리가 된다.

얼마 전 후배에게 들은 이야기다. 후배 한 명이 카톡 답장을 제때 하지 못해 고객에게 오해를 산일이 있다고 한다. 그 후배는 한참 일이 바쁠 때는 카톡이 와도 읽기만 하고 답장을 나중에 한다고 했다. 고객에게 몇 번의 카톡이 왔는데, 계속 급한 일이 생겨 일을 끝내고 저녁에 답장하려다 깜박하고 못 한 적이 몇 번 있었다고 한다. 나중에 보니 그 고객은 후배가 의도적으로 답장을 안 한 것으로 오해하고 있었다고 한다. 사소한 카톡 한두 번에 마음이 상한 것이다. 문자, 카톡 하나에도 마음이 상할 수 있는 것이 현대인이다.

지나고 나면 추억거리에 목숨을 걸지 말자

수천 가지 스치는 생각 속에 부정적인 생각이 자리 잡으면 파도처럼 끝없이 밀려온다. 부정적인 생각으로 마음이 약해지면 몸도 쇠약해진다.

마음이 괴로우면 얼굴에 그대로 나타난다. 갑자기 큰 사고를 겪거나 큰일을 앞두고 있을 때 거울을 보면 평소보다 훨씬 늙어 보이는 자신을 발견하게 된다. 마음이 괴로우면 얼굴에 그대로 나타나는 것이다.

나는 퇴직하고 과거를 되돌아보면 별일 아닌 일을 심각하게 생각했던 기억이 떠오르곤 한다. 내가 왜 그렇게 대처했을까? 그때 왜 화를 냈을까? 하고 후회하는 감정이 스쳐 가곤 한다. 인생의 긴 발자국으로 보면 웃어넘길 수 있는 일인데 그 당시는 당황하고 불안해했다. 지나고 나면 한낱 추억거리일 수 있는 일에 목숨을 건 것이다.

나는 은행지점장 시절 주요 거래처가 이탈되고, 영업 성과가 좋지 않을 때는 굉장히 힘이 들고 스트레스가 많았다. 직원들 사기가 떨어지지 않을까? 인사상 불이익이 있지 않을까? 고민하고 안절부절못하곤 했다. 직원들에게 항상 성의를 다하고 좋은 리더가 되고자 노력했는데 오해로 갈등 상황에 놓였을 때는 굉장히 힘이 들었다. 자존감에 상처를 입었고 좌절하고 절망하였다. 밤잠을 설치기도 하고 가슴이 뛰기도 하였다. 그런 일을 겪으며 깨달은 것은 부정적인 생각은 꼬리에 꼬리를 물고 상황을 더 부정적으로 만든다는 사실이다. 툭 털어버리고 다시 일어나기로 했다. 생각을 바꾸고 스프링처럼 다시 뛰기로 했다. 다시 필사적으로 영업하여 성과를 창출하고, 어려운 시기에 책을 출간하기도 하였다. 그런 과정에서 한 단계 성숙한 것 같다.

부정적인 감정들을 떨쳐라

인생의 중반을 달리다 보면 여러 가지 사건들을 마주한다. 나는 지금 제2의 인생 설계를 위해 연수 중에 있다. 연수 동기로 함께 공부하고 있는 후배의 이야기다. 같이 공부를 시작한 지 얼마 지나지 않았는데 후배가 며칠 동안 수업에 참석하지 않았다. 갑자기 아내가 교통사고로 사망한 것이다. 후배의 아내는 깜깜한 새벽 출근길에 버스를 기다리다가 변을 당했다. 아이가 초등학생이고 아직도 40대인데 안타까운 마음에 가슴이 아프다. 후배와 나는 몇 번 소주잔을 기울였다. 다행히 후배는 밝고 긍정적인 성격이라 마음을 잘 추스르고 있다. 살아가면서 여러 가지 일들을 겪는다. 설마 나에게 할 수도 있지만 누구에게나 일어날 수 있는 일이다. 배우자의 사망은 가장 큰 스트레스일 것이다. 그러나 중요한 것은 이런 일이 일어난 뒤의 마음가짐이다. 후배는 씩씩하게 오늘도 나와 같이 강의를 듣고 수업에 집중한다. 후배를 응원하면서도 한편으로는 인생의 지혜를 배운다. 누구나 힘든 상황이 올 수 있다. 그러나 그 곤경을 벗어날 수 있는 가장 좋은 방법은 부정적인 상황들을 빨리 버리고 현실에서 다시 일어서는 것이다.

우리는 살아가면서 여러 가지 문제에 부딪힌다. 복잡한 문제를 생각하고 고민하다 보면 해결되기보다는 더욱 꼬이는 경우가 많다. 부정적인 사건들은 단순하게 생각하고 잊어버리는 것이 좋다. 19세기 프랑스 철학자 알랭은 《행복론》에서 "행복해지기 위해서는 강인한 의지가 필요하다"라고 했다. 알랭은 "행복하기 위해서는 낙관적이고 의도적으로 부정적인 감정들을 떨쳐버리라"라고 권한다. 피할 수 없으면 즐기라는 말이 있다. 부정적인 사건을 한탄하기보다는 오뚝이처럼 딛고 일어날 수 있어야 한다.

즐거운 일을 만들어 가자

건강하고 행복한 삶을 위해서는 웃을 일을 많이 만들고 많이 웃어야 한다. 한국인들은 체면 문화로 인해 웃음에 빈약한 것이 사실이다. 점잖게 있고 과묵하게 침묵을 지키는 것이 미덕이라고 생각하는 문화가 남아있다. 웃음은 누구에게나 친밀감을 준다. 한바탕 웃고 나면 주변 사람과 금방 친해진다. 친척 중의 한 분은 언제나 활짝 편 목련꽃 같은 밝은 얼굴과 목소리로 사람들을 맞이한다. 모든 분이 그분을 좋아한다. 웃는 얼굴은 상대방에게 친밀감을 주고 상대를 기분 좋게 한다. 우리 부부는 그분을 보며 우리도 저렇게 살자고 다짐을 한다. 활짝 편 미소는 행복을 전해주는 바이러스이기 때문이다.

연구에 의하면 어린이가 하루 150회 정도의 폭소를 터뜨리고 400회 가량의 미소를 짓는 데 비하여, 성인들은 하루 6회 정도 웃고 15회 정도 미소를 짓는다고 한다. 어린아이의 마음으로 돌아가면 더 많이 웃지 않을까 생각된다. 일상에서 유머와 웃음을 잃고 심한 분노와 초조, 긴장 속에 살면 건강을 해친다. 건강하고 행복한 삶을 살기 위해서는 웃는 일을 많이 만들고 의도적으로라도 웃어보자. 웃다 보면 웃음이 나온다. 일소일소, 일노일노(一笑一少, 一怒一老)라는 말이 있다. 한번 웃으면 한번 젊어지고 한번 화내면 한번 늙는다. 내가 웃으면 상대방도 웃고 내가 화를 내면 상대방도 화를 낸다.

링컨 대통령은 "나는 울지 않기 위해 웃어야 할 이유를 찾아야 했다. 매일 나를 짓누르는 두려운 고통을 이기기 위한 무기로 나는 웃음을 선택했다. 내게 웃음이 없었다면 난 인생의 실패자가 되었을 것이다"라는 말로 유명하다. 웃음은 상대를 웃게 만들고 결과적으로 사람을 변화시킨다. 내가 먼저 웃으면 누군가가 따라 웃게 되고, 그를 따라 또 다른 누가 웃게 되고 주변은 웃는 사람들로 가득 차게 된다. 어찌 보면 웃음은 타인에게 사랑을 베푸는 것이다. 사람을 웃게 만드는 것도 사랑과 관심을 나누는 것이다.

어떤 기업에서는 직원들이 아침마다 옥상에 올라가 5분 동안 고함을 지르고 한바탕 웃기를 한다는 기사를 보았다. 처음에는 어색하지만 웃다 보면 웃음이 나오고 한바탕 박장대소로 이어진다고 한다. 나와 상대가 웃음을 주고받으며 뇌를 활성화하는 것이 행복과 건강을 지킨다. 요즘같이 각박한 세상에서는 의도적으로 웃는 일을 많이 만들어보자.

나를 비우고 다시 채우는 방법, 글쓰기

나는 개인적으로 힘든 일이 있을 때나 머릿속이 복잡한 이슈가 있을 때 글이나 일기를 쓴다. 주말이면 집 근처 스터디 카페에서 책이나 신문을 보기도 하지만, 문득문득 떠오르는 생각과 감정을 글로 쓰곤 한다. 생각과 마음을 노트에 적어 가면 복잡한 생각이 정리되고 긍정적인 방향으로 마음이 바뀐다. 글쓰기는 반응하는 인간에서 생각하는 인간이 되게 한다. 뇌를 발달시키고 생각을 체계적으로 정리하게 만들어 준다. 글을 쓰기 시작하면 뇌가 손을 움직이는 것이 아니라 손이 뇌를 움직이게 된다. 글쓰기는 머릿속 생각을 끄집어내는 것이다. 생각을 꺼내 체계적으로 정리해야 진정한 자신의 지식이 되고 노하우가 된다.

번아웃이 되었을 때 글이나 일기를 쓰자. 스트레스가 생겼을 때 자신의 감정을 노트에 적어 내려가면 마음이 정리되고 가벼워진다. 풀리지 않을 것 같은 문제가 사라지기도 한다. 예상하지 못한 방식으로 해결되기도 한다.

이렇듯 글 쓰는 행동은 감정을 치유해 주고 생각을 정리해 준다. 또한

우리는 살아가면서 수많은 선택의 순간과 마주하게 된다. 어떤 선택을 하는가에 따라 삶이 달라지고 삶의 질이 달라진다. 선택의 순간에 각 선택지의 장단점을 글로 적어보자. 시간을 가지고 글로 쓴 장단점을 계속해서 읽고 점검하고 수정해 보자. 더 좋은 선택지가 떠오를 것이다. 생각하지 못했던 점도 발견하게 된다.

창의적인 생각을 불러와 문제를 해결해 준다. 부정적인 감정을 글로 쓰는 것은 감정을 환기하고 객관적으로 인지할 기회를 준다. 역시 번아웃을 막고 감정을 정리할 수 있게 된다. 자신의 감정을 누군가에게 전달하기 어려울 때 글쓰기를 활용하면 감정을 누그러뜨리고 스트레스를 해소하는 데 도움이 된다.

부정적인 일들이 오래 기억에 남는 이유

인간은 부정적인 사건을 오래 기억하는 방향으로 진화해 왔다. 이는 생존을 위한 것이다. 자신에게 부정적인 사건에 대해 오래 기억하고 반복하지 않는 것이 생존에 유리하기 때문이다. 문명시대 이전에는 한 번의 실수가 곧 죽음이 되기도 했다. 독이 든 과일 열매를 의심하지 않고 따먹은 인간은 한 번의 실수로 죽음에 이르렀다. 그러나 아무리 먹음직스러워도 의심하며 검증된 과일만을 따서 먹은 인간들은 생존했다.

또한, 인간은 자신이 얻은 이익에는 둔감하고 자신이 잃은 작은 손실에는 크게 반응한다. 그리고 작은 손실은 두고두고 생각하는 경향이 있다. 투자로 큰 이익을 얻었을 때보다 크지 않은 손실에 무척 민감하고 가슴 아파한다. 뇌가 이런 부정적인 편향성을 가지고 있기 때문에 연습하지 않으면 행복하고 감사했던 순간에 대한 기억은 손에 쥔 모래처럼 쉽게 빠져나가 버린다. 매일매일 행복한 일, 즐거운 일, 감사한 일을 의도적으로 기억하는 연습을 하면 우리 뇌는 긍정적인 경험을 오래 기억한다.

생각해 보면 좋은 일과 감사한 일이 참으로 많다. 그런데도 뇌의 부정적인 편향으로 좋은 추억과 기분은 사라지고 허무한 느낌만 남는다. 매일매일 감사했던 일, 행복했던 순간을 기록에 남기고 살펴본다면 자신이 행복하다는 것을 알게 된다. 행복도 연습이 필요하다. 결혼해서 행복한 가정을 이루고 있는 것, 아이들이 건강하게 잘 자라고 있는 것, 직장에 잘 다니고 있는 것, 좋은 친구가 곁에 있는 것 등등, 이런 모든 것들이 행복한 일이고 감사한 일이다.

감사일기 쓰기

부정적인 감정이 앞설 때는 감사일기를 적어보자. 주변에서 찾아보면 감사할 일이 많다. 살아 있음에 감사하고, 이목구비가 다 있고, 두 다리와 양팔이 다 있고, 가족이 있음에 감사하자. 맑은 햇빛과 신선한 공기, 나무 그늘이 있음에 감사하고, 아름다운 자연과 계절의 순환에 감사하자. 자기 자신의 욕심에서 벗어나 주변 동료와 가족에게 감사의 마음을 전해 보자. 무엇을 어떻게 감사하면 될까? 몇 가지 방법을 정리해 본다.

첫째, 이미 이루어진 일에 대한 감사

승진이나 오랫동안 노력하고 바라던 것이 이루어졌을 때, 일상 속 소소한 바람이 이루어졌을 때 기록한다. 쓰면서 마음이 흐뭇해지고 보람을 느낄 것이다. 이외에도 가족들이 건강하고, 아이들이 잘 자라고, 친구가 있어 감사함을 쓰면 된다. 찾아보면 세상에는 감사할 일이 무궁무진하다. 평소에 무심코 지나친 일상들도 자세히 들여다보면 감사할 일로 가득하다.

둘째, 불행처럼 보이지만 자세히 보면 감사한 일에 대한 감사

일상에서 일어나는 많은 일이 생각하기 나름인 것이 많다. 나는 은행에서 30년 이상을 근무하고 퇴직하여 지금은 책을 읽고, 글을 쓰고 제2의 인생을 준비한다. 퇴직하였지만 직장생활을 30년 이상할 수 있었음에 감사하고, 항상 든든히 지원해 준 가족과 동료들에게 감사한다. 또한, 후배들에게 인생에 도움이 될 만한 책도 쓰고 있다. 좋은 글을 남겨 조금이나마 도움이 되었으면 하는 바람이다. 이 책으로 나의 긍정적인 마음과 선의지가 누군가에게 전달되고 좋은 세상이 되는 데 미력이나마 기여하고 싶다.

생각을 바꾸면 감사할 일이 정말 많다. 자동차가 부딪쳤는데 큰 사고가 아니라서 감사하고, 넘어졌는데 크게 다치지 않아서 감사하고, 찢어진 우산이지만 비를 맞지 않아 감사하다. 어려움에 부닥쳤을 때 동료들의 진심 어린 걱정에 감사한다. 자녀가 시험에 떨어졌지만, 다시 열심히 공부하는 모습에 감사한다.

부정적인 일이라도 관점을 바꾸어 생각하면 감사한 일이 정말 많다. 일상을 살아가면서 힘든 시간도 많지만 한 걸음 나아가 살펴보면 감사한 일들이 많다. 감사한 것들을 찾아서 일기 형식으로 적다 보면 부정적으로 흐르던 에너지가 긍정적인 방향으로 바뀌게 되고 세상을 긍정적으로 바라볼 수 있게 된다.

셋째, 아직 이루어지지 않은 희망 사항에 대해 미리 하는 감사

자신을 불안하게 하는 일이 있을 때 희망 사항을 적어나가면 마음 정리가 되고 방향성이 설정된다. 오랫동안 준비한 중요한 시험을 앞두면, 합격하길 바라면서도 한편으로는 불안감도 커진다. 그럴 때 그동안의 노력에 감사하고 현재 시점에서 '시험에 꼭 합격했으면 좋겠다. 합격하면 기념으로 여행을 떠날 것이다' 등의 희망 사항을 적는 것이다. 이루어지지 않은 일에 대해 미리 쓰는 감사일기는 불안을 잠재우고, 희망이 이뤄지도록 이끌어 줄 것이다.

글쓰기로 선택의 갈림길에서 생각을 정리한다

우리는 살아가면서 수많은 선택의 순간과 마주하게 된다. 어떤 선택을 하는가에 따라 삶이 달라지고 삶의 질이 달라진다. 선택의 순간에 각 선택지의 장단점을 글로 적어보자. 시간을 가지고 글로 쓴 장단점을 계속해서 읽고 점검하고 수정해 보자. 더 좋은 선택지가 떠오를 것이다. 생각하지 못했던 점도 발견하게 된다.

글쓰기는 뇌를 발달시키고 생각하는 사람이 되게 한다. 지식과 경험은 아웃풋을 해야 진정한 나의 지혜가 된다. 글쓰기는 자신의 감정을 정리하고, 부정적인 감정을 쏟아내고 긍정적인 사람으로 이끌어준다. 생활화된 글쓰기와 일기 쓰기로 나는 마음의 성장을 얻을 수 있었다.

운이 좋은 사람이 되는 길

　큰 사업을 하고 성공한 사람들을 만나보면 운이 좋았다고 흔히 얘기한다. 물론 본인의 피나는 노력의 결과일 수도 있지만, 성공은 운이 따라주어야 한다. 본인의 노력과 운때가 맞으면 큰돈을 벌고 성공할 수 있지만, 운때가 맞지 않으면 실패하기도 한다.
　새로운 사업을 거창하게 시작했는데 갑자기 금융위기, 팬데믹 등 예상치 못한 일을 만나 고전하다가 실패하는 경우를 자주 보았다. 2020년부터 시작된 코로나19의 영향으로 많은 분이 고전하였지만, 일부 업종은 호황기를 맞았다. 여행, 숙박, 식당 등 자영업을 하던 사람들은 큰 위기를 겪었다. 반대로 비대면 거래나 화상회의 관련 업체, 온라인 거래, 마스크 등 방역 관련 사업을 하던 사람들은 큰 기회를 얻었다. 직장에서도 좋은 상사와 인연이 되어 능력을 발휘할 기회가 생기고 승승장구하는 사람도 있지만, 능력이 있어도 고약한 상사를 만나거나 예상치 못한 복병을 만나고 사건·사고에 휘말려 어려움을 겪는 인생도 많이 보았다.

　우리는 인생에서 여러 가지 일들을 경험한다. 갑자기 큰 사고가 나기도 하고, 자신과 가족에게 질병이 생기기도 한다. 착하게 살았다고 자부하는데 큰 화가 생기기도 하고, 교통질서를 잘 지켰는데도 교통사고를 당하기도 한다. 세상사가 자기 마음대로 되지 않는 것이기 때문이다. 인간의 힘으로 어찌할 수 없는 일들이 생기고 통제 밖의 일들이 발생하기도 한다. 사람들이 신을 찾고 종교를 찾는 이유이기도 하다. 중년의 나이가 되면 세상은 내 의지대로 움직이지 않고 내 의지와 상관없이 돌아가는 것을 깨닫게 된다. 이러한 사실을 인정하고 겸손해지면 초연해질 수 있다. 자신이 통제할 수 없는 일에 에너지를 소모하지 말고 겸허히 수용하고 인생의 과정으로 받아들이는 지혜가 필요하다.

운칠기삼의 인생

나는 은행에서 기업 관련 일을 주로 하면서 수많은 사업가를 만나보았다. 사업 아이템이 좋고 시장성이 있는 제품으로 기회를 만나 큰돈을 번 사람들도 많이 만나보았고, 투자한 부동산으로 엄청나게 큰 부를 창출한 사람도 보았다. 반대로 큰 사업을 하다가 한순간에 위기를 맞아 무대에서 사라진 수많은 사람을 보아왔다.

내가 은행지점장 시절에는 잘 나가는 사업체를 운영하다 골프장에서 심근경색으로 세상을 떠난 사장도 있었다. 교통사고, 화재, 자연재해로 사업을 접기도 하고, 사기를 당하거나, 직원의 횡령으로 회사가 어려워지는 일도 있었다. 사업을 하든 직장을 다니든, 자기 뜻대로 이루어지지 않는 일이 참으로 많다. 이럴 때면 이게 운명이 아닐까 생각하게 된다. 물론 성공한 사람들은 성공할 만한 기본기를 갖추고 있는 경우가 대부분이다. 그러나 우리 주변에 피나는 노력을 하여도 인생이 좀처럼 잘 풀리지 않는 사람도 있는 것이 사실이다.

우리는 운칠기삼이라며 운은 어찌할 수 없는 부분이라고 한다. 능력이 조금 부족해도 운이 좋은 사람은 하는 일마다 잘 풀리지만, 어떤 사람은 열심히 노력해도 일이 잘 풀리지 않는다. 운칠기삼이란 사람이 살아가면서 생기는 일의 성패는 운이 7할, 재능과 노력이 3할을 차지한다는 의미로 많이 회자 되는 말이다. 성공 뒤에는 사람의 힘으로 어찌할 수 없는 운이 존재하는 것이 사실이다. 똑같은 자원을 배분하고 비슷한 환경에서 일하지만, 누구는 성공하고 누구는 실패한다.

우리 조상들은 예로부터 자신의 운을 예측해 보고자 정초에 토정비결을 통해 한해의 운수를 알아보았다. 결혼이나 이사를 할 때도 길일을 택하였고, 혼인하거나 큰 재산을 투자할 때 사주를 보고 미래를 짐작해 보는 일이 많았다. 요즘도 신점을 보기 위하여 용한 점집을 찾기도 하고 주역과 명리학에 관심을 가지고 사주(四柱)를 보는 사람도 있다. 사주명리학은 사람이 태어난 연(年) 월(月) 일(日) 시(時)의 네 간지, 즉 사주에 근거하여 사람의 운명이 어떻게 풀려갈지 알아보는 것이다. 아마도 세상일이 인간의 노력으로는 한계가 많고, 예측하지 못한 일들이 일어나기 때문일 것이다. 어떤 이는 운명은 정해져 있다고 말하기도 한다.

그러나 우리 인생은 열심히 노력하는 사람이 성공하고 긍정적이고 적극적인 사람이 행복해지는 것은 자명하다. 그러면 자기의 의지와 상관없이 일어나는 운을 어떻게 바라볼 것인가? 내 의지와 상관없이 일어나는 일은 어찌할 수 없는 숙명으로 받아들이자. 겸허히 수용하는 자세가 중요하다. 대신 열심히 노력하면 기회가 많고 성공할 확률이 높은 것도 당연한 사실이다. 한 번뿐인 인생 내가 할 수 있는 일에 최선을 다하면 되는 것이다. 운도 자세히 살펴보면 인생의 자세에 따라 길운이 들어오게 하는 문을 열 수도 있고 반대로 문을 닫을 수도 있기 때문이다.

어떻게 하면 운이 좋은 사람이 될까

운을 좋게 만드는 방법은 없을까? 물론 운을 아주 통제할 수는 없지만, 운을 끌어들이는 방법은 있지 않을까? 운이 좋은 사람은 자신의 노력으로 행운의 기회를 만들 수 있다. 좋은 사람과 교류하여 정보를 얻고 지혜를 얻으면 행운에 한 발 더 가까이 다가가는 것이다. 어떤 사람과 어울리는가에 따라 인생의 성패가 결정된다는 말에 공감이 간다. 사업을 하고 있다면 경영을 잘하는 기업주와 어울릴 때 정보를 얻고 경영을 배우고 사업 비결을 익힐 수 있다. 직장을 다니면 인성과 품성을 갖춘 능력 있는 사람과 어울려야 리더십을 배우고 지혜를 얻게 되어 자신에게 기회가 오는 것이다.

긍정적이고 배울 점이 많은 사람과 어울리다 보면, 인생은 점점 풍요로워지고 좋은 일이 많이 생긴다. 그러기 위해서는 먼저 자신이 품격과 실력을 갖추고 좋은 사람이 되어야 한다. 주변 사람과 다투면 운이 들어올 공간이 없다. 싸움은 분쟁을 낳고 불운의 씨앗이 될 뿐이다. 부정적인 무의식 속의 생각은 운의 흐름과 기세를 부정적으로 바꿀 수 있기 때문이다.

적선지가 필유여경(積善之家 必有餘慶)이라는 말이 있다.

주역의 문언집에 실려있는 구절이다. "선한 일을 많이 하는 집안에는 반드시 경사스러운 일이 있고 불선(不善)을 쌓은 집안에는 반드시 재앙이 있다"라는 말이다. 우리 속담에도 "남향집에 살려면 3대가 적선하여야 한다"라는 말도 있다. 세상사가 사람이 하는 일이기 때문에 선한 일을 하면 반드시 선함이 되돌아올 것이고, 나쁜 일을 하면 반드시 나쁜 일이 돌아올 것이다.

운명 전환의 첫걸음은 적선이다. 착하고 좋은 일을 많이 해야 길운의 흐름에 올라타는 것이다. 지속적인 선행은 누군가에게 감사와 감동을 주고 이는 그 집안의 화목이나 경사로 이어진다. 적선지가 필유여경(積善之家 必有餘慶)은 인생 최고의 덕목이 아닐 수 없다. 뿌린 대로 거두는 것이 인생의 이치이다. 나에게 좋은 일을 해주는 사람이 있으면, 당연히 그 사람이 잘되라고 빌어주는 것이 인지상정이다. 보이지는 않지만 무의식의 세계에서도 씨앗이 싹트고 자라나 행동으로 발현되는 것이다. 무의식 속의 생각이 행동과 인연을 지배하고 운의 흐름과 기세를 바꿀 수 있음을 알 수 있다.

행운은 기회와 준비가 만나는 지점에 존재한다.

많은 심리학자가 운이 좋은 사람은 운을 부르는 사고방식을 지니고 있다고 한다. 행운의 기회가 많은 시간과 공간으로 자신을 이끌어 멋진 결과를 만들어낸다는 것이다. 로마의 철학자 세네카는 "행운은 기회와 준비가 만나는 지점에 존재한다"고 했다. 행운은 누구에게나 찾아온다. 그러나 그걸 모르고 지나치면 운이 오지 않는 것이다. 그런 면에서 '운도 실력이다'라고 할 수 있다. 왜냐하면, 본인이 준비되어 있어야 기회가 왔을 때 잡을 수 있기 때문이다. 기회가 와도 잡지 못하는 이유는 그 일에 맞는 역량이 부족해서다. 기회를 잡기 위해 항상 자신을 갈고닦아야 행운의 기회가 닿았을 때 성취하는 것이다.

원인 없는 결과가 없듯이 우연이나 뜻밖의 운으로 여겨지는 일들을 자세히 들여다보면 언젠가 뿌린 씨앗의 열매인 경우가 많다. 지나온 삶을 돌아보면, 어떤 선택을 하고 어떤 사람을 만나는가? 어떤 생각을 하는가? 가 운과 연결됨을 알 수 있다. 우주 만물은 서로 연결되어 있다. 노력이 없으면 아무리 행운이 와도 잡을 수가 없고, 준비되어 있지 않으면 운은 지나가 버린다.

다음으로 독서의 중요성이다.

동서양 고수들의 지혜나 글귀는 어떤 사람의 인생을 바꾸기도 한다. 특히 수천 년을 이어온 인류의 자산 고전은 막강한 힘을 발휘한다. 이들을 접하면 힐링이 되고 인생의 길이 보이기 때문이다. 독서를 통해 지혜를 배우고 명상으로 되새기면 인생을 풍요롭게 가꿀 수 있고 위기에 흔들리지 않는다. 독서는 인생의 여러 선택지 중에서 올바른 선택을 하는 데 지침이 될 수 있다. 운이 없는 사람은 부정적인 생각과 스트레스로 부정적인 기운이 흐른다. 반면 독서를 통해 마음의 평화를 얻고 지혜를 습득하고 마음의 양식을 쌓는 것은 행운의 꽃길을 만드는 것이다.

살아가면서 필연적으로 닥치는 사건·사고들이 적지 않다. 이런 것들을 인생길의 소중한 경험으로 녹이고 부정적인 기운이 살아나는 기억은 흘려버리자. 흘러간 부정적인 일에 얽매이면 부정적인 사건의 노예가 되어 자신을 옥죄게 된다. 대신 다가올 일에 현명하게 대처하고 살아가는 것이 중요하다. 독서는 마음의 양식을 채워주고 나를 단단하게 만든다. 중요한 것은 생각과 마음가짐일 것이다. 나는 운이 좋은 사람이라고 생각하자. 오늘의 나를 만드는 것은 어제의 나의 생각이고, 내일의 나를 만드는 것은 오늘의 내 생각이다.

나는 운이 좋은 사람이다.

'나는 운이 좋았다'라고 늘 말하는 사람들은 좋지 않은 일들은 잊어버리고, 좋았던 일을 자주 기억하는 사람들이다. 성공한 사람들의 공통적인 특징은 긍정적이라는 것이다. 긍정적인 사람과 가까이하면 긍정적인 사람이 된다. 운을 내 편으로 끌어들여야 한다. '나는 운이 좋은 사람이다'라는 긍정적인 말을 하면 세로토닌, 옥시토신, 도파민 같은 기분이 좋아지는 물질이 내 몸에 생성된다. 내가 기분이 좋아지면 좋은 말을 건넬 수도 있고 이것이 운을 끌어당기는 기폭제가 된다. 다툼과 분쟁으로 얼룩지고 항상 부정적인 사람과는 멀리하고, 건강한 조언을 해주는 사람과 함께

가는 것이 행운을 부른다. 스스로 안된다고 말하는데 잘 될 리가 없다. 나는 운이 없다고 생각하는 사람에게는 기회가 오지 않는다. 불운도 악연에 의해서 만들어지는 경우가 많다. 악연을 끊어내는 것이 좋다.

부와 행운이 나와 함께 있다고 생각하고 한발 한발 나아가 보자. 신은 누구에게나 공평한 기회를 주었다. 단지 기회를 잡지 못할 따름이다. 나는 운이 좋은 사람이라고 생각하고 달려보자. 그런 가운데 좋은 인연이 맺어지고 나에게 행운이 함께하지 않을까 생각된다. 긍정적인 사고가 나를 행복하게 만들고 운 좋은 사람으로 이끈다. 맑은 하늘과 공기, 솔솔 부는 바람, 따스한 날씨 이 모든 것이 나에게는 축복이다. 나는 이 모든 것을 돈 한 푼 없이 즐길 수 있다. 나에게는 두 눈과 두 귀, 멀쩡한 사지가 다 있다. 쉴 수 있는 집과 사랑하는 사람들이 있다. 내가 가진 것에 감사하자. 우주의 신비를 즐기자. 나는 운이 좋은 사람이다. 나에게는 좋은 일이 생길 것이다.

3장 돈에 대한 지혜와 철학

여유 있는 경제생활은 건강이나 원만한 가정생활과 더불어 좋은 삶의 요소이다. 그러나 많은 돈이 언제나 사람을 행복하게 만들지는 않는다. 돈에 대한 행복은 상대적으로 결정된다. 돈은 어디까지나 상대적이다. 돈으로 살 수 없는 행복을 찾자.

돈에 대한 지혜와 철학을 가지자

나는 금융업에서 30여 년을 일하면서 다양한 부류의 부자들을 많이 만났다. 부모로부터 사업을 물려받은 금수저 사장부터, 사업 운때가 잘 맞아 부자가 된 창업주, 요지에 부동산을 샀다가 수백 배의 가격상승으로 부자가 된 사람까지 다양한 부자들을 보았다. 이들은 운과 노력으로 부를 축적하였지만, 돈을 잘 다루고 투자와 위험관리를 잘한다는 특징이 있다.

한편으로는 잘 나가던 사업이 경기변동과 환경변화에 적응하지 못해 위기를 맞아 부도 처리되는 기업도 지켜보았다. 한때 큰돈을 손에 쥐었다가 사기를 당하거나 잘못된 판단으로 인생의 밑바닥에서 고통을 감내하고 있는 사람도 있다. 더 큰돈을 벌어보겠다고 무리한 사업확장을 하다가 패망의 길을 걷고 있는 중견기업인도 보았다. 이들은 큰돈을 벌었지만, 돈을 잘 다루지 못하고 투자와 위험관리에 실패한 사람들이다.

돈을 관리하는 능력이 있어야 한다

부자가 되는 방법은 첫째, 돈을 많이 벌어야 하고 둘째, 번 돈을 잘 활용하여 파이를 키우는 것이다. 돈을 제대로 관리하는 것은 돈을 버는 것 이상으로 중요하다. 부자가 된 사람들은 노력이 기회와 운을 만나 부를 이룬 경우가 많지만, 한편으로는 돈의 속성을 잘 알아서 제대로 관리하고 위험과 수익관리를 잘하였던 사람들이다. 한때 사업으로 큰돈을 주무르던 사람이 수렁으로 빠지는 것은 사업 운이 맞지 않아 실패한 것도 있지만, 돈의 흐름이나 관리에 소홀하고 위험관리를 제대로 못 한 결과일 수 있다.

갑자기 큰돈이 생겼는데 관리능력 부재로 하루아침에 알거지가 되는 경우도 종종 본다. 로또 복권에 당첨된 사람 중 상당수가 당첨되기 전보다 더 어렵게 살고 있다고 한다. 자기 그릇보다 큰돈이 생기니 감당하지 못해 흘러넘치고 쏟아지는 것이다. 밑동이 뚫리거나 부실한 항아리에 아무리 쏟아부은들 채워질 리가 없다. 각박한 세상에서 돈 관리능력 부재로 사기를 당하기도 하고 분쟁에 휘말리기도 한다. 잘못된 투자로 돈과 사람을 잃고 가난하게 살아가고 있는 사람도 많다. 사람의 마음은 미약하고 유혹에 빠지기 쉽다. 돈과 인생을 공부하고 금융을 알아야 한다.

자본주의 사회에서 살아가려면 돈에 대해서도 지혜와 철학이 있어야 한다. 돈을 벌고 투자할 때도 지혜롭게 해야 하고, 돈의 속성을 이해하고 관리할 줄 알아야 한다. 이제는 투자 교육, 금융사기 예방 교육, 돈을 잘 쓰는 방법, 돈과 행복 등 돈과 관련한 올바른 경제금융교육이 필요하다.

금융교육이 필요하다

인생이란 자기 뜻대로 되지 않는 일이 많다. 순간순간 어떤 선택을 하느냐와 본인의 노력과 운에 좌우되는 일이 많은 것도 현실이다. 살다 보면 운칠기삼이라는 말을 실감할 때가 많다. 그러나 그 운을 어떻게 잡느냐는 개인의 선택이다. 노력과 운이 만날 때 인생이 달라진다. 공부하고 책을 읽고 지혜를 쌓아 가는 것은 나에게 숙명처럼 다가오는 운을 현실에서 기회로 만들기 위함이다. 물론 좋은 선택을 하려면 미래를 내다보는 안목과 지혜가 있어야 하겠지만, 미래를 예측하기란 참으로 어려운 일 중의 하나이다.

자본주의 사회에서 살아가려면 돈에 대해서도 지혜와 철학이 있어야 한다. 돈을 벌고 투자할 때도 지혜롭게 해야 하고, 돈의 속성을 이해하고 관리할 줄 알아야 한다. 이제는 투자 교육, 금융사기 예방 교육, 돈을 잘 쓰는 방법, 돈과 행복 등 돈과 관련한 올바른 경제금융교육이 필요하다. 어릴 때부터 경제금융교육으로 돈에 대해 올바르게 이해하고 경제생활을 할 수 있도록 이끌어야 한다. 돈을 관리하고, 돈을 쓰는 법을 교육해서 건전한 사회인으로 키워야 한다. 돈에 대한 금융교육은 돈을 버는 방법 등 자산 형성 방법을 가르치는 것만이 아니다. 포트폴리오를 가르치고, 돈의 올바른 사용법을 가르치고, 돈을 통해 타인과 커뮤니케이션하고, 돈에 휘둘리지 않는 삶을 살 수 있는 교육이 필요하다.

유대인의 돈에 관한 생각

유대인은 어릴 때부터 분산투자 등 자녀들에게 금융교육을 한다고 한다. 초등학교에 들어가면 통장을 만들어 용돈을 넣어주고 13세가 되면 성인식을 치른다. 유대인에게 가장 중요한 행사의 하나가 성인식인 '바르미츠바'이다. 이때 부모와 친척들이 축하금을 준다고 한다. 축하금은 부모와 친척들이 유산을 물려주듯 큰돈을 주는 경우가 많은데, 자녀는 이 돈을 미래를 위해 일반적으로 주식과 채권, 예금 등에 나누어 둔다. 이때부터 포트폴리오를 배운다.

13세부터 독립적으로 재테크를 시작하는 셈이다. 아이와 부모는 축하금을 어디에 사용할지 의논하고 나중에 창업자금으로 사용하기도 한다고 알려졌다. 참고로 유대인은 창업이 가장 활발한 민족이다. 이스라엘은 인구 대비 창업자가 가장 많다. 세계적인 창업 허브인 실리콘밸리에서는 세상을 바꾸는 기업이 수없이 탄생했다. 미국 인구의 2%밖에 안 되는 유대인들이 치열한 경쟁이 벌어지는 실리콘밸리에서 주도적인 역할을 할 수 있는 것도 이들의 창업 덕분이다.

유대인은 자녀들에게 가난은 죄악이라고 가르친다. 죽을 때까지 공부하고 재산을 모아서 기부하고 사회에서 가치 있게 살도록 가르친다. 유대인들은 부자가 되어 좋은 일을 많이 하라고 가르친다. 탈무드에는 '돈이 있으면 평화가 있다'라는 격언이 있다. 또 유대인들은 돈을 어떻게 버느냐도 중요하지만 어떻게 쓰느냐를 더 중요하게 여긴다. 어떻게 쓰느냐는 자선이나 기부행위를 뜻하며 리더는 공동체를 위한 헌신으로 사회에 이바지한다. 율법은 유대인들에게 번 돈을 어떻게 써야 하는지 가르치고 있다. 유대인들의 가장 큰 자선 중의 하나는 일자리를 만들어 누군가를 경제적으로 자립하도록 만들어주는 것이다. 우리 한국 부모들은 부자가 되라고 가르치지 않는다. 오히려 검소하게 살아야 한다고만 가르친다. 부모와 자녀 모두가 금융교육을 받은 적이 없다. 이제는 부자가 되어 좋은 일을 많이 하라고 가르쳐야 한다. 돈과 금융을 교육할 필요가 있다.

진정한 부자는

진정한 부자는 좋은 곳에 돈을 사용하고 사회와 남을 위해 가치 있게 쓸 줄 아는 사람이다. 돈이 넉넉하지만 지킬 걱정만 하고 올바르게 사용하지 못하는 사람도 많다. 충분한 재산이 있으면서도 인생을 즐기지 못하는 사람들이다. 돈이 많이 있으면서도 사용하지 못하고 세상을 뜨는 사람은 돈이 줄어드는 걸 불안해하기 때문이다. 금고에 돈이 가득해도 쓰지 못하고 걱정과 불안의 노예로 살아가는 삶은 가짜 부자다.

돈을 쓰면서 보람을 느끼고 누릴 수 있어야 한다. 돈을 통해 이웃과 소통하고 소외된 사람들과 함께하면 존경받는 부자이다. 돈으로 행복은 살 수 없다. 그러나 돈을 많이 가지고 있으면 여러 가지를 얻을 수 있고 많은 문제를 해결할 수 있다. 돈을 가치 있게 사용할 때 새로운 기회와 운이 따르고 존경받고 행복이 뒤따른다. 경제적인 자유를 이루는 것도 중요하지만, 경제적인 자유를 사회와 남을 위해 사용할 줄 아는 정서적인 부(富)도 같이 쌓아야 한다. 제대로 돈을 버는 것도 중요하지만, 돈을 잘 관리하고 잘 사용하는 법을 알고 실천하는 사람이야말로 현대를 지혜롭게 살아가는 부자이다.

금융 문맹은
생존을 불가능하게 만든다

현대 자본주의 사회를 살아가면서 누구도 돈과 관계를 맺지 않고 살아갈 수 없다. 하지만 한국 사회에서 돈의 속성과 금융 지식을 배울 기회가 많지 않다. 금융이 당장 입시에 영향을 주지 않기에 학교는 물론 가정에서도 주요 교육 대상이 아니다. 우리는 아이들에게 '학교에서 공부만 열심히 하면 된다.' '어릴 적부터 돈을 밝히면 안 된다.' '땀 흘려 번 돈만이 가치 있다'라고 이야기하면서 돈에 대해서는 가르치지 않는다.

수메르인들이 토판에 새겨 놓은 부자가 되는 방법은?

모래 먼지로 덮인 유프라테스강 유역 도시의 잔해에서 고고학자들은 수십만 장의 점토판과 성곽 터를 발견하였다. 이 발굴로 적어도 8,000년 전에 바빌로니아를 건설한 수메르 사람들이 성곽으로 둘러싸인 도시에 살았다는 사실이 증명되었다. 그들은 축축한 진흙 판에 글자를 새겼다. 그렇게 완성된 토판을 불에 구워 단단하게 만들었다. 지금부터 6,000년 전 이야기다. 그 시절의 수메르인들은 토판에 부자가 되는 방법을 새겨 놓았다. '당신이 번 돈의 10%를 저축하라, 지출을 관리하라, 돈을 굴려 돈이 돈을 벌게 하라, 당신의 집을 가져라, 돈 버는 능력을 키워라'가 주요 내용이다. 6,000년 전 이야기지만 지금 세상과 별반 다르지 않다.

세계적으로 높은 교육열을 보이는 한국이지만 청빈함을 미덕으로 삼아온 문화 때문인지 돈에 관한 이야기는 터부시되고, 금융에 관한 교육은 가정이나 학교에서 거의 이뤄지지 않는다. 돈을 버는 것 이상으로 지출을 관리하고 운용하는 능력이 필요하고, 금전을 관리하고 증식시키려면 금융 지식이 필요하다.

금융교육의 부재가 가져온 금융 문맹의 피해

글을 읽지 못하는 문맹에 빗대어 금융 지식이 부족한 상태를 '금융 문맹'이라고 부른다. 급격한 인플레이션과 금리 인상을 맞이한 경제 상황에서 금융교육의 부재에서 비롯된 금융 문맹이 사회적 문제가 되고 있다. 돈의 생리를 잘 모르고 금융 지식도 부족한 MZ세대 젊은이들이 하루에도 몇십 배의 변동성을 보이는 가상자산과 파생상품에 공격적으로 투자하여 엄청난 손실을 보았다. 코로나19 팬데믹 위기를 맞아 이를 극복하고자 여러 나라에서 적극적인 재정정책을 통해 유동성을 엄청나게 늘렸다. 그 결과, 자산 가격이 폭등하면서 많은 개인을 주식시장과 가상화폐, 부동산으로 이끌었다.

그러나 지나친 유동성으로 급격한 인플레이션이 발생하였으며, 이를 해결하고자 각국은 긴축과 전에 없던 금리 인상을 단행하고 있다. 그 결과 주식, 부동산, 코인 등 자산 가격이 폭락하였고 금융 지식이 부족한 상태에서 빚을 내어 너도나도 투자한 개인들이 대출이자 부담과 자산 가격 폭락이라는 이중고로 고통의 시간을 보내고 있다.

우리나라 중고생의 68%는 은행에서 판매하는 금융상품이 원금보장이 되는 것으로 잘못 인식하고 있으며 예금과 적금의 차이를 모르는 학생도 65%에 달한다고 한다. 어떤 직장인은 자신의 퇴직금이 DC(확정기여)형인지 DB(확정급여)형인지 모르고 있고, 차이점도 구분하지 못하는 사람이 많다. 퇴직연금은 직장인의 퇴직금을 운용해 되돌려 주는 제도다. 노후의 삶을 꾸려나가기 위한 핵심 자금이다. 젊은 시절부터 자신의 노후를 위해 퇴직연금, 개인연금 등으로 노후를 설계해 나가야 한다. 퇴직연금뿐 아니라 연금저축보험과 연금보험의 차이, 세액공제와 소득공제의 차이 등을 구체적으로 아는 사람이 많지 않다.

돈을 관리, 운영하는 능력이 중요

돈을 버는 것도 중요하지만 돈을 관리하고 운영하는 능력도 중요하다. 모두 돈을 버는 데만 몰두할 뿐, 리스크를 관리하고 운영하는 역량에는 관심이 없다. 세계 금융계를 좌지우지하는 유대인의 비결은 조기 금융교육이다. 어릴 때부터 부모로부터 자금 운용에 대한 밥상머리 교육을 받고 포트폴리오를 배운다. 아이가 대학을 졸업할 즈음이면 작은 회사 하나를 창업할 수 있는 종잣돈을 모은다. 종잣돈과 어릴 때부터 익힌 금융 지식과 경험을 가지고 사회에 첫발을 내디딘다.

금융교육은 은퇴자들의 노후 자금관리에도 큰 도움이 된다. 알토란 같은 퇴직금을 잘못된 투자로 한 방에 날리거나 사기를 당하였다는 이야기를 종종 듣는다. 퇴직금은 안전하게 운영되어야 한다. 금융 지식이 있으면 금융회사의 공포 마케팅에도 넘어가지 않을 수 있다. "노후에 필요한 자금으로 00억 이상 필요하다"면서 자산을 금융사에 맡기면 수십 배의 수익이 날 수 있다고 운용을 맡겨 달라고 한다. 실제로 은퇴자가 평생 모은 돈을 금융사 직원 권유로 사모펀드에 넣었다가 큰 손실을 봤다는 뉴스도 자주 듣는다. 금융사 직원들은 고객보다 회사 이익을 먼저 생각할 수밖에 없다. 퇴직 후 중요한 것은 '현금 흐름'일 것이다. 자신의 노후를 위해 스스로 퇴직금을 잘 관리하고 운용을 설계할 수 있어야 한다. 요즘 직장 은퇴자 대부분은 국민연금이 있을 것이고, 여기에 주택연금을 활용하고 사적연금을 젊은 시절부터 꾸준히 준비하면 노후에 필요한 현금 흐름을 마련할 수 있다. 자산운용은 스스로 공부하여야 한다.

금융시장 변동성이 크고 자녀가 노후를 책임지지 않는 시대에 금융 지식은 꼭 필요하다. 청소년 시기부터 금융에 대한 지식을 익히고 건전한 경제인으로 성숙하기 위해 금융교육은 이제 선택이 아니라 필수가 되었다. 우리 청소년들이 조기 금융교육을 통해 금융에 대한 올바른 가치관을 정립하고 자신만의 자산관리 방법을 체득하여야 한다. 금융교육은 우리 경제의 기초체력을 기르고 나아가 21세기 생존을 위한 필수 학습이다. 현대 자본주의 사회를 살아가면서 금융과 경제를 모르고는 성공적인 삶을 영위할 수 없다. "문맹은 생활을 불편하게 하지만 금융 문맹은 생존을 불가능하게 만들기 때문에 문맹보다 더 무섭다." 앨런 그린스펀 전 미국 연방준비제도 이사회 의장이 남긴 말이다.

돈과 행복에 대하여

젊은 친구들은 파이어족을 꿈꾼다. 돈이 많으면 모든 것이 다 해결되고 행복할 것으로 생각하고 돈을 빨리 모아 조기 퇴직하려고 한다. 그러나 돈은 여러 가지 일들을 해결해 주지만 행복을 보장해 주지는 않는다. 오히려 돈 때문에 새로운 문제가 생기기도 하고 돈을 벌 때보다 돈을 잃음으로써 절망하고 좌절하는 사람도 많다. 인간은 이익보다 손해에 대해 상실감이 크다. 돈을 잘못 사용하면 불행의 원인이 되기도 한다.

자본주의 사회에서 돈의 영향력은 상당하다. 돈을 벌기 위해 밤낮으로 일하고 돈 때문에 다투기도 하고 분쟁도 많다. 재벌가 자손들의 일탈이나 연예인들의 사건·사고를 보면 결코 돈이 행복의 전부는 아님을 알 수 있다. 돈을 제대로 잘 쓰면 원하는 것도 얻을 수 있고 사람도 명예도 얻는다. 하지만 잘못 사용하면 평생 족쇄가 되고 분쟁에 휘말리어 사생결단하기도 한다. 가족 간에도 상속 문제로 형제간에 법원을 오가면서 상극이 되는 경우를 종종 본다. 돈이 많은 부자는 돈을 잃을까 봐 불안해하고 근심·걱정을 한다. 외로움과 우울증으로 고생하는 부자들도 많다. 돈보다 중요한 것은 사람이고 인간관계가 아닐까 생각된다.

살아 있을 때는 쓸 돈이 없어서 아쉽고, 죽을 때는 다 못 쓰고 죽어서 아쉬워하는 사람도 많다. 중국 경제계 인물인 모 기업 회장이 일찍 죽었는데 그 부인이 예금을 가지고 남편을 모시고 다녔던 운전기사와 재혼했다고 한다. 이 운전기사가 이야기한 '전에는 나 자신이 회장님을 위해 일한다고 생각했지만, 이제는 회장님이 날 위해 열심히 일하고 살았다는 걸 알게 되었다'라는 말이 회자하고 있다. 자신이 벌어놓은 돈을 마음껏 써 보지도 못하고 이 세상을 하직한 경우이다. 어떤 사람은 돈만 추구하다가 인심을 잃어 불행한 노후를 보내는 사람도 있다.

미래에 대한 막연한 불안감을 떨치자

선배 한 분은 대기업에서 30여 년 직장생활하고 정년퇴직하였다. 국민연금이 충분히 적립되어 60세 중반부터 월 200만 원 내외를 받고, 퇴직연금과 개인연금이 가입되어 있고 자기 집에 거주하고 있다. 그러나 미래에 대해 불안해하고 절약하며 노후 걱정을 하고 있다. 그 정도면 노후 걱정은 접어두고 하고 싶은 일을 하면 될 텐데 그러지 못한다. 호모사피엔스는 험한 세상을 치열하게 살아오면서 세상을 지배하고 일구었다. 그 와중에 생존본능으로 미래와 삶에 대해 막연한 불안감을 가지게 되었다.

돈을 제대로 쓸 줄 알고 가진 것에 감사하는 것도 연습이 필요하다. 그러지 않으면 불안한 감정에서 벗어나지 못한다. 베풀고 사람을 만나야 새로운 기회가 생기고 행운이 생기는 것이다. 돈보다 일의 가치를 느끼고 삶의 의미를 생각하자. 자신이 하고 싶은 일, 좋아하는 일을 하며 사회에 이바지하면 보람도 클 것이다. 그런 과정에서 에너지가 생기고 활력이 솟는다.

사람은 나이가 듦에 따라 활동도 자연히 줄어들기 마련이다. 평균수명 연장으로 100세 시대라고 하지만 아무래도 80세 이상이 되면 활동에 제약받고 건강상의 문제가 생기기 마련이다. 더 늙어 몸에 문제가 생기기 전에 건강 관리하며 여행도 가고 하고 싶었던 일도 해보자. 연금으로 부족한 은퇴자금은 주택연금제도 활용도 가능하고 새로운 일자리를 찾으면 된다.

사람들과 어울리고 여유 있는 삶을 위해서 돈은 반드시 필요하다. 돈이 없다는 생각보다 얼마가 되었든 가지고 있음을 감사하고 돈을 쓰는 기쁨을 누릴 줄 알아야 한다. 여유가 되면 즐겁게 돈을 쓰고 쓸 수 있음에 감사하고 베풀며 살자. 돈을 쓰는 것에 대한 불안한 느낌에서 벗어나 긍정의 에너지를 가져보자. 인간은 원시시대 이래 생존을 위해 부정적인 인식이 발달하여 불안한 감정의 지배를 받는다. 불안이나 걱정이 생존에 유리했기 때문이다. 돈을 금고에 가득 쌓아 놓고도 쓰지 못하는 삶은 의미가 없다. 인생을 즐길 줄 아는 것도 여유이다. 돈이 있어 베풀고 나눌 수 있는 아량에는 존경과 감사가 따른다. 그런 가운데 인연이 생기고 좋은 인맥으로 풍요로운 삶을 이끈다. 누군가를 위해 선물을 하고 사랑을 베풀면 반드시 좋은 일이 생기는 것이 인지상정이다.

돈으로 살 수 없는 것들

미래에 대한 불안은 돈에 기인한 것이 많다. 나의 노후는 안전할까. 퇴직 후 여행도 가고 레저도 즐기면서 편안한 노후를 보내고 싶은 것은 누구나의 로망일 것이다. 미래가 불안하다고 느끼기에 사람들은 저축하고 돈을 벌기 위해 노력한다. 돈돈돈 하며 평생 돈만 벌다가 죽음을 맞이한 사람들도 있고, 자기가 벌어놓은 돈의 절반도 못 쓰고 세상을 하직한 사람들도 많다. 불안해서 돈을 못 쓰고, 죽을 때는 제대로 못살아 아쉬워하는 이들이다. 돈이 많으면 행복할 것 같지만 실제로 돈이 많은 사람 상당수가 돈을 잃는 것 때문에 스트레스를 받는다. 돈에 관한 생각을 바꾸어 보자. 돈으로 살 수 없는 것을 가지는 것이 진정한 부자 아닐까?

예를 들어보자. 돈은 우리를 상대적으로 행복하게 해주지만, 건강은 절대적으로 행복하게 해준다. 그렇지만 건강은 돈으로 살 수 없다. 더 적게 일하고 즐길 줄 알고 일정 수입을 얻을 수 있다면, 많이 일하고 건강을 잃는 것보다 더 행복하다. 가정생활도 행복에 절대적으로 영향을 끼친다. 배우자와 자녀와 친밀하게 지내지 못하면 행복은 감소한다. 돈 버는 기계로 살다가 늙어서 가족 사이에서 외로워지고 이혼하는 사람도 있다.
여유 있는 경제생활은 건강이나 원만한 가정생활과 더불어 좋은 삶의 요소이다. 그러나 많은 돈이 언제나 사람을 행복하게 만들지는 않는다. 돈에 대한 행복은 상대적으로 결정된다. 내 연봉이 1,000만 원 오르면 기쁘다. 그러나 다른 사람의 연봉이 2,000만 원 오르거나, 물가가 더 오르면 오히려 우울해진다. 돈은 어디까지나 상대적이다. 돈으로 살 수 없는 행복을 찾자.

노르웨이의 시인인 아르네 가르보르그는 이렇게 말했다 "음식은 살 수 있지만 식욕은 살 수 없고, 약은 살 수 있지만 건강은 살 수 없고, 푹신한 침대는 살 수 있지만 잠은 살 수 없고, 지식은 살 수 있지만 지혜는 살 수 없고, 지인은 살 수 있지만 친구는 살 수 없다." 가진 것에 감사하고 이웃과 함께 더불어 나누면서 살아가는 것이 행복으로 가는 길 아닐까 생각한다. 진정한 부자는 누구일까? 만족할 줄 아는 사람이다. 탐욕스러운 사람은 진실로 가난한 사람이다.

금리 인상기의 재테크 이렇게 하자

　코로나19 팬데믹에 대응하기 위해 2020년부터 각국 중앙은행은 큰 폭의 금리 인하를 단행하였다. 저금리 상황에서 유동성 확대와 경기부양책으로 종합주가지수가 2021년 6월 한때 3,300까지 상승하였고 비트코인 등 가상화폐 자산은 폭등하였다. 부동산 시장은 수요증가와 유동성 확대로 가격이 급등하여 서울의 경우 평균 아파트 매매가격이 10억 원 이상으로 상승하였다.

　그러나 산이 높으면 골이 깊듯이 지난 2년간의 유동성 파티는 끝나고 자산 가격에 거품이 걷히고 있다. 각국의 중앙은행이 인플레이션에 대응하고자 긴축과 금리 인상 기조로 전환하였고, 러시아의 우크라이나 침공으로 원자재 가격은 폭등하였다. 경기는 침체하고 주택가격은 하락하였고 주식과 가상자산 등 자산 가격은 급락하였다. 급격하게 뛰는 물가를 잡기 위한 고육책으로 고금리 상황이 시작된 것이다. 고금리로 대출이자 부담이 커졌고 영끌족(영혼까지 끌어모아 대출)과 빚투족(빚내서 투자)은 이자 비용 증가로 속을 끓이고 있다. 주식과 가상자산 투자로 손실을 본 사람들의 한숨 소리가 여기저기서 들린다.

영끌족과 빚투족은 2022년 초까지만 해도 부러움의 대상이었다. 낮은 금리로 대출받아 자산 가격이 폭등하니 빚내서 집을 산 사람들과 그렇지 못한 이들의 자산 격차는 더 벌어졌다. 그러나 불과 몇 개월 사이 상황이 급변하였다. 전셋값이 치솟고 집값이 폭등하여 영원히 벼락 거지가 될 것 같아 너도나도 투자에 나섰던 3040들은 주가 하락, 주택가격하락, 코인 가격폭락, 원리금 상황부담으로 멘붕에 빠졌다.

최근 경제 상황은 MZ세대들에게 코인이나 주식, 파생 투자로 한순간에 수십에서 수백 배의 수익을 창출하기 어렵다는 것을 가르쳐 주고 있다. 또한, 수익이 있는 곳에 위험이 있다는 기본을 일깨워 주고 투자원칙을 다시 한번 되새기게 한다. 희망을 버리지 말고 대안을 찾아야 한다. 금리 인상 시기의 투자 방향에 대해 알아보자.

분산투자를 해야 한다 (안전자산은 30% 이상 보유)

다양한 상품에 분산투자를 하면 위험을 줄일 수 있다. 과거에 잘못된 투자로 펀드나 주식에 투자해서 큰 손실을 보았다는 사람이 많다. 이런 분들은 다시는 주식이나 펀드에 투자하지 않는다고 한다. 과거에 분산투자 등 위험관리를 하지 않았기 때문이다. 수익이 있는 곳에는 위험이 항상 있기 마련이다. 위험을 잘 관리한다면 얼마든지 통제할 수 있다. 투자할 때는 철저히 분산투자를 하여야 한다. 투자종목과 대상도 분산해야 한다. 주식뿐만 아니라, 예금(채권), 펀드, 리츠, 부동산 등에 분산해야 한다.

분산투자의 포트폴리오를 지켜야 한다. 두 발로 강의 깊이를 재지 말라는 증시 격언처럼 안전자산(예금, 채권)을 최소 30% 이상은 보유해야 한다. 주가 하락 시 버팀목이 될 수 있고 우량자산을 싸게 살 수 있는 기회도 얻을 수 있다. 일정한 비율로 현금을 보유하고 있으면 시장을 객관적으로 볼 수 있으며 종목을 선정할 때나 매매할 때 여유가 생긴다.

주식투자를 할 때 어느 한 종목에만 투자하여서도 안 되지만 시간적으로도 분산해야 한다. 여러 개의 종목에 투자하면 한 종목의 하락이 마이너스 수익을 주더라도 다른 종목에서 이익이 나면 전체 수익률은 타격받지 않을 수 있다. 단기적인 수익에 연연하지 말고 긴 안목으로 바라보아야 한다. 투자할 때는 한꺼번에 사지 말고 순차적으로 나누어 사야 한다. 매월 일정 금액을 넣는 적립식 펀드가 대표적이다. 인덱스펀드로 적립식 투자를 한다면 종목에 대한 분산과 시간에 대한 분산을 동시에 할 수 있다. 워런 버핏은 "자신이 잘 아는 종목에 장기 투자하라. 그럴 자신이 없으면 인덱스펀드에 분할 투자하라"고 했다. 인덱스펀드를 장기 적립하면 매입 단가가 내려가고 시간이 흐르면서 위험도 낮아진다.

최근 10년 동안 미국 S&P500과 코스피 지수의 평균 상승률을 비교하면 연 13%, 4% 수준이다. 과거의 수익률이 미래의 수익을 보장하는 것은 아니지만 유동성이 약화하는 시점에 미국 ETF(상장지수펀드) 투자를 검토할 만하다.

금리 상승기에는 기간을 짧게 운용하는 예금 가입

한국은행이 2022년 초부터 연속으로 기준금리를 올리면서 제로금리에 가까웠던 예·적금 금리가 상승하고 있다. 지속적인 금리상승 환경하에서는 예·적금 상품에 주목할 필요가 있다. 은행들이 경쟁적으로 내놓는 고금리 특판 예·적금을 잘 활용하면 효과적이다. 최근에는 새마을금고의 경우 6~7%대의 정기적금에 가입하려고 오픈런(매장 문이 열리자마자 달려가 줄을 서서 기다림)까지 일어나고 있다. 저축은행 1년 만기 정기예금 금리가 5~6% 수준이다. 최근 주식시장으로 몰렸던 자금들이 은행으로 옮겨가고 있는 이유이기도 하다. 금리 인상 시기에는 예·적금에 가입해 보자. 금리 인상기에는 예금상품은 만기를 짧게 운영하는 것이 좋다. 금리 하락 조짐이 있으면 장기예금 상품에 가입하는 것이 바람직하다.

채권투자

채권투자는 은행 예·적금보다 높은 금리를 바탕으로 이자수익을 올릴 수 있고, 기한이 정해져 있지만, 중간에 채권을 다른 사람에게 팔아 정리도 가능하다.

통상 금리가 하락하면 앞서 발행된 채권가격이 비싸지고, 반대로 금리가 상승하면 저렴해진다. 채권가격은 금리와 반대로 움직이므로 최근 채권값은 떨어지고 있다. 그 때문에 채권값이 떨어졌을 때 매수하고 오르면 파는 식으로 차익 실현도 가능하다.

금리 인상 시기에 신종자본증권 투자도 관심을 가져볼 만하다. 다만, 은행예금은 5천만 원까지 예금자 보호가 있지만, 채권투자는 원금이 보장되지 않는다. 신종자본증권은 금융사들이 자본 건전성 개선을 위해 발행하는 채권으로 최근에 5%대의 고금리로 발행되는 추세이다. 고금리 채권의 경우 이자수익을 통해 장기간 약정된 이익을 얻을 수 있다. 채권투자는 이자소득 외에 시세차익을 얻을 수도 있다.

우량주, 저평가된 가치주, 배당주 고르기

한편으로는 주가가 내려갔을 때 미국 등 해외투자와 한국시장에 분산 투자하는 것이 좋다. 주식은 우량기업에 장기투자 하여야 한다. 최소한 10년 이상을 투자 목표로 정하여야 한다. 한국과 미국의 시가총액 상위기업, 시장 1위 기업을 매수해 장기 보유하자.

주식투자는 싸게 사서 비싸게 파는 원리이다. 사람들이 주식투자에 실패하는 이유 중의 하나는 사고파는 타이밍을 맞추기가 어렵기 때문이다. 그러므로 우량주, 저평가된 주식을 싸게 사서 장기 보유하자. 어차피 주가는 오르락내리락하지만 저평가된 우량주는 장기적으로 빛을 발하기 때문이다. 시류에 따라 투자했다가 증시가 급락하는 경우 패닉이 올 수 있고 조그마한 돌부리에도 넘어질 수 있다.

워런 버핏의 격언이 생각난다. "너도나도 투자할 때는 쉬어가고, 남들이 공포에 떨고 있을 때 투자하라." 잘 새겨 볼 만한 말이다. 또한 주식시장이 하락장일 때는 배당주 투자에 관심을 가질 만하다. 주가가 내려가더라도 꾸준히 순이익을 내고 벌어들인 돈의 일정 부분은 주주들에게 배당하는 기업, 건전한 지배구조를 갖춘 기업을 주목하자.

노후를 위한 재무설계 이렇게 하자

가히 100세 시대라고 한다. 건강관리와 의료기술의 발전으로 평균수명이 늘어나고 있다. 그러나 우리나라 기성세대는 자녀교육, 주택구매 등으로 노후 은퇴 준비가 부족한 것이 현실이다. 한국인의 은퇴 후 적정 생활비로 가구당 월 300만~400만 원 정도가 필요하다고 한다. 그러나 국민연금 전체 수령자의 월평균 수령액은 57만 원에 그치고 있고 국민연금의 소득대체율은 40% 선에 불과하다. 그 국민연금도 현 상태로 가면 연금고갈이 빨라지고 있어 더 내고 덜 받는 방식의 개혁이 불 보듯 뻔하다.

우리나라 많은 가구의 자산이 부동산에 치우쳐 있다는 점도 문제이다. 부동산에 쏠려 있는 자산 구조와 노후에 급증하는 의료비도 한국 고령층의 노후를 위협하고 있다. 금융투자협회에 따르면 2022년 말 가계 자산 중 부동산 등 비금융자산 비중은 64%나 된다. 미국(28%), 일본(37%) 등과 비교해 압도적으로 높다. 특히 65세 이상 고령층 자산의 80%가 부동산에 쏠려 있어 세금 부담이 늘어나고 은퇴 세대의 노후를 짓누르고 있다.

노후에 자산이 부동산에 묶여 있으면 사용할 현금이 없고 급전이 필요할 때 빚을 낼 수밖에 없다. 집을 옮겨서라도 부동산 비중을 총자산의 50% 이내로 만들어 안정적인 금융자산을 가지고 있어야 한다. 금융자산의 50% 이상은 예금, 채권 등 안전자산에 묻어두고, 나머지는 주식과 펀드, ETF 상품 등으로 비교적 안전하게 자산을 굴리는 것이 좋다. 목돈이 있으면 돈을 즉시연금보험과 IRP에 넣어 안정적인 현금으로 받을 수도 있다.

행복한 노후를 위해서는 젊은 시절부터 국민연금, 퇴직연금, 개인연금에 가입하는 게 좋다. 부족 자금은 주택연금으로 대체하면 된다. 은퇴 이후에도 일거리를 만들어 경제생활을 하면서 인생 2막을 보내는 것이 바람직하다. 은퇴 후 소득원을 마련하기 위한 가장 기본적인 방법은 '3층 보장구조'를 마련하는 것이다. 3층 보장구조는 공적연금, 퇴직연금, 개인연금으로 3층의 노후 소득 보장체계를 쌓는 것을 뜻한다. 젊은 시절부터 미리미리 준비하지 않으면 경제적으로 힘든 노후를 보내야 한다.

공적연금으로 가입이 의무화된 국민연금

국민연금은 정부가 직접 운영하는 공적연금 제도로, 국민 개개인이 소득 활동할 때 낸 보험료를 바탕으로 나이가 들거나, 갑작스러운 사고나 질병으로 사망, 장애를 입어 소득 활동이 중단되면 본인이나 유족에게 지급한다. 직장인들은 의무가입 대상이다. 직장인과 달리 전업주부, 학생 등은 소득이 없어 가입할 의무는 없지만, 국민연금은 '임의가입'이라는 제도를 운용 중이다. 휴직이나 이직이 잦다면 임의가입을 통해 계속 내는 것이 중요하다.

연금납부 단절이 계속될수록 은퇴 후 받는 연금이 급감한다. 직장인과 달리 회사의 보조(보험료의 50%)를 받지 않는 자영업자들도 국민연금 가입률이 낮은 편이다. 일정 규모 이상의 소득이 있으면 지역가입자로 가입해야 한다. 의무이기도 하지만 재테크 측면에서도 민간 금융회사 상품보다 훨씬 낫다. 국민연금은 공적연금으로 정부가 국민이 노후를 준비할 수 있도록 가입이 법적으로 의무화되어 있다. 은퇴 설계에 대한 인식이 부족하여 노후 준비에 미흡한 사람들에게 적지 않은 이바지를 하고 있다.

안정적 생활을 가능케 하는 퇴직연금

기업이 근로자의 노후 소득 보장을 위해 직장에서 일하는 동안 퇴직급여를 외부 금융회사에 적립해 운용하고 근로자가 퇴직할 때 연금 또는 일시금으로 지급하는 제도다. 가입 기간 10년 이상, 만 55세 이상이 돼야만 퇴직연금을 받을 수 있다. 급하게 자금이 필요할 때 담보 제공이나 중도인출이 가능하다. 퇴직연금은 적립금 운용 책임에 따라 '확정급여형(DB)'과 '확정기여형(DC)'으로 나뉜다.

이 중 확정급여형은 근로자가 받을 퇴직급여가 확정되어 있다는 점에서 퇴직금제도와 사실상 같다. 예를 들어 월 평균 임금이 200만 원이고 근속연수가 10년인 근로자이면, 확정급여형의 퇴직금은 '200만 원×10

년' 해서 2,000만 원이다. 확정급여형은 적립금 운용이나 관리를 회사에서 해서 개인이 크게 신경 쓸 필요가 없다. 확정급여형은 장기적으로 회사의 비전이 있어 도산할 위험이 적고 임금 인상률이 높은 회사에 다니는 근로자가 가입하는 것이 유리하다.

확정기여형은 기업이 연간 임금 총액의 1/12 이상을 1년에 한 번 이상 근로자 개인 계좌에 넣어주면 그 금액을 근로자가 직접 운용하는 제도로, 퇴직금을 개인 퇴직금 계좌로 입금하고 개인이 관리한다. 회사가 파산하더라도 돈을 떼일 염려가 없다. 또 운용실적 따라 퇴직금이 달라지므로 운용 결과가 좋으면 예상보다 많은 퇴직금을 적립할 수 있고, 현재 다니는 직장을 그만두고 확정기여형 퇴직연금제도를 운용하는 회사로 이직할 때 이전이 가능하다. 근로자가 적립금을 직접 운용하고 그에 대한 모든 책임을 져야 하는 만큼 신경 쓸 일이 많고 운용 결과가 저조하면 손실을 볼 가능성도 있다. 확정기여형은 연봉제나 성과급제도를 선택하여 임금 인상률이 낮을 것으로 예상되는 회사에 다니는 근로자, 직장 이동이 잦은 사람, 금융 지식에 능통하여 적립금을 안정적으로 운용할 수 있는 근로자에게 적합하다. 임금 상승률이 투자 수익률보다 높다면 확정급여형을, 그 반대라면 확정기여형을 선택하는 것이 바람직하다.

여유로운 생활 준비는 개인연금으로

전 국민이 가입하는 국민연금과 근로자가 가입하는 퇴직연금 이외에 추가로 개인연금에 가입해서 노후를 대비할 수도 있다. 개인연금은 스스로 상품을 골라야 하는 만큼 가입자가 상품 구조와 위험을 이해하는 것이 중요하다. 은행에서 취급하는 연금저축신탁과 보험회사에서 취급하는 연금저축보험, 증권회사에서 취급하는 연금저축펀드 상품은 납입금액에 대해 연간 600만 원까지 소득공제를 받을 수 있다. 대신 노후에 연금을 받을 때 연간연금 수령액이 1,200만 원 이하이면 3.3~5.5%의 연금소득세를 내야 하고 연 1,200만 원 초과 연금소득에 대해서는 종합과세나 15% 분리과세를 선택할 수 있다. 소득공제가 가능한 연금신탁, 연금보험, 연금기금 중에서 가입자의 투자성향에 따라 선택하면 된다.

개인형퇴직연금(IRP)은 세제 혜택과 함께 노후 준비를 할 수 있어 일거양득의 효과가 있다. IRP는 근로자가 재직 중에 가입할 수 있는 퇴직연금 상품이다. 개인형퇴직연금은 연금저축과 같이 세액공제를 해주는 상품으로써 연금저축과 합산해서 900만 원까지 세액공제가 가능하다. 연금저축에 600만 원을 납부 중이라면 개인형퇴직연금에 300만 원 추가불입이 가능하다.

소득공제 혜택이 없는 연금보험 상품도 있다. 보험회사에서 취급하는 연금보험은 보험료를 5년 이상 납입하고 계약기간 10년 이상 유지하면 45세부터 연금수령이 가능하고 비과세 혜택을 받는다. 주의할 점은 운용실적에 따라 수익을 지급하는 상품들은 원금 손실 위험이 있는 만큼 비과세 혜택 등에만 현혹되지 말고 노후 대비 목적에 충실하게 선택해야 한다.

노후의 마지막 보루 주택연금

국민연금, 퇴직연금, 개인연금이 준비되어 있지 않으면 주택연금 상품을 선택할 수도 있다. 주택연금은 집 한 채를 가진 사람이 이를 연금화해서 매달 일정액을 받다가 부부가 모두 사망한 후 집을 처분하는 것이다. 주택금융 공사가 보증하기 때문에 안전하지만, 주택소유자 또는 배우자를 기준으로 만 55세 이상이고 공시가격이 9억 이하 주택소유주에 해당하는 등 일정한 요건이 되어야 신청할 수 있다. 금융당국은 주택연금 가입기준을 현재의 공시가격 9억 원 이하에서 12억 원으로 완화하는 방안을 추진하고 있다. 집값 상승 등을 고려해 노후 소득기반을 마련할 수 있도록 기준을 상향한다는 것이다.

여윳돈이 있는 사람은 즉시연금

즉시연금은 목돈을 맡겨두고 그다음 달부터 바로 연금으로 받을 수 있는 상품으로 목돈이 있는 은퇴자는 고려해 볼 만하다. 미처 연금을 준비하지 못한 자산가들이 가입하기에 적당하고 매달 일정 금액을 안정적으로 받을 수 있다. 다른 보험 상품과 같이 10년 이상 유지하면 이자소득세 비과세 혜택도 있다. 즉시연금은 민간 금융회사들이 제공하는 것으로 목돈을 맡기고 그다음 달부터 바로 연금을 받을 수 있는 상품이다. 비과세 혜택과 상속세 절세 효과 등을 누릴 수 있지만, 목돈을 금융기관에 맡기고 연금으로 상품화하는 것이어서 현금자산이 있어야 가입할 수 있다.

은퇴 이후의 자금관리와 일자리

은퇴 후 앞으로도 근 30년의 인생을 설계해야 하고, 은퇴 전 자산을 모았다 하더라도 월급이 없어지고 고정 수입이 사라지면 심리적으로 위축된다. 수십 년 동안 매달 제때 월급이 입금되었는데 수입이 없으면 처음에는 충격이 크다. 은퇴가 고정 수입이 사라지고 은행 잔액이 줄어드는 전환점이 되는 것이다. 그러므로 퇴직 전 직장 경험을 살려 소일거리라도 찾아야 한다.

일거리는 사회적 관계가 유지되고 생활비 일부를 충당하며 보람도 얻을 수 있다. 마지막으로 은퇴 후 자금관리는 퇴직이 가까워질수록 투자는 보수적으로 하여야 하고, 의료비 등 자금지출에 대비하여 안정적인 현금흐름이 중요하다. 특히 저출산, 고령화로 주택 수요가 급감하므로 부동산에 집중하지 말아야 한다. 또한 자녀들에게 많은 것을 기대하지 말고 스스로 은퇴 후 일할 수 있다는 마음과 실천이 필요하다.

날로 치밀해지는 보이스피싱
이렇게 대처하자

　회사를 퇴직한 지 얼마 되지 않았을 때였다. 나는 사무실에서 책을 읽고 칼럼을 쓰고 있었다. 점심시간이 조금 지났을 때쯤 핸드폰으로 메시지 한 통이 왔다 "아빠 나 핸드폰 액정 나가서 수리 맡겨 놓았어." "그래서 다른 사람 전화기로 연락한다." 나에게 아빠라고 하면서 메시지가 왔길래, 우리 집 아이라고 생각하고 "00이니, 00이야?"라고 답신했다. "나야 나 00이라고"라며 우리 큰아이 이름을 대며 메시지가 왔다. 그 뒤 "아빠, 나 액정 나간 것 보험금 청구해야 하는데 아빠 신분증과 카드 좀 보내줄래" "보험금을 아빠 통장으로 받을 수 있도록 하려면 신분증과 카드가 필요해" 나는 아무 의심도 없이 신분증과 체크카드를 복사하여 핸드폰으로 송부하였다. 그러자, 카드 비밀번호와 계좌번호를 가르쳐 달라는 문자가 왔다.
　순간적으로 아차 하는 마음이 들어 메시지가 들어온 그 핸드폰번호로 전화를 하였다. 전화 신호만 가고 받지 않았다. 피싱 사기범이라는 생각이 스쳐 지나갔다. 바로 우리 집 딸아이에게 전화했다. 우리 아이는 핸드폰 액정이 깨진 적이 없고 나한테 연락하지 않았다고 한다. 피싱 메시지였다. 나는 놀란 가슴에 바로 거래은행에 연락하여 금융거래 정지신청을 하고 금융감독원사이트에 접속하여 개인정보 노출 사실을 등록하였다. 그리고 신분증을 재발급하고 거래은행의 모든 카드를 폐기하고 재발급하였다. 그리고 내 명의로 대포폰에 가입하지 못하도록 '핸드폰가입제한서비스'에 등록하였다. 아차 하는 순간이었다.

그 뒤 두 달여쯤 지났을 때였다. 핸드폰에 또 한 번 깜짝 놀랄 만한 메시지가 떴다. 해외에서 내 카드로 가구 구매를 하여 250만 원이 사용되었다는 메시지였다. 나는 해외에 가지도 않았고, 지금 서울에 있는데 해외에서 실시간 카드사용 메시지가 와서 사고라고 생각되었다. 두 달 전쯤 카드와 신분증 노출이 있었던 터라 더욱 의심이 갔다. 만사 제쳐두고 카드 가맹점이라고 생각되는 메시지 발신지로 바로 연락했더니 금융소비자보호원이라며 한 여성이 전화를 받는다. "해외에서 내 카드가 사용되었어요"라고 하니 경찰에 신고하라고 한다. 그러면서 경찰청에 자신이 신고해 주겠다고 하였다. 10여 분 뒤에 서울경찰청 소속 형사라면서 전화가 왔다. 본인을 "서울경찰청 보이스피싱 사고 전담부서 직원이고 '경사 000'"라고 한다.

나는 지난번 사고 이야기와 해외사용 실시간 메시지에 대해 자초지종을 이야기했다. 그랬더니 어느 은행을 거래 하는지 자금이 얼마 정도 있는지 질문을 한다. 경찰이 내 통장 잔고를 묻고 자금내역까지 묻는다는 것이 꺼림칙하고 사기범이 아닐까 하는 의심이 스쳐 지나갔다. 바쁜 시간이지만 사기범을 잡아야 한다는 정의감과 추가 사고방지를 하여야겠다는 생각에 경찰청에 직접 가서 사고신고를 하겠다고 하였다. 그랬더니 "서울경찰청 2층 사이버범죄 수사과 경사 OOO 찾아오셔요"라고 한다. 마침 나는 서울경찰청 인근에서 연수 중이어서 서울경찰청으로 갔다. 서울경찰청 직원은 'OOO 경사'라는 사람은 없다고 한다. 경찰청 직원을 통해 경찰이라고 사칭하는 사람에게 통화를 시도하였더니 전화를 끊어버린다. 그 뒤 전화는 불통이다. 해외에서 사용되었다는 문자메시지, 금융소비자원, 경찰청 직원이라는 사람 모두 한통속의 사기범이었다

두 번의 사건을 겪으며 다행히 사고는 없었지만 보이스피싱 사기가 얼마나 교묘해지고 있는지를 경험하였다. 거래 은행, 계좌번호, 비밀번호 등을 묻길래 의문을 품어 더 이상의 문제는 없었고, 경찰청을 직접 가서 신고한다고 하여 사고 예방을 할 수 있었지만, 누구나 조금만 방심하면 당할 수 있음을 경험하였다. 보이스피싱이나 사기 문자, 전화, 앱 등에 걸려들지 않는 것이 최선이지만 개인정보가 누출되던지 사고가 일어났을 때는 신속히 금융기관에 신고하여 자금인출이나 카드사용을 막아야 한다. 또한 경찰에 신고하고 개인정보 누출 사실을 등록하여 추가적인 사고를 예방하여야 한다. 개인정보가 누출되었을 때 조치사항과 전화, 피싱, 스미싱 사기를 예방할 방법에 대하여 정리해 본다.

계좌신규, 대출, 카드 신규를 막을 방법

금융감독원에서 운영되는 사이트를 활용한다. 먼저 개인정보 노출 사

실을 등록해야 한다. '개인정보노출자 사고예방시스템(pd.fss.or.kr)'에 접속하여 등록하면 된다. 신청인의 개인정보가「개인정보 노출자 사고 예방 시스템」에 수집·이용되며, 이는 전 금융회사에 제공된다. 등록된 개인정보는 금융회사에 공유되어 노출자 명의의 거래가 시도될 때 일부 금융거래 (신규계좌 개설, 신용카드 발급, 휴대전화 단말기 할부구매 시 보증보험가입 등)가 제한된다.

노출 사실 해제 사유가 발생하거나 제한된 금융거래를 재개하고자 하는 경우 해제를 신청할 수 있다. 기존의 등록 및 해제 내역은 본인인증을 통해 확인할 수 있으며 카드 신규, 계좌신규, 대출정보 변경이 필요할 때는, 해제한 후 약 15분 후 전산에 반영된 상태에서 변경하고 다시 재등록하는 방식으로 운영하면 된다.

▶**금융결제원에서 운영하는 계좌정보통합관리 서비스(payinfo.or.kr) 에 접속한다.** 여기에서 도용된 명의로 계좌개설 여부를 먼저 조회하여야 한다. 앱을 깔거나 홈페이지에서 계좌통합조회를 하면 은행권, 제2금융권, 증권사 등 전 금융기관 계좌, 카드 정보, 대출 정보 등 본인 명의의 모든 계좌가 조회된다. 본인 명의로 원하지 않는 금융상품이 있는 경우에는 꼭 해지하도록 하고 대포통장 등 사고우려가 있는 계좌도 해지하도록 한다.

▶**한국정보통신협회(KAIT)에서 운영 중인 명의도용방지서비스(M**

safer)를 활용한다. M safer는 방송, 통신서비스 등의 명의도용 피해 예방 대국민 무료 서비스이다. 나도 모르게 무선전화, 이동전화, 무선 인터넷을 신규 가입하거나 양도하였을 때 언제 어느 통신사에 가입했는지 본인 명의의 이동전화 메시지로 통보해 준다. 여기서 도용된 명의로 휴대전화 개설 여부를 먼저 조회한다. 스마트폰으로는 불가하고 노트북이나 데스크탑으로 들어가야 한다. 본인 명의로 가입된 이동전화, 무선 인터넷, 인터넷 전화의 가입현황을 확인할 수 있다.

본인이 가입하지 않았거나 원하지 않는 상품이 있다면 즉시 제거하면 된다. 그리고 본인 명의로 대포폰 만드는 것을 방지하기 위하여 가입 제한 서비스를 이용하여 모든 통신사에 대해 통신서비스 신규 개설을 막도록 통지한다. 만약에 본인이 휴대전화를 새로 개설하여야 할 때는 가입 제한을 임시 해제한 다음 신규 개설 후 다시 등록하면 된다. 마지막으로 명의도용 방지 서비스 이메일 안내 서비스를 신청하면 핸드폰이 새로 개통됐을 때 이메일로 알려준다.

▶**유출된 개인정보 관련 금융회사에 피해를 신고하고 지급정지 시킨다.** 악성 앱을 설치했다면 휴대전화를 초기화하거나 악성 앱을 삭제하여야 한다. 한번 악성 앱에 감염된 스마트폰의 경우 전화번호, 문자메시지 내용이 모두 노출되는 것은 물론 전화까지 도청된다고 한다.

▶**전화금융사기차단 앱을 설치**

보이스피싱, 스미싱을 차단하는 방법이 있다. 경찰대학에서 만든 시티즌 코난 앱은 전화금융 사기감지기로 시민들의 핸드폰에 설치된 악성 앱을 감지 해내는 앱이다. 2021년 경찰청에서 만든 앱이다. 시티즌 코난 앱을 설치하고 앱을 열어 악성 앱 검사 버튼을 누르면 된다. 악성 앱이 있다면 삭제 버튼을 눌러 즉시 삭제하도록 한다.

대부분의 금융거래가 디지털로 이루어지다 보니 보이스피싱, 문자 피싱 등 사기 수법이 날로 진화하고 있다. 최근에는 사기 범죄에 연루되었다는 검찰, 경찰, 금융감독원 사칭 전화, 저금리 대출 전화 및 문자, 가족과 지인을 사칭한 금전 요구 등 수법이 다양해지고 있다. 요즘은 스미싱 사기 또한 기승이라고 한다. 스미싱은 문자와(SNS) 피싱(Phishing) 합성어로 사이버 사기의 하나이다. 문자메시지에 포함된 인터넷 주소(URL)를 클릭하면 악성 앱이 설치되고 개인정보, 금융정보 등을 탈취해 금전적인 피해를 일으키거나 2차 공격 도구로 활용될 수 있다. 무료 쿠폰을 준다고 하거나 택배 배송지가 다르다고 하는 등 다양한 이유로 어떤 링크를 접속하게 한 뒤 손해를 입힌다. 자신에게 온 문자메시지 중 출처가 불분명 한 링크가 있다면 함부로 클릭하지 않도록 하여야 한다.

조금만 방심하면 개인신용정보가 노출되고 금융사기 수법에 피해를 보는 경우가 많다. 사기범에게 피해를 보고 개인정보가 노출된 뒤에는 물질적 정신적 피해가 크다. 범죄자들은 해외에 거주하는 경우가 많아 해결하려면 시간과 에너지가 엄청나게 소요되기도 하고, 사기범들을 잡기도 어렵고 해결하기도 쉽지 않다. 전화금융사기 예방 앱을 깔고 사기 예방 수법을 숙지하여 범죄자들로부터 소중한 정보와 자산을 지켜야 한다.

은퇴 이후를 위한 자산관리

우리나라는 자녀 교육비를 가장 많이 지출하는 나라이다. 특히 사교육비 부담으로 부모들의 허리가 휘어진다. 아이들 유치원부터 시작한 사교육비는 엄청난 액수가 된다. 피아노, 미술학원, 태권도, 영어, 수학, 논술학원 등 사교육은 끝이 없다. 어린이집 한 달 교육비가 수십만 원, 영어유치원 보내는 비용, 영어, 수학 과외비가 매달 몇백만 원이다. 사교육비가 초중고까지만 들어가는 게 아니다. 대학입시를 위해 재수는 필수라고 한다. 재수하려면 몇천만 원이 든다고 한다. 대학을 들어가면 대학 등록금에다 기숙사비, 책값, 용돈까지 끝이 없다.

과도한 사교육비 노후를 위태롭게 한다

얼마 전 블룸버그는 사교육비가 한국의 출산율을 세계 최저로 끌어내렸다는 기사에서 "한국은 선진국보다 자녀의 미래에 많은 돈을 쏟아붓고 있다"라고 보도했다. 지출 대부분은 입시를 위한 학원으로 들어갔다면서 한국에서 자녀를 대학까지 졸업시키려면 6년 치 평균소득이 필요하다고 분석했다. 블룸버그에 의하면 한국 가정은 중·고등학생 자녀 1인당 교육비로 2021년 828만 원(약 6,000달러)을 지출했다. 자녀가 둘이면 여윳돈 대부분을 교육비에 쏟아붓는다는 것이다. 또한, 자녀 결혼 비용으로 평균 1억 원 이상이 든다. 부모의 등골이 빠진다. 대부분 한국인은 평생 번 돈을 자녀 교육비와 생활비로 쓰고 나면 은퇴할 때 달랑 집 한 채만 남는다.

자녀교육비, 결혼자금 등으로 돈을 다 써버려 노후 준비가 안 된 한국과 달리 유럽의 노인들은 노후에 먹고 즐기기 충분한 연금을 마련해 놓는다. 유럽의 부모들은 사교육비가 들지 않는다. 북유럽 나라들은 대학 등록금도 무료이다. 유럽 등 복지 국가들은 대학 등록금은 국가가 부담하고 있다. 대학 진학률은 40%대이고 고등학교를 졸업하고 기술을 배우든지 취업전선에 뛰어든다. 부모들은 교육비가 많이 들지 않기에 노후에 쓸 자금을 저축할 수 있다.

미국만 하더라도 고등학교만 졸업하면 자녀들은 스스로 독립하고 부모에게 의지하지 않는다. 유럽 도시의 맛집과 멋진 카페, 유명관광지에는 나이 든 노인들이 즐비하다. 노후에 함께 여행 다니는 부부도 자주 목격한다. 반면 우리나라는 젊은이들이 멋진 카페에서 맛나고 비싼 음식을 먹는다. 젊은이들이 스포츠카를 타고 도로를 달린다. 대한민국 노인들은 멋진 카페나 맛집 어디서도 찾아보기 힘들다. 노인들이 모이는 곳은 노인정, 경로당, 탑골공원이다. 돈이 없기에 노인들은 길게 줄을 늘어서서 빵과 우유를 배급받는다. 한 번뿐인 인생의 길에서 젊을 때는 열심히 일하고 노후를 편안하게 보내야 하는 데 우리는 반대로 가고 있다.

은퇴 이후 30년을 자녀에게 기댈 수는 없다

문제는 자녀가 결혼하고 부모가 은퇴한 이후다. 은퇴 이후 최소 30년은 더 살아가야 한다. 교육비로 투자한 돈을 자녀가 갚아주면 다행이지만 자녀들은 결코 부모를 책임져주지 않는다. 노후에 도시에서 살아가려면 한 달에 최소 300만~400만 원은 필요하다. 그렇지만 부모들은 자녀 사교육비에 돈을 다 써버려 노후 자금이 남아 있지 않다. 사교육, 결혼비용, 자녀들 주택구입에 돈을 모두 써버린다. 노후에는 아파트 평수를 줄여 도시 외곽으로 이사하는 부모도 있다. 사업하는 자녀 때문에 집을 저당 잡혀 결국은 깡통 차는 경우도 가끔 본다.

사랑하는 자녀를 위해 모든 것을 다 해주고 싶은 것이 부모 마음이지만 자신의 노후는 스스로 책임을 져야 한다. 자녀가 절대 책임져주지 않기 때문이다. 늙을수록 돈이 필요 없는 것이 아니라 늙을수록 돈이 더 필요하다. 나이가 들수록 병원도 더 다녀야 하고 아픈 곳도 많아진다. 자녀에게 아쉬운 소리 하며 지낼 수는 없다. 자녀가 알아서 부모의 어려운 점을 해결해 주지 않는 것이 현실이다. 나이 들어서는 버스를 타기보다 택시를 타는 것이 안전하고 늙을수록 외로워서 사람을 더 만나야 한다. 돈 없이 자녀에 기대어 빈손으로 30년 이상 살기는 힘들다 '세상에서 가장 나쁜 악성 보험은 자녀'라는 영국속담을 되새겨 볼 필요가 있다.

노년의 자산관리는 이렇게

요즘은 우리나라도 젊을 때부터 연금에 가입하며 노후대책을 마련하는 사람이 많다. 국민연금, 퇴직연금, 개인연금으로 노후를 대비한다. 선진국에서는 젊었을 때부터 수입의 10~20%를 노후 자금으로 적립한다. 캐나다 사람들은 젊을 때부터 저축하여 날씨가 온화하고 공원이 많은 밴쿠버에 주택을 마련해 노년을 보내는 것이 꿈이다. 미국 사람들도 은퇴 후 플로리다나 샌디에이고에서 살 생각으로 돈을 모은다. 한국 사람들은 치밀하게 준비하지 않았다. 자녀들 공부시켜 출세하면 자녀가 책임져 줄 것으로 생각했다. 그러나 현실은 자녀의 외면으로 늙어서 후회하는 사람이 많다. 30년 이상이라는 세월을 자녀에게 의지할 수는 없다. 자녀에게 짐을 지우고 궁색한 노년을 보내지 않기 위해서는 재산을 잘 관리하고 미리미리 준비해야 한다. 100년을 산다고 가정하고 퇴직 후 있는 재산으로 30년 이상을 살아야 한다.

아들딸이 "집 사려고 하는데 돈이 부족하다" "가게 하나 마련하고 싶은데 돈이 모자란다"라고 할 때 흔들려서 집 팔아 지원하면 하루아침에 노후를 말아먹는다. 나이 들어서는 돈이 효자라고 한다. 노후에 경제적인 여유가 있어야 여행도 갈 수 있고 취미 생활도 가능하다. 늙어서도 돈이 있고 여유 있게 살면 손자 손녀들이 자주 찾아오고, 올 때마다 아들딸, 손자에게 용돈을 주면 더 자주 찾아온다. 돈이 있으면 자녀들과 관계도 좋아지고 삶을 풍요롭게 살아갈 수 있다. 자녀가 세상살이 힘들어 보인다고 있는 돈, 없는 돈 닥닥 긁어주면 줄 때는 좋겠지만 나중에 후회하게 된다.

자녀가 부모의 노후를 책임져주지 않기 때문이다.

　자녀와 평생토록 좋은 관계를 유지하려면 자녀에게 돈을 주더라도 나누어서 쪼개어 주어야 한다. 사람은 망각의 동물이다. 받을 때는 고마워하지만 금방 잊어버린다. 자녀가 찾아올 때마다 생활에 보태라고 봉투에 수십만 원 넣어주면 자녀들이 수시로 찾아올 것이다. 노후에는 자산을 잘 지키고 관리하여야 한다. 재산관리를 잘못하여 자녀들에게 버림받는 노인들도 많다. 가지고 있는 집은 끝까지 소유하여야 한다. 생활비가 모자라면 '역모기지론'을 이용하면 된다. 주택은 최후에 보루로써 노후 자금으로 활용하면 된다.

주택연금제도

　주택연금은 현재 사는 집을 담보로 맡기고 자기 집에 살면서, 매달 주택금융 공사가 보증하는 대출을 연금으로 매월 받는 제도이다. 국민연금과 더불어 종신 수령이 가능하다. 주택연금에 가입하면 집값이 내려가도 처음 가입할 때 정해진 연금 지급액이 줄어들지 않고 평생 수령이 가능하다. 또한, 가입자가 사망해도 배우자에게 100% 보장된다. 국민연금은 40~60% 정도만 배우자에게 지급되는데, 주택연금은 똑같이 100%를 보장해준다. 하지만 가입 대상에 자격조건이 있다. 부부 중 한 사람은 만 55세 이상이어야 하고 공시가격 9억 이하의 주택만 가능하다. 다주택자면 집값 모두 더한 금액이 9억 원을 넘지 않으면 된다. 9억 원을 넘는다고 해도 3년 이내에 주택을 처분해서 요건을 충족할 수 있다. 현재 가입 대상을 9억 원에서 12억 원으로 확대하는 작업이 진행 중이다.

주택연금은 수령 기간이 길수록 연금이 줄어든다. 연금지급을 보증하는 주택금융공사 입장에서는 기간이 길수록 집값 변동위험 즉, 가격하락위험이 커지기 때문이다. 주택금융공사보증으로 은행이나 보험사들이 대출해주고 가입자와 배우자가 사망하면 집을 매각하여 상환하는 구조인데, 집값이 대출 원리금보다 적어지면 공사가 대신 지급해야 하는 구조이다.

은퇴자산 운용

옛날 유대인은 자산의 1/3은 자기 사업, 1/3은 부동산, 1/3은 현금에 배분하라고 했다. 요즘으로 치면 부동산(리츠), 주식, 현금(채권)에 해당한다. 은퇴자산은 특정 자산에 치우치지 말고 분산투자를 하여야 한다. 운영 목표 수익을 5%대로 잡으면 될 것 같다. 은행 정기예금 수익보다는 조금 높은 수익이다. 흔히 퇴직하면 부동산(상가)을 사서 임대수익으로 노후를 준비해 보겠다고 한다. 그러나 모아둔 돈을 상가투자에 몰빵하였다가 임대가 안 되고 가격폭락으로 잘못되는 경우가 종종 있다. 대안으로 간접투자와 리츠 투자를 해볼 만하다. 리츠는 투자자의 자금을 모아 부동산에 투자하고 수익을 투자자에게 배당한다. 리츠 몇 개 종목에 분산투자를 해놓으면 안정적인 배당을 받을 수 있고 위험을 낮출 수 있다. 국내 상장 리츠는 국내 부동산뿐만 아니라 해외 건물을 사서 운영하는 곳도 있다. 배당수익과 자산 가격상승이 기대된다.

우리나라 50대의 평균 자산은 부채를 제외하면 집을 포함해서 5억 원 수준이다. 노후보장을 하기에는 집 한 채로 부족하다. 요즘 도시 중산층의 눈높이에서 최소 월 300만~400만 원 정도의 생활비가 필요하다고 한다. 물론, 국민연금, 개인연금, 퇴직연금 등으로 준비된 사람은 문제가 없겠지만 월 300만~400만 원은 작지 않은 금액이다. 은퇴 이후 사람들과 관계도 맺고 부족한 노후 자금을 보충하려면 일을 찾아 나서야 한다. 그동안 쌓아온 지식과 경험으로 제2의 삶을 위해서도 일이 필요하다. 퇴직 이후 큰 수입을 바라기보다는 봉사하면서 용돈을 번다는 편한 마음으로 찾으면 의외로 일자리가 많다.

연금보험

퇴직연금, 개인연금 등 개인이 저축하여 모은 연금은 건강보험의 지역가입자 보험료 산출에 반영되지 않는다. 국민연금 등 공적연금은 소득으로 반영한다. 개인연금은 소득반영에 대한 불만을 흡수할 대체상품으로 좋은 상품이다. 최근 주식과 코인으로 많은 투자자가 손해를 보았고, 예·적금은 만기가 주로 3년짜리 상품이어서 장기상품에 관심 있는 고객들은 연금상품에 관심 가져볼 만하다. 요즘 고금리 상황으로 5% 최저연금 보증 상품이 출시되고 있다. 1억 원을 5% 최저연금 보증형 상품으로 맡기면 얼마나 받을까? 45세 남성이 1억 원을 맡기고 연금으로 받는다고 가정했다. 5% 최저보증을 하면 60세부터 연금을 받을 경우 연 최저연금 수령액은 700만 원 (월 58만 원)이다. 연금개시 나이가 올라갈수록 연금액은 커진다. 목돈이 있다면 연금보험도 고려해 볼 만하다.

4장

행복한 삶을 위하여, 어떻게 살 것인가

대한민국은 지금 치열한 경쟁으로 삶의 질이 팍팍해지고, 정서적으로 만족하기 힘든 삶을 살고 있다. 끝없는 경쟁을 추구하는 사회로 경제적으로는 먹고살 만하지만, 사람들은 지쳐있고 힘들어한다. 무엇이 문제일까?

어떻게 살아갈 것인가?

하루하루 일상을 살아가면서 가끔 내가 잘살아가고 있는지 돌아본다. 반복되는 일상에서 한 번쯤 자신을 되돌아보고 자기의 삶을 살펴볼 필요가 있다. 돈을 좇느라 더 중요한 것을 놓치며 살고 있지 않은가? 권력과 명예를 좇아 살아가고 있는 것은 아닌가? 어떻게 사는 것이 행복한 인생일까? 얼마나 가치 있게 살아가고 있는가? 생각해 볼 필요가 있다. 한 번뿐인 인생, 방향성을 정하고 살아가는 삶은 가치 있는 삶이다. 대부분 사람은 건강, 사랑, 행복을 꿈꾼다. 진정 행복한 삶의 길은 어떤 길일까? 생각해 본다.

우리나라는 급속한 경제 발전으로 삶의 질은 많이 나아졌다. 지난 70여 년간 열심히 달려와 국내총생산(GDP) 규모는 세계 10위권이다. 그러나 치열한 경쟁환경, 사회적 갈등, 빈부격차 등으로 정서적으로는 빈곤한 상태이다. 소유와 행복의 상관관계를 잘 나타내는 것이 국가별 행복지수인데 우리나라는 2020년 기준 OECD 37개 회원국 중 35위로 최하위권이다. 반면 자살률은 OECD 국가 중 1위이다. 2020년도 우리나라 자살률은 10만 명당 36명꼴이다. 대부분은 우울증과 정신질환 등이 원인이라고 한다. 치열하게 살아가고 다른 사람과 비교하고 경쟁하며 살아가기 때문일 것이다. 남들과 비교하며 좌절하고 시기심을 가득한 삶은 행복을 가져다주지 않는다. 우리는 줄을 세우고 1등만 기억한다. 청소년 행복지수도 OECD 국가 중 최하위이고 출산율도 세계 최하위이다. 삶의 만족도가 전반적으로 최하위 수준이라는 의미이다.

경제적 수치는 살기 좋아졌지만, 내면의 풍요는 빈약하다. 겉보기에는 화려하고 소득수준은 과거보다 훨씬 높아졌지만, 국민의 행복도는 떨어졌다. 돈은 행복의 지표가 아니고 권력과 지위도 행복을 보장하지 않는다. 내면에 있는 정서적인 풍요가 중요하다. 사랑의 가치, 봉사의 가치, 문화의 가치, 관계적인 가치가 행복을 가져준다. 끈끈한 인간관계로 사람들 사이에서 행복을 찾아야 한다. 너무 소유하려고 해서도 안 된다. 소유의 삶은 결코 행복을 가져올 수 없다

소유가 아닌 존재한 삶을 살자

에리히 프롬의 《소유냐 존재냐》에서는 소유의 삶이 아니라 존재의 삶이 행복으로 이끈다고 말한다. 소유의 삶은 결코 행복을 가져올 수 없다고 한다. 돈과 지위, 권력을 소유하려는 삶은 끝없이 욕망하고 만족을 이루지 못하기에 존재의 삶이 필요하다고 강조한다.

소유 지향은 돈, 명예, 권력을 향한 탐욕이 삶의 주체가 되어버리는 것이다. 사랑 역시 소유하는 형태가 되면 사랑하는 대상을 구속하고 지배하

려고 한다. 이런 사랑은 사랑의 본질을 잊게 하고 상대방에게 집착하게 된다. 결혼도 마찬가지다. 소유하는 사랑은 상대방의 육체와 감정을 독점하려고 한다. 사랑을 위한 노력도 하지 않고, 사랑스러운 존재가 되려고 노력하지 않는다. 사랑은 소유하는 것이 아니고 존재하는 것이다. 늘 아끼고 사랑하고 그 속에서 행복을 느껴야 한다.

소유를 목적으로 살면 소유를 잃었을 때 패배감을 느끼고 좌절한다. 또한, 내가 가지고 있는 것을 잃을까 봐 조바심이 나기 마련이다. 무언가 잃을까 봐 끊임없이 걱정이 쌓이고 만성적인 우울증에 시달리게 된다. 소유하고자 하는 욕심 때문에 의심이 많아지고, 방어적인 자세가 되며, 결국 외로워지게 된다.

삶의 목표는 무엇인가?

소유(to have)의 삶이 지식을 축적하고 인맥을 쌓고 월급을 받는 삶이라면, 존재(to be)의 삶은 공부를 통해 깨달음을 얻고 사람을 알아가고 일의 보람을 얻는 삶이다. 내 삶의 목적은 무엇인가? 행복을 추구하는 것이다. 누구나 행복하기를 원한다. 삶은 행복을 위한 수단이다. 아리스토텔레스의 말을 떠올려 보자. '행복은 삶의 의미이고 목표이자 존재 이유다.' 무엇이 진정한 행복일까? 아리스토텔레스는 행복이란 편안히 누리는 것이 아니라 열심히 노력해서 도달해야 할 가치라고 했다.

행복은 저절로 오지 않는다. 내가 선택하는 것이다. 이기심과 탐욕으로 살아가는 인생은 결코 만족할 수 없다. 삶의 본질은 소유의 극대화가 아니다. 소유의 극대화는 불안한 삶의 연속이 된다. 삶은 의미 있게 살아가는 과정이며 존재의 극대화이다. 웰빙(Well Being)은 몸과 마음의 편안함과 행복을 추구하는 것이다. 풍요와 함께 아름다운 인생으로 잘사는 것이다. 다른 사람과 비교하지 않고 심신의 조화를 이룬 건강이 중요하다. 건강한 몸과 마음으로 가정과 사회, 공동체와 조화롭게 살아가는 것이 중요하다.

올바르게 살자

선한 일을 하고 나면 마음이 넉넉해지고 왠지 모르게 우쭐해진다. 올바르지 못한 일을 하게 되면 심신이 편하지 않다. 그런 마음이 없다면 양심이 없는 사람일 것이다. 법을 지켜야 하지만 그 이전에 도덕적이어야 하고 도덕이라는 잣대 이전에 양심이 있어야 한다. 양심에 어긋남이 없을 때 내 영혼이 자유로워지는 것이다. 당당하고 정의롭게 살아야 한다. 잘못한 일이 있으면 심리적으로 위축되는 것이 정상적인 사람이다. 자기 삶이 올바르면 주변에 좋은 사람들이 모일 것이고 삶이 행복해질 것이라고 나는 믿는다.

아돌프 아이히만의 이야기로 올바르게 사는 삶에 대해 생각해 보자 '아돌프 아이히만' 독일 나치의 친위 장교였다. 제2차 세계대전 중 독

삶의 본질은 소유의 극대화가 아니다. 소유의 극대화는 불안한 삶의 연속이 된다. 삶은 의미 있게 살아가는 과정이며 존재의 극대화이다. 웰빙(Well Being)은 몸과 마음의 편안함과 행복을 추구하는 것이다. 풍요와 함께 아름다운 인생으로 잘사는 것이다.

일과 독일이 점령한 국가에서 유대인을 체포하고 강제 이주시키는 계획을 실행한 인물이다. 아이히만은 독일이 항복한 후 가족과 함께 아르헨티나로 도망쳐 '리카르도 클레멘트'라는 가짜 이름으로 생활했다. 1960년 5월 이스라엘 비밀 요원들에 의해 체포당해 이스라엘로 끌려오기까지 부에노스아이레스 근교의 자동차 공장에서 기계공으로 15년을 살았다. 1961년 12월 예루살렘의 법정에 선 아이히만은 '유대인 학살에 책임을 느끼냐'라는 질문에 자신은 무죄라고 주장했다. "저는 억울합니다. 저는 남에게 해를 끼치는 것엔 아무 관심이 없습니다. 제가 관심 있는 건 맡은 일을 잘 해내는 것뿐입니다."

하지만 그의 주장은 받아들여지지 않았고, 전쟁이 끝나고 17년 만에 교수형에 처해졌다. 그는 살면서 단 한 번도 법을 어긴 적이 없고 언제 어디서나 최선을 다했던 사람이다. 그는 퇴근길 버스 정거장에서 체포되었다. 법정에서 그는 이렇게 항변했다. "저는 지시받은 업무를 잘 처리하기 위해서 열심히 일했을 뿐입니다." 이 재판을 끝까지 지켜본 철학자 '한나 아렌트'는 '악의 평범성'에 대해 이야기한다. "그는 아주 근면한 인간이다. 그러나 자신이 기계적으로 하는 일에 비판적으로 사고하지 않는 무사유, 그 자체가 악이다."

아이히만이 유죄인 것은 악에 대해 사유하지 않았기 때문이다. 타인의 고통을 헤아릴 줄 모르는 무능한 생각이 그런 행동을 낳았다. 본인이 하는 일이 어떤 영향을 미치는지 사유하지 않았다는 것이 죄인 것이다.

아이히만의 사례를 들지 않더라도 우리는 올바르게 살아야 한다. 타인의 고통을 나눌 줄 알아야 한다. 그것이 자신을 당당하게 한다. 당장은 손해가 나는지 몰라도 결코 손해가 아니다. 내가 올바르지 못하면 결국 내 영혼이 자유롭지 못할 것이다. 세상만사는 사필귀정(事必歸正)이라고 한다. 시간이 지나면 반드시 올바른 것이 이기게 된다. '견리사의(見利思義)'라는 말을 나는 좋아한다. 이익에 앞서 의로움을 생각하라는 것이다. 올바르고 의로운 사람에게 반드시 복이 온다고 세상에 존재하는 모든 종교는 가르치고 있다.

봉사는 자신을 긍정적으로 변화시킨다[헬프스 하이]

남을 돕는 것은 자신을 긍정적으로 변화시키고 행복하게 만들어 준다. 헬프스 하이(Help's High)는 남을 돕거나 봉사 후 느끼는 심리적 만족감이나 행복감이 며칠 또는 몇 주 동안 지속되는 현상을 말한다. 헬프스 하이는 의학적 실험에서도 밝혀졌다. 자원봉사 참가자들은 혈압과 콜레스테롤 수치가 현저히 떨어지고, 기쁨을 관장하는 엔도르핀 호르몬이 정상치의 3배 이상 분비되어 가슴에 따뜻한 열기와 힘이 솟아나는 걸 느낄 수 있었다고 한다.

몸과 마음에 활력이 넘치고 평온하고 고요한 가운데 생명력이 솟아나는 현상을 마라톤 주자들이 느끼는 황홀감인 러너스 하이(Runner's High)에 빗대어 헬프스 하이라고 부른다. 누군가를 도와주는 실험 참가자는 그렇지 않은 참가자에 비해 40~60% 정도 수명이 더 긴 것으로 조사되었다.

선의지와 긍정적인 마음으로 살자

아모르 파티(Amor Fati)는 '운명을 사랑하라'는 뜻의 라틴어로 독일 철학자 니체의 말이다. 인생을 살다 보면 개인의 힘으로 어찌할 수 없는 상황이 오기 마련이다. 그런 상황 속에서도 자신이 만들어 왔고 자신이 만들어갈 자신의 운명을 사랑하라는 뜻이다.

중국 고전에서 말하는 '인생지사 새옹지마(人生之事 塞翁之馬)'처럼 인생은 변화무쌍하여 예측이 어렵다. 생각하지도 않았던 사건들이 일어나 우리를 힘들게 한다. 그러나 길게 내다보면 고통이 아니라 추억에 그치는 일들이 많다. 우리는 너무 많은 고민을 안고 살아가고 있는지 모른다. 성경에서 가장 많이 나오는 말이 '두려워 마라'라고 한다. 미래를 두려워할 필요가 없다. 내일 일은 내일 염려하면 된다. 오늘 하루 현재에 충실하면 된다. 살다 보면 화처럼 보이는 것이 복이 되기도 하고, 복이라고 생각한 일이 화로 돌아오기도 한다.

자기 삶을 행복으로 이끄는 길은 긍정적인 마음을 가지는 것과 만족하지 못하는 나를 내려놓는 것이다. 그리고 나를 내려놓는 가장 좋은 방법은 과욕을 버리고 타인을 돕는 것이다. 다른 사람을 돕는 것은 손해 보는 것이 아니다. 중년의 나이에 깨우치는 것 중 하나는 남을 돕는 것은 결국 나를 위하는 것이라는 사실이다. 선의지로 살아야 하고, 다른 사람을 위해 도움을 줄 수 있어야 한다. 그것은 결국 나의 엔도르핀을 솟아나게 하는 것이고 내가 행복해지는 것이다.

소유하려는 욕망에서 벗어나 존재하는 것에 의미를 찾을 줄 알아야 한다. 그것이 이웃과 좋은 관계 속에서 내 존재의 의미를 찾는 것이다. 나 혼자 잘살겠다는 욕심은 자신과 이웃을 파멸시킨다. 내가 선의지로 타인과 함께하면 내 주변은 선의지를 가진 사람들이 모이고 내 삶은 풍요로워진다.

우리는 왜 행복하지 않을까?

　2021년 발표한 우리나라 출산율이 0.81명이다. 세계 최저의 출산율이다. 전년(0.84명)보다 줄었으며 6년 연속 하락이다. 부부가 결혼하여 최소 2명은 낳아야 현 수준 인구가 유지되는데 한참 미달이다. 미국의 블룸버그 통신은 금세기 말 우리나라 인구는 절반으로 줄 것이라고 보도했다. 선진국의 평균 출산율은 1.6명으로 한국보다 2배가량 높다. 젊은이들이 결혼을 기피하고 출산을 미루고 있다. 혼인 건수도 줄어들고 독신으로 살아가는 사람들이 많다. 주택가격 상승과 빈부격차, 사교육비 등 교육비 부담, 치열한 경쟁환경으로 결혼과 출산을 피하는 것이다. 한국의 자살률은 경제협력개발기구(OECD) 국가 평균 2배를 웃돌고 있고 OECD 자살률 1위가 된 지 여러 해가 되었다. 행복은 주관적이라 하지만 자살률이나 출산율은 어느 정도 행복도와 연관이 있는 수치일 것이다.

　우리나라는 세계 10대 교역국이고 1인당 GDP가 3만 5000달러로 선진국 문턱에 있다고 하지만, 삶의 행복도는 최하위 수준이다. 한강의 기적을 넘어 경제 대국으로 성장하였지만, 행복 지수가 세계 126위에 불과

하다. 구매력 기준으로는 한국의 소득이 일본보다 높다고도 하고 연평균 임금도 높다는 얘기도 들린다. 그러나 출산율은 한국이 일본보다 낮고 자살률은 한국이 일본보다 높다. 한국이 더 행복한 나라일까? 생각해 보게 된다.

대한민국은 지금 치열한 경쟁으로 삶의 질이 팍팍해지고, 정서적으로 만족하기 힘든 삶을 살고 있다. 끝없는 경쟁을 추구하는 사회로 경제적으로는 먹고살 만하지만, 사람들은 지쳐있고 힘들어한다. 무엇이 문제일까?

올바른 인성교육과 인생의 가치

우리나라 저출산의 배경은 과도한 사교육과 경쟁환경이다. 초등학교 입학 전부터 시작하는 사교육은 아이를 키우는 경제력 부담 때문에 출산을 기피하게 만든다. 사교육을 받으며 성장한 청년들은 취업이 어렵다. 사실 취업할 곳이 없는 것이 아니라 눈높이가 높아서다. 일이 힘들고 급여가 낮은 곳은 가지 않으려 한다. 생산 현장에서는 일할 사람이 없어 외국인 근로자조차 구하기 어렵다고 아우성친다. 모두 대학을 가고 임금과 복지의 차이로 질 좋은 일자리만을 찾고 있다. 부모 세대는 자녀교육에 집중하고, 유학을 보내느라 노후생활이 어려워진 경우도 종종 목격한다. 능력을 초과하는 유학비로 자녀를 공부시키고 뒷바라지하였는데 취업이 되지 않아 고생하고 한국으로 컴백하여 일자리를 구하는 사람도 많다.

우리 사회의 삶의 패러다임이 바뀌어야 한다. 경쟁에서 이기고 명문대학을 가고 급여가 많은 직장을 가져야 성공한 것이라는 생각은 더욱 경쟁 속으로 밀어 넣는다. 이런 현상은 진정한 인생의 가치를 놓치고 있는 것인지도 모른다. 자녀들이 자기 적성을 살려 하고 싶은 일을 하고 행복한 인생을 설계할 수 있는 사회가 되고, 직업의 귀천보다는 자기 일에 만족하고 함께 사는 공동체를 위해 희생하고 보람을 얻을 수 있는 사람으로 교육해야 한다. 무엇보다 인성교육이 필요하다. 올바른 인성으로 가정과 사회에서 인정받고 자기 일에 만족할 줄 아는 것이 최고의 성공이 되는 사회로 전환되어야 한다.

남들이 사교육에 돈을 쓰고 좋은 대학을 보내도 무덤덤해질 수 있어야 한다. 자신과 자녀, 가족의 행복이 중요하고, 무엇이 진정한 행복이고 삶의 의미인지 생각해 보고 다른 사람에게 휘둘리지 않는 길을 갈 수 있어야 한다.

덴마크의 교육과 행복

지난 40년간 덴마크는 '세상에서 가장 행복한 나라'를 꼽는 설문조사에서 언제나 상위권에 올랐다. 사회구조와 교육시스템에서 원인을 찾아볼 수 있다. 아이들 교육에서도 우리와는 다르다. 덴마크의 교실에서는 등수를 매기고 줄을 세우지 않는다. 1등도, 꼴찌도 없다. 왜 그런지, 왜 그래야 하는지 등 '왜?'라는 물음이 익숙하고, 경쟁보다는 협동을 교육한다. 대학입시에 연연해 하지도 않고, 직업을 선택할 때는 자신이 좋아하고 잘하는 일을 우선순위로 둔다. 덴마크의 대학은 무상교육이지만 대학 진학률은 40% 정도이다. 대학은 필수가 아닌 선택이다. 나머지는 기술학교나 상업학교 등 직업훈련학교에 진학해 교육받고 각 전문분야로 진출한다. 대학을 나왔느냐보다는 자신이 일하는 분야에서 얼마나 전문가인지가 더 중요하다. 사람은 누구나 각기 다른 재능과 능력이 있고 존중받아야 한다는 모토하에 교육이 이루어진다.

좋은 학교에 가고 좋은 직업을 갖는 것이 교육의 목표가 아니다. 덴마크에서는 고등학교를 나오건 대학교를 나오건 살아가는 데 큰 차이가 없다. 학력 위주가 아닌 능력 위주의 사회이기 때문이다. 또 의사든, 변호사든, 기계공이든, 환경미화원이든 직업으로 인한 차별이 없다. 어떤 직종에서 일하더라도 나름의 자부심이 있고, 실질 소득에도 큰 차이가 나질 않는다. 물론 많이 버는 사람은 많은 세금을 부담하고, 이는 곧 공동체의 복지향상에 이바지한다.

행복한 나라로 가기 위해서

2022년 기준 가장 행복한 나라 상위 10개국 중 절반은 핀란드, 덴마크를 포함해 북유럽 국가가 차지했다. 행복한 나라들의 특징은 돈과 행복을 연결 짓지 않는다는 것이다. 자본주의 환경에 살고 있기에 어쩔 수 없이 돈이 중요하지만, 돈이 행복을 보장해주지 않는다는 사실을 인지하고 있다.

행복에 있어서 중요한 요소는 인간관계이다. 특히 가족 간의 끈끈한 유대는 행복에서 빠질 수 없는 요소이다. 행복한 나라의 국민은 인생에서 가장 중요한 것으로 가족을 꼽는다. 가족, 이웃과 함께 더불어 살며 삶의 여유가 있고 자기가 하고 싶은 일을 할 수 있는 사회로 가야 한다. 심리학자 마틴 셀리그만은 행복한 사람과 그렇지 않은 사람의 유일한 차이는 '풍부하고 만족스러운 사회적 관계'의 존재 여부라고 했다. 가족, 친구, 공동체가 행복의 필수조건이라는 말이다.

우리 인생은 한번 흘러가면 다시 오지 않는다. 치열하게 경쟁하고 남들과 비교하며 살아가기에는 너무 아까운 시간이다. 진정한 행복은 사람과 이웃과 함께하는 관계 속에 있다. 남들보다 앞서가는 데 있는 것이 아니다. 우리는 체면을 중요시한다. 체면에 얽매이는 집단주의 문화를 바꾸어야 한다. 학생들이 직업과 학교와 전공을 선택할 때도 학교의 이름과 부모의 체면이 중요시되는 문화를 바꾸어야 한다.

개인의 꿈과 선택이 중심이 되고 존중되어야 한다. 경제성장에 매달리고 불평등이 심화할수록 사람들은 불행하다고 생각한다. 더 많은 기회와 소득이 있고 사회적 신뢰, 건강과 교육의 공정한 기회가 부여되어야 한다. 행복 지수 상위권 국가들의 특징은 복지혜택이 뛰어나고 재산 수준이나 직업에 차별이 없다는 것이다. 빈부격차가 심한 나라일수록 국민은 상대적 박탈감을 느낀다. 이 또한 행복을 방해하는 요소이다. 더불어 잘사는 사회로 가야 사회적 비용도 줄일 수 있다. 우리는 진정한 삶의 의미를 깨닫고 남들에게 휘둘리지 않는 행복한 삶을 추구해야 한다. 국가는 다양한 복지시스템을 갖추고 최소한의 인간다운 삶을 유지할 수 있는 사회를 구축해 가기를 희망한다.

베푸는 삶이 행복으로 가는 길

　살아가면서 주변을 둘러보면 돈에 관한 사연들이 많이 있다. 흔히 '친구하고 돈거래 하지 말라'고 한다. 차라리 어려운 친구가 있으면 돈을 되돌려 받을 생각하지 말고 그냥 도와주라고 한다. 나도 이런 사실을 익히 잘 알고 있었지만 어쩔 수 없이 경험하게 된 일이 있다.

　수년 전 일이다. 수십 년 만에 친구에게 연락이 와서 한두 번 식사하고 소주잔도 기울였다. 그 친구는 외모도 깔끔하고 호감 가는 인상이어서 학창 시절 여학생들에게 인기가 많았다. 학창 시절 사귀던 여자친구와 결혼하였고 잘살고 있다고 하였다. 친구는 은행지점장이던 나에게 자신이 지역 유력 인사들을 많이 안다고 하면서 소개해 준다고 하였고, 돈 많은 고객을 소개해 주겠다고 큰소리를 치기도 했다.

　그러던 어느 날 갑자기 돈이 필요하다며 전화가 왔다. 자기가 '회사 사장의 최측근'이라면서 '사장이 갑자기 현금을 달라고 한다'며 돈을 급히 빌려 달라고 했다. 나는 "회사의 일이면 회사에서 처리해야지, 왜 친구가 처리해 주어야 하느냐?"고 처음에는 거절하였다. 하지만 그 목소리가 간절하고 금액이 많지 않아 도와준다는 생각으로 송금해 주었다. 그 후 일주일 정도 지난 뒤에 다시 전화가 왔다. 또 회사에 급한 일이 생겼다며 돈을 빌려주길 요청했다. 나는 수상히 여겨 단호히 거절했다. 그 뒤로 그 친구와는 아무리 연락해도 연락이 되지 않았다. 나중에 들은 이야기지만 그 친구는 신용 상태가 좋지 않았고 어느 친구와도 전혀 연락하지 않는다는 것이었다.

친구 간에는 돈거래 하지 말고 어려운 친구가 있으면 그냥 도와주라는 말이 새삼 떠올랐다. 세상살이 어렵게 사는 사람이 많다는 생각을 다시 한번 하게 되었다. 사람이 나쁜 것이 아니라 돈이 문제였다. 나는 그런 이후에는 가능하면 친구와 돈거래를 하지 않는다. 어려운 친구가 있으면 없는 셈 치고 그냥 주기로 했다. 친구 잃고 돈도 잃는다는 말이 꼭 맞는 말이다. 돈에 대해서 여러 가지를 생각해보게 된다.

돈으로 내면의 가치를 살 수 없다

사람들은 돈이 많으면 행복할 것이라고 한다. 하지만 돈은 물질적인 가치이다. 은행 잔고가 아무리 많더라도 정서적 가치, 내면의 가치, 관계적 가치가 충족되지 않으면 허무함을 느낀다. 사람들은 사랑, 행복, 타인의 인정 등을 추구하며 살아간다. 이런 것은 물질적으로 충족시킬 수 없다. 사람들 사이에서 오고 가는 밝은 미소, 따뜻한 눈빛, 친절한 말 한마디는 우리를 건강하고 행복하게 만들어 준다. 이런 것은 물질적인 가치로 대체하지 못한다. 우리가 공부하고 책을 읽고 음악을 듣고 그림을 그리는 등의 행위는 정서적, 문화적인 가치를 만들어낸다.

미국, 유럽 같은 선진국보다 네팔, 부탄 등 가난한 나라 국민이 행복지수가 더 높다는 것은 이미 많이 알려졌다. 가난하지만 이웃과 서로 도우며 살고, 더불어 일하고 인간적인 친밀도가 높아서 그럴 것이다. 다른 사람과 비교하면 열등감을 느끼고 불행하다고 생각하게 된다. 비교하는 삶은 자신과 이웃을 비참하게 만든다.

우리는 과거보다 행복해졌을까?

자신의 존재 의미를 물질의 가치로 평가하면 안 된다. 내면의 힘을 키워야 한다. 우리는 예전보다 훨씬 살기 좋아졌고 부족함 없이 풍요롭게 살고 있지만 여전히 불안하고 경쟁하면서 치열하게 살아가고 있다. 그래서 더욱 진정한 행복에 대하여 생각해 볼 필요가 있다. 불과 50~60년 전만 해도 보릿고개, 기근 등으로 당장 먹고살기도 힘들었다. 자동차를 타고 전국을 다니고 해외로 여행을 가는 것은 꿈도 못 꾸었다. 지금은 전국이 일일생활권이고 전 세계를 내 집처럼 드나들 수 있게 되었다. 과거보다 풍요롭게 살고 있지만, 사람들은 예전보다 행복한 삶을 살지 못하고 있다.

돈이 많아지고 생활이 윤택해질수록 행복 지수는 떨어진다는 연구 결과가 있다. 돈으로 행복을 살 수는 없는 것이다. 부자라고 해서 가난한 사람보다 행복한 것은 아니다. 쇼펜하우어는 이렇게 말했다. '부란 바닷물과 비슷하다. 마시면 마실수록 갈증을 느끼게 된다.' 돈을 추구하다가 더 많은 것을 놓치고 있지는 않은지 되돌아볼 필요가 있다.

예전에 동료 한 명이 부자나 재벌은 걱정거리가 더 많아 근심·걱정 때문에 불행해할 것이라는 이야기를 해서 공감한 적이 있다. 재산을 지키기 위해 고민거리가 많고 신경 써야 할 일이 많다는 이야기이다. 돈은 많은 문제를 해결해 주지만 돈 자체가 행복을 결정해 주지 못한다. 중요한 것은 돈이 얼마나 많은지가 아니라 마음가짐에 있다. 타인을 배려하고, 나누며, 함께할 때 결국은 나의 행복도가 높아진다는 진리를 살면서 깨닫게 된다. 행복은 멀리 있는 것이 아니다. 주변 사람들과 함께하고 나누면서 동행할 때 행복이 커진다. 돈은 행복의 수단이지 절대 목적이 될 수 없다

가장 살기 좋은 곳은 좋은 이웃과 함께 사는 곳

몇 년 사이 아파트 가격상승으로 상대적 박탈감에 허탈해하는 사람이 많았고 '벼락 거지'가 되었다며 한탄하는 사람들도 많았다. 저금리로 인해 유동성이 풍부한 사람은 투자처를 못 찾아 그들 나름대로 고민이 많았다. 불과 1~2년 사이 지금은 과잉 유동성으로 인플레이션이 심해졌고, 각국은 긴축으로 대응하여 고금리 시대가 되었다. 부동산 가격은 폭락하고 있고 저금리 시절에 빚내서 주식, 비트코인에 투자한 청춘들은 이자

부담과 가격폭락으로 잠을 이루지 못하고 있다. 이런저런 세상을 바라보며 여러 가지 생각이 겹치게 된다.

건강하게 이웃과 더불어 나눔의 삶을 사는 것이 행복의 길이 아닐까 생각한다. 인간의 탐욕은 끝이 없어 아무리 많아도 더 가지고 싶고, 더 많은 것을 원한다. 탐욕의 항아리에 구멍을 막고 행복을 채워 넣어야 한다. 돈은 행복의 필요조건이지 충분조건은 아니다. 주변을 사랑하고 도움을 주고 타인을 이롭게 하는 것이 자기 행복이라고 한다. 배려하고 칭찬하면 자기 주변은 좋은 기운인 행복 바이러스가 넘쳐나게 된다. 그 행복 바이러스는 결국 나에게 되돌아온다.

베푸는 삶이 행복으로 가는 길

우리는 돈도 권력도 '한순간'인 것을 자주 보아 왔다. 돈과 권력을 가진 유명인들이 하루아침에 삶을 마감하는 모습은 진정 무엇이 중요한지 생각하게 한다. 권력은 '화무십일홍(花無十日紅)'이고 인생은 '새옹지마(塞翁之馬)'라는 말이 생각난다. 인생을 길게 바라보는 안목을 키우자. 마음을 크고 넓게 쓰는 베푸는 삶이 행복으로 가는 길일 것이다.

삶의 궁극적인 목적은 행복을 추구하는 것이다. 우리를 행복하고 건강하게 만드는 것은 돈과 권력이 아니라 이웃과의 좋은 관계이다. 이웃을 위해 봉사하고 희생하면 엔도르핀이 솟아나고 옥시토신이 분비된다. 세상에서 가장 살기 좋은 곳은 가장 경치 좋은 곳이 아니다. 좋은 이웃과 함께 더불어 살아가는 곳이다. 인생은 유한하다. 물질적인 가치보다는 정서적인 가치에 마음을 주고 자기 삶을 되돌아보며 행복한 여정을 만들어보자.

세한연후지송백지후조
(歲寒然後知松柏之後凋)

세한연후지송백지후조(歲寒然後知松柏之後凋)라는 구절은 공자의 말이다. 겨울이 되어서야 소나무와 잣나무가 시들지 않는다는 사실을 안다는 뜻으로 '어려운 지경을 만나고 나서야 진정한 그 사람의 진가를 알게 된다'는 것이다. 여름에 잎이 무성할 때는 낙엽수도 함께 푸르기 때문에 소나무와 잣나무의 진가는 드러나지 않는다. 그러나 겨울이 다가와 날씨가 추워지면 활엽수는 잎이 떨어지지만, 소나무와 잣나무는 여전히 그 푸른 잎을 자랑한다.

사람도 인생의 겨울인 고난을 겪어보면 그 인품을 알 수 있다. 가시밭길에서 속수무책으로 무너지는 사람이 있는가 하면 고난을 통해서 성숙한 인생으로 성장하는 사람도 있다. 위기가 왔을 때 좌절하고 무너지는 사람이 있는가 하면 오히려 고군분투하여 새로운 길을 찾는 사람도 많다. 큰 성취를 이루어낸 사람들의 특징은 위기를 기회로 삼는 것이다. 뼈아프고 고통스러운 시간이지만 이 시간을 통해 새로운 길을 개척하는 사람은 찬 바람 부는 겨울이 왔을 때 푸르름을 유지하는 송백(松柏)과 같은 사람이다.

논어의 이 구절에 영향을 받아 추사 김정희도 세한도를 그렸다. 양지가 있으면 음지가 있듯이 한때 잘나가던 추사였지만 사람 팔자는 알 수 없었다. 정쟁에 휘말려 권력의 중심지에서 멀어져 제주도로 귀양을 갔다. 추사에게 앙심을 품은 사람에 의해 윤상도의 옥사를 빌미로 중죄인이 되었다. 당시 제주도는 조선시대 최악의 유배지였다. 유배지 중 한양에서 가장 멀리 떨어졌고 해남에서 제주도까지 열흘 이상 걸리는 뱃길은 생사를 가늠하기 어려웠다. 추사는 제주도에서 9년간 귀양살이하면서 쉬지 않고 붓을 잡아 글을 쓰고 그리는 일에 매진하였다. 한편, 추사가 제주도로 귀양을 가보니 그렇게 많던 친구들이 다 어디 갔는지 누구 하나 찾아주는 이가 없었다. 그런 그에게 소식을 전한 사람이 예전에 중국에 사절로 함께 간 역관 이상적이라는 선비다. 김정희는 지위와 권력을 잃어버렸는데도 지극정성으로 자신을 도와주는 제자이며 역관이었던 이상적에게 고마움을 표하며 세한도를 그리고 이 구절을 적어 보내 주었다.

정승 집 개가 죽으면 문상객이 문전성시를 이루어도 정승이 죽으면 문상객이 없다는 세태를 비웃듯이 이상적은 한 번도 추사에게 소홀하지 않았다. 유배지에 책과 용품들을 꾸준히 보냈다고 전해진다. 세한도는 제자에게 고마움을 담은 작품으로 우리 삶을 되돌아보게 한다. 세한도(歲寒圖)가 그런 연유로 그려졌고 흔히 추사체라 불리는 독창적인 서체도 이때 완성된다. 유배 중에 그린 세한도는 추사 김정희의 최고의 걸작이자 우리나라 문인화의 최고봉이라 평가받는다.

　세한연후지송백지후조(歲寒然後知松柏之後凋)는 곤궁과 역경이 있을 때 지조와 의리를 지키는 군자의 마음을 강조한 말이다. 어려울 때 친구가 진정한 친구라는 말이 있다. 잘 나갈 때는 찾는 사람이 많지만, 정점에서 내려오면 허전해지고 그 많던 친구, 동료, 선후배의 연락이 뜸해진다. 잘 나갈 때는 가까이하려고 주위에 그렇게 북적이던 사람들이, 높은 자리에서 내려오면 어려움을 당해도 누구 하나 찾아오지 않는다. 큰일을 겪은 사람들의 이야기다.
　잘 나가다가 갑자기 추락하면 정신적인 충격이 온다. 나도 살아오면서 큰일을 겪으며 힘든 시기가 있었다. 잠이 오지 않고 스트레스에 시달린 적도 있었다. 이때 멘붕이 오기도 하고 정신적인 스트레스가 심했다. 그럴 때 오히려 더 많은 위로가 필요하고, 친구와 이웃이 필요하지만 반대로 그렇게 자주 찾던 사람들의 발길이 멀어지는 것이다.

　고위직 공무원이나 군 간부, 기업 임원, 정치인 등으로 퇴직한 뒤 공허해지고 내려놓기가 쉽지 않는다고 말하는 사람이 많다. 높은 자리에 있을 때는 모든 일을 조직 차원에서 지원해 주지만 있던 자리에서 내려오면 모든 일을 혼자서 처리해야 한다. 자리에서 내려오면 누구도 쳐다보지 않는다. 그래서 사람들은 퇴직하면 처음에는 쓸쓸하고 외로움을 느낀다. 충성을 맹세하던 사람들이 오간 데 없어지는 것이 세상인심이다. 또한 혼자 스스로 할 수 있는 일이 많지 않아 사회에 적응하는 데 어려움이 크다고 한다.

나도 퇴직 뒤에 혼자서 잘 할 수 있는 일이 많지 않다는 것을 새삼 느꼈다. 칼럼을 쓴다고 노트북을 다루고, 강의자료 준비하려 PPT 한 장 만드는 일에도 끙끙거렸다. 최신 전자기기를 다루는 데 어려움이 많았고 사소한 일부터 모두 혼자서 해결해야 했다. 건강보험, 국민연금, 세금 문제 등 모든 것을 혼자서 해결해야 하니 적응하는 데 시간이 걸렸다. 또한 퇴직 후 소속감이 없어진 것에 대한 상실감도 더하였다. 인간관계가 재정립되고 인생관이 리셋되기 시작했다.

잘 나갈 때 어려울 때를 대비하여야 한다

사람 관계도 그렇지만 살아가면서도 누구나 몇 번의 고난이 닥친다. 이때 의지가 있고 심지가 굳고 실력이 있는 사람은 진가를 발휘한다. 세한연후지송백지후조(歲寒然後知松柏之後凋)는 바쁜 현대를 살아가는 우리에게도 여러 가지 교훈을 준다. 경제생활에서 경기가 좋을 때는 모두가 아무 문제가 없다. 그러나 경제가 어려워지고 찬 바람이 불어오면 문제는 달라진다. 꿋꿋하게 잘 버티는 기업이나 개인이 있는가 하면, 휘청거리는 기업이나 개인도 많다. 위기가 와서 금리가 오르고, 주가는 내려가고, 경기가 침체할 때 어려운 기업은 버티지 못하고 무너진다. 개인 역시 부채를 과다하게 사용하여 이자 부담으로 개인파산에 이르기도 한다.

인간관계도 그렇고 경제생활도 매한가지다. 잘 나갈 때 위기 상황을

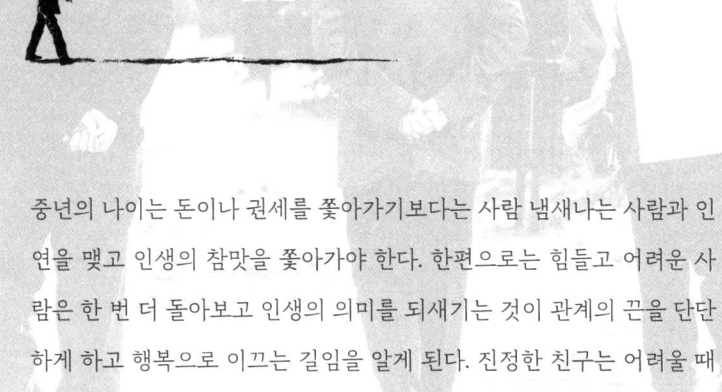

중년의 나이는 돈이나 권세를 쫓아가기보다는 사람 냄새나는 사람과 인연을 맺고 인생의 참맛을 쫓아가야 한다. 한편으로는 힘들고 어려운 사람은 한 번 더 돌아보고 인생의 의미를 되새기는 것이 관계의 끈을 단단하게 하고 행복으로 이끄는 길임을 알게 된다. 진정한 친구는 어려울 때 우산을 받쳐주는 친구다.

대비하여야 한다. 위기가 오면 위험 관리를 제대로 못 한 기업이 무너진다. 빚으로 주식투자, 비트코인 투자, 주택구매 등으로 재산을 불린 가계가 금리 급상승과 자산가격 폭락으로 파산하는 걸 종종 본다. 투자의 귀재 워런 버핏의 이야기가 생각난다. "썰물이 졌을 때 비로소 누가 발가벗고 헤엄쳤는지 알 수 있다"라는 명언이다. 항상 위기에 대비하는 유비무환의 정신을 배우게 하는 말이다.

염량세태(炎凉世態)의 세상인심과 인생의 참맛

인간관계도 마찬가지다. 평소 인간적인 소통으로 사람 냄새 나는 관계를 맺어야 한다. 필요할 때만 연락하고 정작 어려울 때는 곁에 없는 사람은 좋은 친구나 이웃이 아니다. 사람의 마음은 하루에도 수십 번 변한다고 한다. 사람의 마음이 순식간에 끓었다, 식었다 해서 염량세태(炎凉世態)라는 말이 있다. 염량세태는 권세가 있을 때는 아첨하고 따르다가 권세가 떨어지면 푸대접하는 세상인심을 말한다. 토사구팽(兎死拘烹)이나 갓끈 떨어지면 끝이라는 말도 비슷한 의미이다. 고전에서도 가난하고 천해지면 친척마저 떠나가고, 부유해지면 타인들도 찾아온다고 한다. 우리는 사회생활 동안 참으로 많은 사람을 만나지만 어떤 사람이 염량세태에 속하는 사람인지 알기가 어렵다. 현재의 호의에 혹하지 말고 진실한 사람을 가까이하여야 할 것이다.

중년의 나이는 돈이나 권세를 쫓아가기보다는 사람 냄새나는 사람과 인연을 맺고 인생의 참맛을 쫓아가야 한다. 한편으로는 힘들고 어려운 사람은 한 번 더 돌아보고 인생의 의미를 되새기는 것이 관계의 끈을 단단하게 하고 행복으로 이끄는 길임을 알게 된다. 진정한 친구는 어려울 때 우산을 받쳐주는 친구다.

고전에서 배우는 삶의 지혜들

가까이 있는 사람을 먼저 즐겁게 하여라

《논어》의 〈자로편〉에 나오는 '근자열 원자래(近者說 遠者來)'는 가까이 있는 사람들을 기쁘게 하면 멀리 있는 사람들도 찾아온다는 의미다. 가까이 있는 사람을 소중히 대하라는 소리로 들린다. 주변에 떠나려는 사람이 많다면 존경받는 사람이 될 수 없다. 훌륭한 사람은 함께하고 싶어 찾아오는 이가 많은 사람이다.

이 말은 특히 가까이 있는 사람을 제쳐두고 남에게 잘하는 사람들이 새겨들을 만하다. 부모, 배우자, 자녀, 동료 직원들을 먼저 생각하고 이들에게 잘 대하라는 의미이다. '근자열 원자래'는 기업 경영, 가정, 친구 관계를 망라한 모든 분야의 관계에서 새겨볼 만한 말이다.

주변 사람이 다가오지 않는다고 불만인 사람이 많다. 먼저 다가가서 가슴 뛰는 느낌을 주는 삶을 살자. '세상에는 공짜가 없다'는 말이 있다. 자기가 베풀어 준 만큼 반드시 돌아온다. 《성경》에서도 '내가 대접받고 싶은 대로 남에게 하라'고 했다. 겸손하고 감사하는 마음으로 다른 사람에게 도움이 되는 삶을 살아가야 한다. 다른 사람에게 이익이 되는 삶은 결국 나에게 긍정적인 결과로 되돌아온다.

내가 은행에서 현장영업을 할 때다. 까다롭고 어려운 고객에게 자주 연락하고 찾아가고 명절 때 조그마한 선물 보냈을 때 그 고객은 어느 날 마음을 열게 되었던 사례가 많다.

나는 어려운 고객일수록 더 자주 연락해 친분을 쌓았다. 그런 고객이 다른 고객을 소개해 주어 영업점 성과 창출에 크게 기여한 적이 많다. 학창 시절을 되돌아보아도 등하굣길이 같은 친구들, 앞뒤에 같이 앉았던 친구들, 같은 취미를 가졌던 친구들과 가까이 지내고 우정을 나누지 않았던가? 내 주변의 가족, 동료, 친구들에게 진심을 다하고, 주변의 동료들에게 관심을 가지는 사람은 절대 외롭지 않을 것이다.

선한 일을 하는 사람은 반드시 하늘이 복을 준다

《명심보감》의 〈계선편〉에 나오는 공자의 어록 '위선자 천보지이복(爲善者 天報之以福) 위불선자 천보지이화(爲不善者 天報之以禍)'는 '선한 일을 하는 사람은 반드시 하늘이 복을 주고, 나쁜 일을 하는 사람에게는 반드시 재앙이 온다'는 말이다. 다른 사람을 선한 마음으로 섬기고 봉사하는 마음으로 선하게 살아야 한다. 2,500년 전 공자 시대나 지금이나 변하지 않는 것은 리더는 품격과 도덕을 겸비해야 한다는 점이다.

남에게 선행을 베풀면 반드시 되돌아오는 것이 세상의 이치다. 나는 시골에서 자랐다. 어린 시절 집에 손님이 오거나 일이 있어 음식을 장만할 때 어머니가 담 넘어 이웃과 음식을 나누는 것을 자주 보았다. 어머니가 담장 너머로 음식을 듬뿍 담아 보내면 이웃집도 그 그릇에 음식을 가득 채워 되돌려 주었다. 복숭아 농사를 하던 이웃집은 수확기에 낙과된 복숭아를 우리 집 형제들 먹이라고 광주리로 가져다주었다. 사과 농사를 하였던 우리 집은 상품화하기 어려운 사과를 이웃집에 보냈다. 나눠 먹으며 정을 쌓고 서로가 행복해했던 그때가 기억난다.

내가 웃으면 상대방은 나의 얼굴을 보며 따라 웃게 된다. 내가 화를 내면 상대방도 화가 나게 된다. 출근하여 동료에게 따뜻한 말 한마디, 커피 한 잔을 건네주면 나도 친밀한 덕담을 듣게 된다. 무엇이든 베푼 만큼 되돌아온다.

내가 나의 얼굴을 보는 시간보다 다른 사람이 나의 얼굴을 보는 시간이 훨씬 더 많다. 밝게 웃는 표정, 행복한 표정은 다른 사람을 위한 선물이고 내가 만들어 낼 수 있는 중요한 가치이다. 매일 아침 거울을 보고 밝게 웃는 표정을 연습하자.

내가 타인에게 선한 일을 하고 즐거움을 주면 주변 사람이 모두 즐거우므로 그 공기가 나에게 돌아온다. 내가 타인에게 악한 일을 하면 반드시 화로 돌아오게 된다. 자연의 이치가 그렇고 모든 종교가 선한 일을 하는 사람에게는 복이 오고 악한 일을 하는 사람에게는 화가 온다고 가르치고 있다.

덕은 외롭지 않으며 반드시 이웃이 있다

'덕불고 필유린(德不孤 必有隣).' 공자는 '덕은 외롭지 않으며 반드시 이웃이 있다'고 했다. 공자 시대나 지금이나 인간사를 관통하는 원리이다. 인덕이 풍부한 사람은 다른 사람을 평온하게 하고, 화목한 덕의 기운은 다른 사람과 함께 감으로써 외롭지 않다는 것이다. 너그러운 아량으로 좋은 일을 하게 되면, 때때로 고립되어 외로운 순간이 있을지라도 반드시 함께하는 사람이 있다는 의미로 해석된다. 덕이 있는 사람은 외롭지 않고 반드시 이웃이 있다.

내가 남에게 많이 베풀면 주변에 많은 친구와 동료가 생길 것은 당연한 이치이다. 부유하고 행복한 삶을 살기 위해서는 좋은 인맥을 쌓고, 가족, 친구, 동료 등 가까운 사람들과 좋은 관계를 유지하여야 한다. 인간은 사회적 동물이므로 다른 사람과 바람직한 관계를 형성하지 못하면 행복을 유지하기 어렵다. 주변에 사람이 많이 모이고 리더십이 있는 사람은 상대방의 고민을 잘 들어주고 칭찬을 하고 너그러운 마음을 가지고 있다.

중년에는 멈출 줄 알아야 한다

'지족불욕 지지불태 가이장구(知足不辱 知止不殆 可以長久)'는 노자의 《도덕경》에 나오는 말이다. '만족함을 알면 치욕을 당하지 않고, 멈춤을 알면 위태롭지 않아 오랫동안 지속할 수 있다'는 의미다. 이는 전체 5천여 글자로 되어 있는 노자의《도덕경》에 자주 되풀이되는 말이다. '만족할 줄 알아야 하고, 멈출 때를 알아야 한다. 만족과 멈춤은 자기 능력과 한계를 아는 것이고, 기준을 정해놓고 그 안에서 밖으로 넘어서지 말라'는 뜻으로 해석된다. 인간은 누구나 현재보다 더 나은 상태를 바란다. 그러기 위해 열심히 달리고 달린다. 그러나 그 노력이 실패로 이어지면 좌절하고, 성공으로 귀결되면 성취감을 느끼고 환호한다. 노자는 우리에게 성공으로 이어지는 과정에 주목하게 만든다.

노자는 자기 능력과 한계가 어디인지 모르고 자꾸 그 선을 넘으려 시도하는 것을 경고하고 있다. 중년에는 과욕을 버리고 멈추어야 할 때를 알아야 한다. 과유불급(過猶不及)이라 했다. 즉, 지나치면 부족한 것과 같은 것이고 아니함만 못한 법이다. 자신의 한계를 모르고 과욕을 부리다가 화를 당하고, 위기에 빠져 치욕스러운 일을 당하지 않기 위해서는 만족할 줄 아는 지혜가 필요하다.

우리는 왜 만족하지 못하는가?

우리는 과거보다 훨씬 살기 좋아졌지만, 여전히 만족하지 못한다. 과거보다 훨씬 풍족하지만 늘 부족함을 느끼고 새로운 것을 추구한다. 100년 전으로 돌아간다고 생각해 보자. 100년 전 우리 국민은 비행기도 탈 수 없었고, 자동차도 없었다. 텔레비전과 세탁기, 냉장고 등의 가전기기도 없었다. 전기가 안 들어오고 전화기도 없었다. 지금 가장 가난하게 사는 분들도 그 시절로 돌아가면 왕족보다 더 높은 생활 수준이고 그 시대 최고 수준의 삶의 질이 아닐까 생각해 본다.

나는 시골 깡촌에서 자랐다. 내가 초등학교 3학년쯤 동네에 전기가 들어왔고, 6학년쯤 우리 마을에 전화기 한 대가 들어왔다. 전기가 없어서 호롱불 아래에서 책을 읽었고 어머니는 호롱불 아래서 바느질하셨다. 그 모습이 아직 선하다. 이장님 댁에 한 대 있는 전화기로 전화가 오면 스피커로 온 동네에 방송했고 사람들은 전화 받으러 이장댁으로 달려갔다. 버스도 하루에 한두 대만 다녔다. 사람들의 생활반경은 10킬로미터 안에서 모든 것이 이루어졌다. 어린 시절을 생각하면 천지개벽 된 세상에 살고 있다.

이제, 우리는 바쁘게 살아가는 일상에서 한 번쯤 되돌아보고 멈춤의 시간이 필요하다. 하루가 다르게 일어나는 사건·사고를 보면 혼란스럽고, 사람들은 늘 불안해하고 우울해한다. 늘 다른 사람과 비교하면서 불만족스럽게 하루하루를 살아가는 것이 현대인이다. 과욕을 부리다가 나중에 후회하기도 한다. '아, 그때 그만둘걸' 하면서 말이다. 대표적인 것이 술자리다. 술자리에는 사건·사고가 많다. 술자리에서의 실수로 회복할 수 없는 상황이 만들어지고 후회하는 경우가 많다. 주식투자나 비트코인 투자, 부동산투자, 기타 등등에서도 과욕을 부리다가 후회하는 경우를 주변에서 자주 보게 된다.

과욕이 부르는 사고와 추락

사회에서도 과욕을 부리다가 문제가 일어난다. 끝없는 욕망을 추구하다가 추락하는 경우를 많이 본다. 욕심은 끝이 없기에, 만족함을 알기란 쉽지 않다. 모든 것이 마찬가지지만 주식도 부동산도 재테크도 욕심을 끝없이 부리다가 잘못되는 경우가 많다. 자신의 한계를 알고 멈춤의 지혜가 필요하다.

자기 능력의 한계에 이르렀을 때 멈춤을 아는 운동선수들이 우리 기억 속에 좋게 남아 있지 않은가? 노자는 우리에게 자신의 한계를 알고 멈춤을 통해 삶의 의미를 생각해 보게 한다. 멈춤을 통해 자기 삶을 성찰하는 여유를 가져야 한다. 현생 인류인 호모사피엔스는 어려운 환경 속에서 문명을 이루고 세상을 지배하였지만 미약하고 자기중심적이다. 자신의 세계에서 벗어나 자기를 성찰하고 세상을 크게 보는 지혜를 가져보자.

중년에는 인생의 경험도 많고 삶의 지혜도 가지고 있다. 만족하고 감사할 줄 아는 지혜를 발휘하자. 나눔과 베푸는 삶을 통해 즐거움을 배우고 사랑과 봉사의 기쁨을 누릴 줄 알아야 한다. 감사하는 마음이 중요하고 만족할 줄 아는 자세가 필요하다. 감사하는 마음속에 행복이 찾아온다는 사실을 인지하고 실천하는 자세가 현대를 사는 우리에게 행복을 가져다준다.

잘 사는 삶은 어떤 것일까?

오랜만에 친구의 전화가 온다. "친구야 오랜만이네, 잘살고 있지?" "그럼, 자네는 어떤가. 잘살고 있겠지?" 우리는 이런 전화를 주고받는다. 이때 어떤 삶이 잘 사는 것일까? 돈이 많고 권세가 높다고 잘 사는 삶일까? 돈이 많고 명성이 높아도 근심, 걱정으로 가득 차 있다면 절대 잘사는 삶이 아니다. 인생은 다사다난하다. 별의별 일 다 생기는 것이 우리의 삶이다. 복잡한 세상에서 치열하게 살아가는 우리가 어떻게 살아가는 것이 잘 사는 삶인지 생각해 보게 된다.

안빈(安貧)을 염(厭)치 말아야!

'안빈(安貧)을 염(厭)치 말아 일 없으면 긔 좋은이, 벗 없다 한(恨)치 말라 말 없으면 이 좋은이, 아마도 수분안졸(守分安拙)이 긔 옳은가'는 조선시대 노래집 해동가요를 편찬한 문인이자 가객인 김수장이 잘사는 삶이란 어떤 것인가에 대해 노래한 가사 구절이다.

한 시대를 사는 어려움은 그때나 지금이나 매한가지일 것이다. 가객 김수장은 가난하여도 근심·걱정이 없고, 사람들 사이에 구설에 오르내리지 않는 삶, 분수에 맞게 편안하게 살아가는 삶을 잘 사는 삶이라고 노래했다. 예전이나 지금이나 구설수에 의해 인생이 망가지고 자기 분수를 모르고 탐욕을 부리다가 인생을 망치는 사건들이 많다. 돈이 많지 않아도 분수를 알고 명예를 지키며 산다는 것이 얼마나 어려운가를 생각하게 한다. 또한 잘사는 삶이란 어떤 삶인지 생각하게 되고 자신을 돌이켜 보게 된다.

잘사는 삶은 원만한 인간관계

무엇보다 잘사는 삶은 먼저 건강하고 행복한 삶이 아닐까 생각된다. 어떻게 하면 건강하고 행복해질 수 있을까? 하버드대의 연구 결과에 의하면 건강과 행복의 비결은 인간관계에 있다고 한다. '하버드대 성인 발달 연구'로 불리는 이 프로젝트는 1938년 시작됐다. 유복한 환경에서 자란 하버드 법대 졸업생들과 빈곤 지역 출신 고등학교 중퇴자들의 일생을 추적했다. 두 모집단의 남성 724명을 설문조사하고, 혈액 검사, 뇌 스캔 등 건강검진을 하여 가족 구성원 사이의 관계도 관찰했다. 그 결과 50대 이후의 삶을 결정하는 가장 중요한 변수는 '47세 무렵까지 만들어 놓은 인간관계'라고 한다. 결국은 인간의 노년을 불행하게 하는 것은 경제적 빈곤이 아니라 사랑의 빈곤이라는 것이다. 만족스러운 인간관계를 구

남들이 보기에는 부러움의 대상이라도 본인은 자기 안에서 고통스러워하는 것이 인간이다. 유리병 속에 갇혀 큰 세상을 바라보지 못한다. 틀 속에서 벗어나 더 넓은 세상을 볼 줄 알아야 한다. 자기가 가지고 있는 것에 감사하고 느낄 수 있는 삶이 잘 사는 삶이다.

축한 남성들은 장수할 뿐 아니라 뇌 기능도 더 오래 유지되고 전반적으로 더 건강하고 행복한 삶을 누린다고 한다.

행복에 관한 여러 연구에서도 가장 중요한 요소로 가족관계를 꼽는다. 인생의 역경을 극복한 사람들의 공통점은 가족관계가 건강하다는 것이다. 힘들고 어려운 일이 있어도 함께 고민하고 의지할 사람이 있으면 큰 위안이 되는 법이다. 노후의 삶을 점치려면 현재 자신의 인간관계를 점검해 볼 필요가 있다. 가족, 친구, 이웃 간의 따뜻한 인간관계가 좋은 삶이고 잘사는 삶이기도 하다.

학이시습지불역열호(學而時習之不亦說乎)

나는 퇴직 후 배우고 익히는 즐거움을 알게 되었다. 시간적인 여유가 있어 책을 읽고 글을 쓰면서 무척 행복해지는 느낌이다. 새로운 생각과 정보로 삶의 가치관을 바꾸어 간다. 어떻게 살아야 하는지? 어떤 삶이 행복한 삶인지 생각하게 되었고 자연히 삶의 질이 높아지고 있다고 생각한다. 학이시습지불역열호(學而時習之不亦說乎) '배우고 때때로 익히면 또한 기쁘지 아니한가?'는 논어의 학이편에 등장하는 공자의 말이다. 새로운 정보를 얻고 지식과 지혜를 얻으면 확실히 마음이 든든하고 즐겁다. 공부는 평생 하여야 한다.

평생 버팀목이던 직장에서 나오면 뭘 해야 할지 처음에는 막막하다. 50 중후반이면 퇴직이 가까워지는데도 나는 직장에 다니는 동안 퇴직 이후를 준비하지 않았다. 인생 2막은 경제적인 수입보다는 일이 있어야 하고 일하는 보람이 중요하다. 요즘, 새로운 분야의 지식을 습득하고 열공하고 있으니 희망이 생기고 배우는 즐거움을 느낀다. 퇴직한 뒤 제2의 삶을 준비하고 새로운 일을 하는 것은 아름다운 여정을 찾는 길이다. 수확을 하려면 먼저 밭을 갈고 씨를 뿌리고 가꾸어야 한다. 곡식은 바로 열매가 생기지 않는다. 정성을 쏟고 시간이 지나야 한다. 제2의 인생도 준비하고 정성을 기울여야 열매가 맺힌다. 중년들이 제2의 인생을 위해 준비하고 공부하는 것도 잘 사는 삶일 것이다.

감사할 줄 아는 삶이 잘사는 삶이다

스트레스가 자손에까지 유전된다는 기사를 보았다. 만성적인 스트레스가 세포 속의 DNA를 손상해 자손에게까지 영향을 미친다고 한다. 스트레스가 대물림된다면 끔찍한 일이다. 스트레스 호르몬은 머리카락의 색깔을 검게 유지해 주는 줄기세포를 손상해 흰머리가 생긴다는 연구 결과도 있다. 스트레스는 노화의 주범이다. 또한 만성적인 스트레스는 정신의 노화를 가속한다. 우리가 스트레스를 잘 관리하지 못하면 아무리 피부를 가꾸고 좋은 약을 먹어도 별 효과를 보지 못하는 이유이다.

감사하는 마음은 스트레스를 낮추고 건강 유지에도 도움이 된다. 감사(Gratitude)는 비타민 G를 마시는 것이다. 비타민 G는 사는 데 돈이 들지 않고 시간이 소요되지 않는다. 생각만 바꾸어도 마실 수 있다. 매일 매일 긍정의 비타민을 마시면 건강이 좋아지고 즐거워진다. 잠이 잘 오지 않는 사람도 자기 전에 비타민 G를 마시면 숙면을 잘 취하게 된다. 감사는 자주 하면 익숙해지고 우리 뇌도 감사에 익숙해진다고 한다. 신체기능도 용불용설이라고 한다. 많이 사용하면 발달하고 유전자도 바뀐다. 자주 쓰게 되면 두뇌도 그에 익숙해진다. 자주 감사를 표시하면 긍정적인 기분이 형성되고 훈련되어 진다.

사람은 누구나 장단점이 있고, 살아가면서 힘든 일을 겪는다. 인생은 희로애락의 연속이다. 재난이나 사고, 분쟁, 갈등 등 우리는 살아가면서 수많은 일을 겪는다. 요즘처럼 변화무쌍한 세상에서는 예측하지 못한 사건 사고로 위축되고 움츠려지기 쉽다. 자신의 부족한 측면에 초점을 맞추고 남들과 비교하면 불안하고 우울해진다. 반면에 내가 가지고 있는 것, 내가 할 수 있는 것에 초점을 맞추면 감사할 일이 정말 많다. 좋은 점을 찾아내고 내가 가진 것에 감사해보자. 지금, 이 순간에 맑은 공기를 공짜로 마실 수 있고 두 다리, 두 팔 모두 있고, 두 눈으로 다양한 세상을 볼 수 있다. 이 모든 것이 감사하고 기분 좋은 일이다. 과거 일로 걱정하거나 미래 일을 초조해하지 말고 현재 자신이 가지고 있는 것에 집중하자. 감사의 비타민 G를 마시자. 감사할 줄 아는 삶이 잘사는 삶이다.

세상사가 생각하기 나름이다. 셰익스피어의 희곡 햄릿에 유명한 말이 있다. "세상에는 좋은 것도 나쁜 것도 없고, 다만 생각이 그렇게 만들 뿐이다." 나는 이 말을 좋아한다. 세상사가 생각하기 나름인 것이 정말 많다. 남들이 보기에 높은 위치에 올라 부와 명예가 있는 사람들도 상처받고 힘들어하고 잘못되는 경우를 종종 본다. 사람들은 자기 세계에 갇혀 큰 세상을 더 넓게 바라보지 못한다. 남들이 보기에는 부러움의 대상이라도 본인은 자기 안에서 고통스러워하는 것이 인간이다. 유리병 속에 갇혀 큰 세상을 바라보지 못한다. 틀 속에서 벗어나 더 넓은 세상을 볼 줄 알아야 한다. 자기가 가지고 있는 것에 감사하고 느낄 수 있는 삶이 잘 사는 삶이다.

행복을 만드는 지혜 1

　이 세상 모든 사람은 행복을 갈구한다. 돈이 많은 사람이나 가난한 사람이나 누구나 행복을 추구한다. 돈이 많은 사람이 행복한 것도 아니고 지위가 높다고 행복한 사람도 아니다. 행복은 주어지는 것이 아니라 스스로 만들어가야 한다. 행복한 일을 만들고 행복을 주는 사람을 만나며 가꾸어 가는 것이다. 건강, 사랑, 행복에 방점을 두어야 한다. 운동하면 엔도르핀이 쏟아지고 에너지가 생긴다. 에너지가 있어야 하고 싶은 일을 할 수 있기에 건강관리를 해야 하는 것이고, 사랑하고 살아야 사랑이 되돌아온다. 사랑은 실천해야 하는 것이다.

　마찬가지로 행복도 차근차근 만들어가야 한다. 재력이 많은 사람이나, 권세 있던 사람들이 끝없는 욕망 추구나 잘못된 판단으로 구렁으로 떨어지는 것을 종종 본다. 자신의 아집 속에서 벗어나지 못하고 인생의 의미를 성찰하지 않고 앞만 보고 달리다 보면 하루아침에 추락할 수 있다. 삶의 진정한 의미를 되돌아보고 어떻게 사는 것이 행복하게 살아가는 것인지 되새겨보자.

돈보다는 일의 가치를 찾자 [富在知足]

평생을 바쳐 부를 쌓는다고 해도 결코 만족하지 못하는 것이 사람의 마음이다. 부의 진정한 척도는 만족하는 마음에 있다고 고전은 이야기한다. 부재지족(富在知足)은 한비자에 나오는 말로서 만족함을 아는 것이 진정한 부자라는 의미이다. 만족함을 알 때 부유해지고, 남과 비교하지 않는 삶이 부유한 것이다. 부족하게 느끼면 항상 가난한 것이다. 사람의 욕심은 끝이 없다. 먹고살 만하면 돈보다 일의 가치를 찾자. 돈을 벌기 위해 일하면 항상 피곤하고 일이 싫어지기도 한다. 그러나 일의 가치를 찾고 좋아하는 일을 하게 되면 일에 대한 혐오감이 없다.

좋아하는 일을 하면 시간도 금방 흘러간다. 글을 쓰려고 새벽부터 일찍 일어나 작업을 하지만 몰입하니 시간이 금방 지나가고, 글쓰기 뒤의 내 마음은 흡족하다. 수입을 위한 일은 일로 끝나지만, 일의 가치를 찾아 나서면 일이 또 다른 일을 만들고 수입도 자연히 늘어난다. 성취감에서 행복을 느끼면 돈은 자연히 생기는 것이다. 일에 대한 사랑이 행복과 성공의 열매가 된다.

변화를 즐기자 [日新又日新]

매일같이 다람쥐 쳇바퀴 돌듯이 살아가는 인생은 금방 무료해지고 매너리즘에 빠진다. 일신우일신(日新又日新)이라는 말은 중국 은나라의 탕

왕이 백성을 위한 왕이 되고자, 어진 임금이 되고자 다짐했던 좌우명이다. 이는 하루하루가 새로워지려면 나날이 새롭게 하고, 또 새롭게 하라는 의미이다. 나날이 새로워지려면 새로운 변화가 필요하다. 흐르는 물은 썩지 않는 법이다. 반면 저수지에 고인 물은 변화가 없다. 그래서 썩을 수밖에 없다. 매일매일 새로움을 추구하고 변화를 추구해 보자. 새로움은 희망이요, 축복이다. 변화가 없다면 이미 죽은 몸이나 다름없다.

사람은 변화가 없을 때 권태를 느끼고 권태는 불행으로 가는 길이다. 여행도 가고 새로운 사람도 만나고 책도 읽으며 새로움을 추구하자. 집안에서 가구 배치도 바꾸어 보고 액자 위치도 바꾸고 그림도 바꾸어 보자. 응접세트 위치도 바꿔보고 새로운 꽃송이도 꽂아보자. 달라진 기분을 느낄 수 있다. 새로운 옷도 입어보고 새로운 음식도 먹어보자. 살아 있다는 것은 변한다는 것이다. 하루하루 새로운 날을 연출해 가는 것은 행복에 이르는 길이다.

즐거운 생각 만들기 [一切有心造]

생각이 행동을 만들고 행동이 습관을 만들고 습관이 성공과 행복을 만든다. 행복을 꿈꾸면 좋은 습관이 만들어지고 행복한 운명을 만들 수 있다. 모든 일은 생각하기에 따라 긍정적이기도 하고 부정적이기도 한다. 일체유심조(一切有心造)는 불교 화엄경의 중심사상이다. 모든 것은 오로지 마음이 지어내는 것으로 마음먹기에 달려 있다고 한다. 그림자를 볼 것인가? 태양을 볼 것인가? 관점에 따라 세상은 다르게 보인다.

　인간은 자기가 어떻게 바라보느냐에 따라 인생이 달라진다. 비록 병상에 누워있더라도 책을 읽든지 한 가지 일에 몰입하다 보면 고통을 잊어버린다. 아픔을 호소하다가도 잠이 들면 아픔을 잊는다. 아픔은 의식을 할 때 느끼지만 무의식 속에서는 느끼지 못한다. 아프다고 생각하고 움직이지 않으면 병도 잘 낫지 않는다. 반면에 회복할 수 있다는 생각으로 열심히 운동하고 나을 수 있다는 확신을 가지면 병도 빨리 회복된다. 긍정적인 생각을 하는 사람이 부정적인 생각을 하는 사람보다 건강하다. 병이 생겨도 금방 회복된다는 사실은 이미 과학으로 증명되었다. 모든 것은 생각하기 나름이다. 즐거운 생각이 행복을 만든다. 행복하다고 생각하고 행복을 말하자.

웃으며 살자〔一笑一少, 一怒一老〕

　미국인으로 대표적인 긍정 심리학자인 마틴 셀리그만은 1969년 대학교 졸업생 141명 졸업사진을 이용하여 27세, 43세, 52세가 되는 시점에 삶의 만족도를 조사하였다. 졸업사진에 환한 미소를 띠고 있던 사람은 30년이 지나도 행복한 삶으로 이어졌다고 한다. 결과적으로 행복과 성공이 사람을 긍정적으로 변화시키는 것이 아니라 긍정적인 태도가 행복과 성공을 만들어 주는 것이다. 심리학자들은 불평불만을 늘어놓는 사람에게는 성공과 행복이 없다고 한다.

마음을 밝게 하면 세상이 밝게 빛나고, 마음이 어두우면 모든 것이 어둡게 보인다. 세상은 그대로인데 모든 것이 마음의 색안경 때문이다. 어두운 색안경을 쓰면 세상의 아름다운 모습도 어둡게 보인다. 세상이 어두워도 마음이 밝으면 대낮처럼 밝게 보인다. 모든 일에는 생각에 따라 긍정과 부정이 존재한다. 장미 한 송이를 보고도 부정적인 사람은 장미에는 가시가 있다고 하지만, 긍정적인 사람은 가시 속에서도 장미가 피어난다고 한다. 슬픈 표정을 하면 슬프게 되고, 기쁜 표정을 하면 좋은 일이 생긴다. 화난 표정, 성낸 표정은 자신을 힘들게 한다. 표정이 풍부해지면 감정도 풍부해진다. 거울 앞에서 미소 짓고 웃는 연습을 하자. 웃는 것도 습관이다. 표정이 성격을 만들고 운명을 좌우한다. 가정이나 직장에서 밝고 활기찬 모습은 살맛 나는 세상으로 이끈다. 생동감은 성공과 행복의 기본이다.

일소일소, 일노일노(一笑一少, 一怒一老)라는 말이 있다. 한번 웃으면 한번 젊어지고 한번 화내면 한번 늙는다. 내가 웃으면 상대방도 웃고 내가 화를 내면 상대방도 화를 낸다. 윗사람이 웃으면 아랫사람이 웃고 직원들이 웃으면 고객도 웃는다. 인간만이 웃을 수 있는 특권이 있다고 한다. 이 세상에서 웃을 수 있는 유일한 동물은 사람이다. 웃으면 에너지가 솟고 엔도르핀이 쏟아진다. 행복한 사람은 '나는 운이 좋다, 걱정하지마, 잘 될 거야' 등 긍정적인 말을 많이 한다.

만권의 책과 만리로의 여행(讀萬券書 行萬里路)

독만권서 행만리로(讀萬券書 行萬里路)는 '만권의 독서를 하고 만 리의 여행을 하라'는 중국의 오랜 격언이다. 즉 만권의 책을 읽고 만 리를 여행하라는 뜻이다. 예로부터 만권의 책을 읽고, 만 리를 걸은 후에 세상을 논하라 했다. 책 속에서 지식을 얻고 부족한 점은 여행을 통해서 인생의 깊이를 더할 수 있다. 나는 여행을 많이 하는 편이다. 책 속에서 느낄 수 없었던 것을 여행에서 얻는다. 여행은 미지에 세계에 대한 호기심을 충족해 주고 사고의 틀을 확장해 준다. '백문이 불여일견(百聞不如一見)'이라는 말이 있다. 백 번 듣는 것은 한번 보는 것보다 못하다는 의미이다. 낯선 지역을 눈으로 보고 느끼는 것은 오래도록 각인되고 생각의 지평을 확장해 준다. 힘든 여정을 걸을 때면 비록 힘이 들지만, 여행 이후에 느끼는 여운은 크고 오래도록 남는다. 세상을 좀 더 크게 보고 멀리 보는 안목을 키운다.

나는 책을 많이 읽는 편이고 신문도 2부 정도는 매일 정독한다. 독서를 통해 많은 정보도 얻지만, 한편으로는 인생의 철학이 생기고 어떻게 살아야 하는지에 대한 통찰도 배운다. 책을 한 권 읽은 사람은 두 권 읽은 사람을 당할 수가 없다. 그만큼 깊이가 다르고 수준이 다르다. 책은 인생을 지혜롭고 수준 높게 만들어 준다. 좋은 책은 몇 번을 읽어도 그때마다 새로운 맛을 주고 삶의 의욕과 희망을 주고 새로운 길을 제시한다. 인생의 방향을 제시하고 진정한 삶의 의미를 되새겨주기도 한다. 좋은 문구와 내용은 삶을 살찌게 하고 풍요롭게 한다. 좋은 글을 읽고 메모해서 자기 것으로 만드는 사람은 행복한 사람이다. 독서는 생각의 근육을 단련하고 인생을 제대로 볼 수 있게 하고 위기에 흔들리지 않게 한다.

베풀면서 살자[積善之家 必有餘慶]

중국의 고전《주역》에 적선지가 필유여경(積善之家 必有餘慶)이라는 말이 나온다. 선하고 착한 일을 많이 하는 집안에는 반드시 경사스러운 일이 있고, 후손에게까지 좋은 일이 생긴다는 뜻이다. 사람은 자기에게 좋은 일을 해주고 도움을 주는 사람이 있으면, 당연히 그 사람이 잘되라고 빌어준다. 살아가면서 느끼는 점은 사람들은 남들이 누구나 자기를 좋아해 주기를 원하고 인정받고 싶어 한다는 것이다. 상대를 인정해주는 방법은 베풀어주는 것이고 결국은 자기에게 되돌아온다.

좋은 일을 많이 하다 보면 경사스러운 일이 생기고 운도 좋아지는 것이 아닐까? 받는 즐거움보다 베푸는 즐거움이 훨씬 크다는 것은 익히 알려져 있다. 행복한 삶을 살려면 베풀 수 있을 때 베풀어야 한다. 자기의 돈과 시간을 써가면서 봉사활동을 하는 사람들이 많다. 남을 위해 봉사하고 도움을 주는 사람이 행복한 사람이다. 베풀며 사는 사람은 얼굴이 밝고 빛이 난다. 재산이 많이 있으면서 항상 얼굴을 찡그린 사람도 많다. 이들은 베풀어 본 경험이 없으므로 참다운 행복을 모르는 사람들이다. 다른 사람을 위한 선행은 결국 자기 자신을 위한 것이다.

사랑하면 살자[家和萬事成]

　가정은 편안한 안식처요 보금자리다. 가정생활도 행복에 절대적으로 영향을 끼친다. 예로부터 가화만사성(家和萬事成)이라 했다. 집안이 화목하면 모든 일이 잘된다. 가족 간에 친밀하게 지내지 못하고 불화가 있으면 일이 손에 잡힐 리가 없다. 가족 간 서로 사랑하고 살아야 한다. 가정의 화목을 위해서는 먼저 부부가 화목하여야 하고 부모와 자식 간에 사랑이 있어야 한다. 사랑이 없는 집안은 가정이 아니라 감옥이다. 어려운 일이 있어도 가족이 힘을 합치면 잘 헤쳐갈 수 있고 가족 간의 끈끈한 정은 힘든 세상에 다리가 될 수 있다.

　많은 재산이 있고 높은 권력이 있다고 행복한 것은 아니다. 수백억을 가지고 있어도 수많은 근심·걱정으로 잠 못 이루고 고민하면 거지나 다름없다. 작은 집에 살아도 웃음꽃이 피고 화목하면 대궐보다 좋은 것이다. 겉으로 보이는 것보다 속이 꽉 찬 것이 실속 있는 것이다. 100평짜리 아파트에 산다고 해도 서로 으르렁거리면 그곳이 감옥이다. 조그마한 임대아파트에 살더라도 서로 웃으며 살아가면 행복이 있고 그곳이 바로 천국이다. 많은 재산이 있더라도 영원히 소유할 수는 없다. 내가 살아있는 동안 소유할지 몰라도 이 세상과 이별을 하면 더 이상 내 것이 아니다. 모든 생명은 결국 흙으로 돌아간다. 가진 것은 작더라도 걱정 근심이 적고 가족 간에 서로 사랑하고 재미나게 살아가면 그것이 행복이다.

행복을 만드는 지혜 2

감사하며 살아가기(安分知足)

안분지족(安分知足)은 《명심보감》 안분편에 나오는 말이다. 명심보감은 어린이들의 학습을 위해 선현들의 명구를 갈무리한 도서이다. 안분지족이라는 고사성어는 과한 욕심을 부리지 말고 절제하는 태도의 삶을 유지하라는 말이다. 참새가 황새를 따라가다가 다리가 찢어진다는 말처럼 주제넘게 살아가는 사람은 우둔한 사람이다. 자기가 가진 것에 만족하고 작은 것에 감사할 줄 알고 최선을 다하는 사람이 행복한 사람이다. 안분지족은 요즘 유행하는 소확행(일상에서 느낄 수 있는 작지만 확실한 행복)이다. 작은 일에도 감사할 줄 알고 만족하고 살아가면 된다.

나물 먹고 물 마시고 팔을 베고 누웠으니 대장부 살림살이 이만하면 족하다고 하는 시조가 있다. 이런 청빈 사상을 가지고 살았던 사람들이 우리 조상이다. 모든 불행은 불평불만에서부터 시작된다. 불만은 만족하지 못하고 항상 불안하게 만든다. 유엔세계식량계획(WFP)에 따르면 2021년에 전 세계에서 약 8억2,800만 명이 기아 상태에 빠졌다. 대부분 아프리카 국가들이다. 우리나라도 보릿고개로 먹을 것을 걱정하던 때가 불과 몇십 년 전 이야기다. 그 시절을 생각하면 우리 모두 행복한 사람들이다.

집착하는 마음을 내려놓아라(放下着)

우리 마음에는 온갖 번뇌와 갈등, 스트레스, 원망, 시기, 질투, 회한 등이 얽혀 있다. 그런 것을 모두 홀가분히 벗어 던져야 마음의 평화가 온다. 방하착(放下着)은 집착하는 마음을 내려놓고 마음을 편히 가지라는 뜻의 불교 화두이다. 살면서 쓸데없는 번뇌와 갈등, 원망, 질투, 후회, 탐욕 등을 벗어 던지라는 것이다. 마음의 무거운 짐들을 내려놓으면 편안해진다. 탐욕을 키우고 이루려는 집착이 우리를 힘들게 하고 속박한다. 집착을 내려놓을 때 길이 보이고 많은 문제가 풀릴 수 있다.

무엇인가 새로운 것을 취하려면 먼저 손에 쥐고 있는 것을 놓아야 새로운 것을 쥘 수 있다. 철창 앞에 있는 원숭이는 바나나를 잡기 위해 철장 바깥으로 손을 뻗는다. 원숭이가 바나나를 내려놓으면 손을 뺄 수 있지만 열이면 열 원숭이는 바나나를 꽉 움켜잡고 내려놓지 않는다. 결국 원숭이는 잡혀서 팔려나가고 동물원에 갇히고 만다. 마찬가지로 물컵의 물도 비워야 채울 수 있다. 무엇인가 꽉 차 있으면 채울 수가 없다. 사람의 생각도 마찬가지일 것이다. 머릿속에 잡동사니 생각이 가득하면 아무리 좋은 말과 글도 받아들일 수 없다. 고정관념으로 꽉 차 있는 사람은 아무리 행복을 이야기해도 알아차리지 못한다. 돌처럼 굳어 있으면 행복이 들어갈 수 없다. 근심 걱정은 행복을 파괴하는 주범이다. 근심 걱정도 어찌 보면 탐욕에서 비롯된 것일 수 있다. 탐욕과 원망 등 집착하는 마음을 내려놓아야 한다.

나는 어린 시절 두메산골에서 자랐다. 봄이 오면 냇가에 가서 버드나무 가지를 꺾어 나무껍질로 피리를 만들어 불며 놀았다. 봄철의 버드나무 가지는 물기가 차올라 부드럽고 유연하여 잘 꺾어지지 않는다. 유연한 버드나무 가지는 하루가 다르게 쑥쑥 자란다. 버드나무 가지처럼 유연해야 성장한다. 유연할 때 행복이 찾아온다. 유연하면 위기 극복도 잘 할 수 있다. 누구에게나 행복과 불행은 함께 온다. 나에게만 불행한 일이 찾아오는 것은 아니다. 인생은 다사다난하다. 누구에게나 행복과 불행의 총량은 같다는 '행복 총량의 법칙'이라는 말에 나는 동의한다. 중요한 것은 마음가짐일 것이다. 행복한 사람은 고정관념을 버리고 마음을 부드럽게 하는 사람이고, 집착을 버리고 유연한 사람이다. 탐욕과 아집을 내려놓을 때 마음이 편안해지고 생각이 유연할 때 집착에서 벗어날 수 있다. 행복은 마음가짐에 있고 주어지는 것이 아니라 만들어가는 것이다.

건강이 최고의 행복

경제력은 우리를 상대적으로 만족하게 해주지만 건강은 절대적으로 행복하게 해준다. 아무리 돈이 많아도 건강을 잃으면 의미가 없다. 수조

원의 재력이 있는 재벌 회장이 인공호흡으로 10년 이상 병석에 있는 경우도 보았다. 신체의 건강을 위해서는 운동하고 건강한 음식을 섭취해야 한다.

신체의 건강과 더불어 정신의 건강함이 중요하다. 정신건강이 나빠지면 나약해지고 몸이 축난다. 무기력해지고 심한 경우 정신질환과 우울증에 빠진다. 몸과 마음이 건강해야 진정으로 건강한 사람이다. 신체의 건강은 운동과 음식으로 다스릴 수 있지만, 정신건강은 다스리기가 쉽지 않다. 책을 읽고 명상하고 주변 사람들과 원활한 커뮤니케이션이 필요하다.

사람이 죽는 것은 병 때문이라기보다 병에 대한 두려움 때문에 죽는다고 한다. 몸에 암 덩어리가 있어도 모르고 지나다가 암 진단을 받고부터 급격히 몸이 나빠지는 경우가 많다. 질병에 대한 걱정 불안이 몸을 더 위축시킨다고 한다. 밝고 활기차게 행동하면 스스로 에너지를 만들고 엔도르핀을 생산한다. 엔도르핀은 자기 몸을 더 움직이게 만들고 기분이 좋아진다. 힘차게 걷다 보면 자신감이 생기고 의욕이 생긴다. 의욕이 생기면 행복감이 넘친다. 활발한 신체활동은 에너지가 생기지만, 피곤하다고 방 안에서 움츠리고 있으면 꼼짝하기 싫어지고 더욱더 몸이 위축된다.

몸이 노곤할 때는 스트레칭하고 운동장을 돌거나, 산책을 해보자. 움직이면 에너지가 솟는다. 화가 날 때도 가만히 있지 말고 산책하고 걷고 달려보자. 빠른 걸음으로 걷거나 달리다 보면 숨이 가빠지고 그만큼 더 많은 산소를 마신다. 10분 정도만 빠르게 걸어도 화가 풀어지고 기분이 좋아진다. 기분이 불쾌할 때는 밖으로 나가서 움직여 보자. 한번 발동이 걸리면 우리 몸도 자동차처럼 더욱더 잘 달리게 된다.

여유가 있는 삶을 만들자

현대인들은 너무 바쁘게 일상을 살아간다. 하루가 후딱 지나고 1년이 금세 지나간다. 나이는 시간의 속도에 비례한다는 말이 실감 난다. 도시 생활은 여유를 모르고 한철을 흘려보내기 십상이다. 아파트 주변에 있는 꽃과 나뭇잎을 보며 계절을 느껴보자. 봄철 초록의 신선함, 여름철의 녹음, 가을철의 단풍, 겨울철의 눈꽃 송이를 바라볼 여유를 찾자. 주말이면 교외 산이나 들로 가서 아름다운 자연의 변화를 체험하자. 신비한 자연의 오묘한 변화가 보인다. 한 박자 쉬면서 바라보면 세상이 새롭게 보인다. 조급한 사람들은 눈앞에 보이는 것에만 신경 쓰지만, 여유 있는 마음을 가지면 길게 보이고 멀리 보인다. 조급하게 일하다 보면 일을 망치는 경우가 많다. 인생은 길다. 긴 호흡으로 세상을 내다보면 지혜가 생긴다.

수녀님이나 비구 스님들을 보면 얼굴빛이 빛나고 미소가 있다. 좋은 생각과 여유가 있기 때문이다. 이들은 평균수명도 일반인보다 길다고 한다. 항상 쫓기면서 초조와 불안 속에서 긴장하고 살아가면 스트레스에 치여 건강에도 해롭고 수명도 단축된다. 성직자들은 대체로 복잡한 세상일에 초월해서 산다. 고민도 갈등도 적을 수밖에 없다. 조급하면 눈앞의 급한 일만 신경 쓰고 인생을 길게 보지 못한다. 마음의 여유를 가지고 있는 사람은 길게 보고 멀리 내다볼 수 있다. 복잡하고 치열한 세상에 수녀님이나 비구 스님들같이 살 수는 없지만, 여유를 가지고 살면 한층 삶이 풍요로워질 것이다. 마음이 쫓길 때는 행복을 느낄 여유가 없다. 그러나 여유가 생기면 그 속에 행복이 있음을 깨닫게 된다. 현대인은 자기 삶이 행복한 삶인지도 모르고 불안하게 살아간다. 자신을 옥죄고 있는 것은 남이 아니라 자기 자신이다.

지나간 일의 어두운 기억은 지워버리자. 어두웠던 그림자를 자꾸 되살리면 자기 삶은 시든다. 과거는 엎질러진 물처럼 다시 담을 수가 없다. 악몽 같은 기억과는 단절하고 좋은 추억과 생각을 되새기고 내일을 향해 달려가자.

존경받는 부모와 사회인

우리나라 부모들은 자녀들이 학교에서 공부 잘하기를 바라고 사교육에 열을 올린다. 그래야 성공한다고 믿기 때문이다. 그러나 공부 잘한다고 꼭 성공한다는 보장은 없다. 고교 친구 한 명은 농촌의 가난한 집안에서 태어나 중고교 시절 줄곧 전교 1등을 하여 S대학에 진학하였다. 그런데 시골에서 홀로 서울에 올라와 각박한 생활에 적응하지 못했다. 그 친구는 불행하게도 꽃다운 나이에 생을 스스로 마감했다. 치열한 경쟁 속에서 외롭고 힘들었던 것이다. 실제로 명문대 학생들의 자살률은 꽤 높은 편이다. 공부 이전에 다른 사람과 소통하고 사회적인 관계를 잘 맺어가는 것이 중요하다.

공부를 안 해도 음악, 미술, 체육, 예능, 게임, 사업 등으로 재능과 특기를 살려서 성공한 사람이 많고, 공부를 잘해도 인성이 문제가 되거나 적응하지 못하면 힘든 길을 간다. 어떤 일을 하든지 자기가 좋아하는 분야에서 전문가가 되고, 올바른 인성과 네트워크가 구축되면 성공할 수 있다. 행복한 인생은 하고 싶은 일을 하며 즐겁게 사는 것이다. 자녀교육의 목표를 존중받는 사회인으로 성장하고 행복하게 살아가도록 하는 데 누어야 한다. 또한, 부모는 자녀로부터 존경받는 부모가 되는 것이 목표가 되어야 한다.

오늘 하루 좋은데이

오늘은 어제가 그리던 내일이고 내일의 아름다운 과거이다. 오늘은 내 인생에서 다시 오지 않는 날이다. 아무리 돈이 많아도 오늘 하루를 연장하며 살 수 없다. 나에게 주어진 오늘 하루를 즐겁고 좋은 날로 만들자. 잠들기 전에 오늘 하루를 되돌아보고 잘했던 점은 기억하고 그렇지 못했던 점들은 고쳐 나가면 행복은 좀 더 가까워진다. 하루하루 기쁨과 감사로 장식하는 사람은 행복한 사람이다. 하루하루 불안하고 원망과 저주로 살아가는 사람은 불행한 사람이다. 다시 오지 않는 오늘 하루, 정성을 다하고 사는 것이 행복한 삶이다.

오늘 하루 좋은 날을 위해서는 생각과 말을 긍정적으로 하여야 한다.

말에는 자기 최면 효과가 있다. 종교인들이 비종교인들보다 더 많은 성취를 이룬다고 한다. 그 이유는 성직자들은 소망을 기도하고 그 과정에서 자기암시를 통해 실제로 이루어지는 경우가 많기 때문이라고 한다. 긍정적인 생각과 말을 많이 하면 긍정적인 사람이 되는 것이다. 오늘 하루 긍정적으로 알차게 보내는 사람은 행복한 사람이다.

행복한 제2의 인생을 위하여

나는 오랫동안 다니던 직장을 퇴직하고 나니 앞으로 살아가야 할 인생의 시간에 대해 생각하게 되었다. 50 후반이면 한창 일을 해야 할 나이이고 남은 인생이 수십 년인데 어떻게 무엇을 하고 살아갈까? 어떻게 살아가는 것이 행복한 삶일까? 고민하게 되었다. 우리나라는 고령화 사회 초입기에 있고 베이비 붐 세대들은 무더기로 퇴직하고 있다. 비단 나만의 문제만은 아닐 것이다. 그동안 삶에 대해서 사색하지 않고 바쁘게 달려왔다. 그러나 이제는 행복한 삶에 초점을 맞추고 건강한 삶을 살아야겠다고 다짐하게 된다. 퇴직하면 대부분 사회의 중심에서 멀어지고 건강상의 문제 등으로 삶을 힘든 여정이라 생각하기 쉽지만, 오히려 가장 행복하게 살 수 있고 하고 싶은 일을 할 수 있다는 발상의 전환이 필요하다.

중년을 행복하게 살아가기 위해 사람들은 돈이 있어야 한다고 하고, 어떤 이는 소소한 일에서 행복을 찾아야 한다고도 한다. 어떤 이는 행복의 크기는 상대적으로 작아도 소소한 행복들이 여러 번 있는 삶이 행복한 삶이라고 한다. 제2의 인생에서는 돈이 기본적으로 필요하겠지만, 평생

할 수 있는 일이 있어야 하고, 몸과 마음의 건강이 더 중요하다. 건강하고 행복하게 살아가려면 항상 움직이고 책을 읽고 취미생활을 해야 한다. 그리고 좋은 이웃과 소통하며 함께 가면 제2의 인생은 행복할 것이다.

평생 할 수 있는 일자리

일자리가 최고의 복지라는 말이 있다. 뚜렷하게 하는 일 없이 긴긴 노후를 보내는 건 쉽지 않은 일이다. 경제적인 여유가 있다고 하더라도 일은 있어야 한다. 일을 통해 사람들과 소통하고 자신의 존재 가치와 보람을 얻기 때문이다. 퇴직 후 몇 년 잠시 하는 일이 아니라 건강이 허락하는 동안 할 수 있는 일이 있어야 한다. 기업 임원이나 고위직에서 퇴직한 사람은 다니던 회사와 관계되는 일을 몇 년 더 할 수 있는 기회가 주어지기도 한다. 그러나 그 이후를 생각해야 한다.

제2의 인생을 함께하고 오랫동안 할 수 있는 새로운 일을 찾아야 한다. 재취업을 위해 공부하고 자격증을 따면 전문가로 거듭날 수 있는 일이 많다. 시니어가 하기 적합한 일들을 찾으면 된다. 내가 알고 있는 분들 중에는 미리 은행을 퇴직한 뒤 조경기능사 자격을 취득하여 나무와 정원을 가꾸는 분도 있고, 대학에서 박사학위를 받아 겸임 교수로 활동하는 분도 있다. 비록 수입은 많지 않지만, 오랫동안 일할 수 있어서 좋다고 한다. 일자리는 사회적 관계 유지에 꼭 필요하다.

인류는 정적인 활동으로 시간을 보낸 역사가 없다. 몸을 움직이면 인간은 즐거움을 느낄 수 있다. 무슨 일을 하든지 에너지가 필요한데 움직여야 에너지를 얻을 수 있다. 매일 운동하고 움직이면 우울증이 뿌리내리기 어렵다. 신체활동은 땀을 흘리게 하고 스트레스를 날려버린다.

움직이고 운동하기

사람은 움직여야 에너지가 생기도록 진화했다. 지치고 힘들 때 피곤하다고 집안에서 그냥 뒹굴면 더 스트레스가 생긴다. 움직여야 활력이 생긴다. 인간은 원래 야수였다. 인류는 원시 시대부터 수렵과 채집으로 생존해 왔다. 수렵과 채집을 위해 항상 야생에서 활동하고 달리며 맹수들과 싸웠다. 인간의 DNA는 움직여야 병이 생기지 않도록 만들어졌다. 움직이지 않고 운동하지 않으면 기력이 떨어지고 병이 생긴다. 육신의 병은 약으로 다스릴 수 있지만 정신의 병은 약으로 다스리기 어렵다. 건강한 정신을 위해서도 몸을 움직이고 운동하여야 한다.

인류는 정적인 활동으로 시간을 보낸 역사가 없다. 몸을 움직이면 인간은 즐거움을 느낄 수 있다. 무슨 일을 하든지 에너지가 필요한데 움직여야 에너지를 얻을 수 있다. 매일 운동하고 움직이면 우울증이 뿌리내리기 어렵다. 신체활동은 땀을 흘리게 하고 스트레스를 날려버린다. 몸의 움직임이 엔도르핀을 생성해 정신을 건강하게 만들고 도파민을 배출하여 마음을 행복하게 한다. 몸과 마음은 상호 연결되어 있다. 움직이고 운동하면 뇌가 건강해지고 새로워진다. 움직이고 운동하면 치매가 뿌리내리기 어렵다. 나이가 들수록 근육이 감소하고 기초대사량이 떨어져 살이 찌고 질병에 노출되기 쉽다. 제2의 인생을 건강하게 보내려면 움직이고 운동하여야 한다.

인간은 죽을 때까지 배워야 한다

　103세의 철학자 김형석 교수는 사람은 학습하고 성장하는 동안은 늙지 않는다고 하였다. 노년은 언제부터 시작되는가? 새로운 것에 도전하지 않고 공부하지 않으면 늙은이라고 했다. 사람은 성장하는 동안은 늙지 않는다. 젊어도 공부하지 않고 일하지 않으면 녹스는 기계처럼 노쇠하게 된다. 60대가 되어서도 진지하게 공부하며 일하는 사람은 성장을 멈추지 않는다. 배움에 관한 욕구가 사라지는 순간, 그 사람의 한계는 거기까지가 된다. 배움을 멈추는 순간 노화한다. 나이가 들어서 노인이 되는 것이 아니다. 도전과 배움이 없기 때문이다.

　배움에는 나이가 없다. 어학도 배우고 컴퓨터도 배우고 자격증에도 도전하여야 한다. 나이가 아무리 들어도 아이들에게 배우고 젊은이들에게도 배워야 한다. 세상은 빠르게 변한다. 변화하는 환경에 적응하기 위해서도 항상 공부하여야 한다. 나는 문서작성을 할 때 뜻대로 되지 않아 답답해할 때가 많다. 그때마다 우리 집 아이들을 불러 하나씩 배운다. 워드 프로그램을 배울 때마다 금방 잊어버리기도 하지만 새로운 기능을 익히는 소소한 재미가 있다. 무엇인가를 배우는 것은 부끄러운 게 아니다. 배우려고 노력하지 않는 게 부끄러운 것이다.

독서, 여행, 몰입하는 취미 활동

　독서는 내면의 힘을 키우고 지식과 지혜를 준다. 책 읽을 시간이 없다는 것은 핑계이다. 집안에서 짬짬이, 여행을 가서도 아침저녁 여유시간에 얼마든지 책 읽을 시간을 낼 수 있다. 침대 머리맡에 읽고 싶은 책을 쌓아 두고 수시로 펴보자. 마음만 먹으면 얼마든지 할 수 있다.
　우리 삶은 의사결정의 연속이다. 책을 통해 지식과 지혜를 쌓으면 삶의 갈림길에서 지혜로운 선택을 하는 데 도움을 받을 수 있다. 독서를 통해서 생각하는 힘, 나와 타인을 이해하는 유연성을 가질 수 있다. 탄탄한 내공을 쌓아 어떤 위기에도 흔들리지 않을 삶을 살기 위해서는 반드시 책을 읽어야 한다. 음식이 몸의 양식이듯 글이란 마음의 양식이다. 무엇을 먹었느냐가 내 몸을 결정하고 무엇을 읽었느냐가 내 마음을 결정한다. 노후에 꼰대가 되지 않기 위해서도 독서를 하여야 한다.
　여행은 미지의 세계에 대한 호기심을 충족해 주고 사고의 틀을 확장해 준다. '백문이 불여일견(百聞不如一見)'이라는 말이 있다. 책만 보기보다는 주변의 이야기를 듣고, 눈으로 보고 느끼는 것은 사고의 폭을 넓히고 생각의 지평을 확장해 준다. 힘든 여정을 걸을 때는 비록 힘은 들지만, 여행 이후에 느끼는 여운은 크고 오래도록 남게 된다. 여행은 견문을 넓혀 준다. 세상을 좀 더 크게 보고 멀리 보는 안목을 키워준다. 건강이 허락하는 한 많은 것을 보고 느껴보자. 여행을 통해 느낀 점을 정리하고 기록하면 나중에 한 권의 책으로 만들 수도 있다.

사람은 의미 없이 놀 때보다 무엇인가 몰입할 때 행복감을 느낀다. 한 가지 일에 집중하면 시간이 어떻게 가는지도 모른다. 몰입해서 한 가지 일에 집중하면 성취감도 생기고 자기 존중감도 생긴다. 새로운 일에 도전해 새로운 경험을 해보자. 글을 쓰느라 몰입하는 지금도 시간이 항상 부족하지만, 그래도 나는 이 시간이 행복하다. 나는 매 주말이면 아내한테 피아노를 배우다가 지금은 잠시 쉬고 있다. 느지막하게 악기 배우기가 쉽지 않지만, 그 재미 또한 쏠쏠하였다. 악기 배우기는 뇌 발달에 도움이 되는 것 같다. 악보 난독증에서 슬슬 벗어날 수 있었다. 사용하지 않던 손가락을 사용하려니 생각대로 움직이지 않는다. 유명한 피아니스트를 보면 엄청 위대해 보인다. 그들이 얼마나 많은 시간과 정열을 불태웠을지 상상된다. 은행 입사동기 한 명은 퇴직 후 배우기 시작한 그림이 수준급으로 성장했다. 정물화부터 시작하였는데 지금은 인물화도 잘 그린다. 조만간 전시회도 연다고 한다. 그림을 그리고 있으면 시간이 금방 지나간다고 한다. 제2의 삶을 위해서 하고 싶었던 취미생활에 몰두하는 것은 소소한 재미일 것이다.

좋은 이웃을 만들고 좋은 이웃이 되자

인류는 수 만 년 전부터 환경에 적응하고 세상을 변화시키며 진화했다. 퇴직 후 환경변화에 잘 적응하여야 한다. 제2의 인생을 건강하게 보내려면 가까이 있는 사람들과 잘 지내야 한다. 이웃들과 소통하고 소그룹 공동체를 만들고 소통하는 것이 좋다. 가까운 이웃과 취미생활도 함께하고 식사도 자주 하면 삶의 소소한 행복을 느낄 수 있을 것이다. '근주자적 근묵자흑(近朱者赤 近墨者黑)'이라 했다. 주변에 어떤 사람이 있는가에 따라 우리 삶이 영향을 받는다. 좋은 이웃을 만들고 좋은 이웃이 되도록 노력해야 한다. 가까이 있는 이웃이 좋고 자주 만날 수 있으면 더 좋다. 같은 취미 활동이나 종교 생활은 금상첨화일 것이다. 제2의 인생은 무엇보다 가까운 이웃에서 친구를 만드는 것이 중요하다.

5장 은퇴 삶과 죽음, 은퇴 이후의 30년, 은퇴 준비

퇴직했다는 생각에 침울해하거나 쪼그라들 필요가 없다. 퇴직했다는 생각보다는 새로운 출발이라고 생각하면 된다. 하고 싶었던 것을 할 수 있는 시간이다. 두 발로 걸을 수 있는 인생의 마지막 그 순간까지 항상 현역이라는 마음가짐이 필요하다. 한 번뿐인 인생이다. 하고 싶었던 일을 찾아 할 수 있는 기회이기도 하다. 퇴직은 Retire이다.

퇴직 후 바로 닥치는 현실적인 문제들

우리나라는 공무원, 교사, 공공기관처럼 정년이 보장된 직장이 아닌 경우 대부분 명예퇴직, 희망퇴직 등을 거치며 50대 중 후반에 퇴직한다. 20대 후반에 직장에 들어가 50대 중후반에 직장에서 나오는 구조다. 의학의 발전과 생활 습관 개선 등으로 평균수명이 늘어나고 있어 50대는 아직도 청춘의 나이다. 너무 이른 나이에 직장에서 퇴직한다. 원기 왕성한 시기의 퇴직은 여러 가지를 생각하게 한다. 100세 시대라고 하는데 50대에 퇴직하면 30년 이상 인생의 시간이 남아 있다.

재취업 시장의 어려운 현실

노후 준비가 충분히 되어있는 경우는 평소 하고 싶었던 일을 하면서, 여행도 하고, 취미 생활하며 지낼 수 있지만 대부분 직장 퇴직자의 현실은 그렇지 않다. 퇴직 후 제2의 직장을 구하기 위해 노력하지만, 시장진입이 쉽지 않은 나이이다. 젊은 청년들도 취업하기 어려운 시기에 장유유서 문화의 위계가 존재하는 한국 사회에서 중장년층의 취업은 쉽지 않은 것이 현실이다. 대부분 기업은 직급과 나이가 연계되어 있어, 오너가 젊거나 직원들의 평균 연령대가 낮은 기업들은 더더욱 젊은 직원을 선호한다.

현직에 있을 때는 자기의 지식과 경험이면 충분히 이직이나 전직을 할 수 있다고 생각하지만, 현실은 녹록지 않다. 새로운 일자리가 있다고 하더라도 원하는 직장을 찾기는 쉽지 않다. 퇴직 선배들의 이야기를 들어보면 수십 군데 입사 지원서를 넣어도 연락이 오는 곳이 없다고 한다. 중장년 퇴직자들은 본인의 지식과 경험을 살리지 못하고 시간제 일자리, 정부, 지자체, 사회단체에서 제공하는 단순 일자리로 뛰어들기도 한다. 이럴 때는 퇴직자를 위한 전직 지원컨설팅을 통해 상담받아보는 것도 필요하다. 자신이 생각하지 못했던 길을 제시하기도 한다.

퇴직 후 새로운 일자리는 본인이 하고 싶었던 일, 보람을 찾을 수 있는 일이 바람직하다. 그 방법은 직업 선호도 검사, 성격검사 등을 통해 좋아하는 일, 잘하는 일을 찾으면 된다. 잘할 수 있는 일이고 적성에 맞고 재미있게 할 수 있는 일에서 가치를 찾으면, 경제적인 수입은 부수적으로 따라온다. 다른 사람의 시선을 의식할 필요 없다. 퇴직 이전에는 경제적인 것에 가치를 두었다면 이제는 하고 싶은 일에 방점을 두고 찾아보자.

혼자서 할 수 있는 일이 많지 않다

50 중후반에 조직을 벗어나면 혼자 할 수 있는 일이 거의 없다는 걸 깨

닫게 된다. 회사에서는 도와주는 스태프가 있고 참모가 있어 모든 일이 쉽게 풀리지만 퇴직하는 순간 오로지 혼자서 처리하여야 한다. 내 돈으로 내는 세금조차 내가 계산하거나 신고하기 어렵다. 회사에서는 총무팀에서 일괄 정리를 해주기 때문에 신경 쓸 일이 없었다.

나는 강의자료를 만들려고 작업을 하다 순간순간 벽에 부딪히곤 한다. 노트북을 살 때도 어떤 운영체계를 깔아야 하는지 모르는 상태에서 구매하게 되었다. 컴퓨터가 잘 작동되지 않을 때, 워드 프로그램 사용에 문제가 생길 때 대처할 방법을 몰랐다. PPT 한 장을 만들려고 해도 파워포인트를 다루는 스킬이 부족해 쩔쩔맨다. 답답하여도 나를 도와줄 사람이 없다. 질문해 볼 곳도 없다. 혼자서 책도 보고 인터넷 검색하면서 해결하려고 하면 시간만 가고 문제는 풀리지 않는다. 회사에서는 자료 하나를 만들어도 여러 사람이 검증하고 고치지만, 퇴직 뒤엔 자료를 검증해 주는 사람도 없다. 나는 강의를 하고 칼럼을 쓰게 되었는데 혼자서 자료를 찾고 PPT 만드는 일에 진땀을 빼고 있다. 퇴직 전부터 컴퓨터, 워드, 엑셀, 파워포인트 등에 능숙해지도록 익히지 않은 것이 후회스럽기도 했다. 빨리 적응해 홀로서기에 익숙해져야 한다.

명함, 울타리가 사라진 허전함

학교에 다니고 군대에 가고 직장생활을 하며 달려온 50대 중후반까지 항상 어딘가에 소속되어있었고 그것은 나의 정체성이었다. 그런데 퇴직하고 소속감이 없어지니 혼란스러웠다. 마음대로 자유롭게 살고 싶었지만, 막상 마음대로 할 수 있게 되니 다시 울타리가 그리워지는 심정이다. 매일 아침 습관적으로 일어나 피곤한 몸을 이끌고 출근길에 올랐는데, 퇴직하고 보니 처음에는 정말 허전했다. 소속감이 없다는 것이 이런 느낌이구나 하는 생각이 들었다. 사람들을 처음 만나면 명함을 교환하고 자기를 소개하는데, 퇴직하면 당장 명함이 사라진다. 명함이 없다는 것은 자기의 정체성에 대한 혼돈을 부른다.

인간관계의 변화

퇴직을 하게 되면 현역 때의 인간관계가 다양한 형태로 변하게 된다. 회사에 있을 때는 많은 사람과 직장에서 함께 일하고 부딪치고 퇴근 후 소주잔도 기울이지만, 퇴직 후에는 늘 함께하던 동료 직원들이 곁에서 없어진다. 퇴직 초기에는 함께하던 동료들이 연락도 하고 밥도 사곤 하지만 점점 회수가 줄어든다. 자연스러운 현상이다. 서운해하지 말고 자연스럽게 받아들여야 한다.

친구들 사이의 관계도 현역에 있을 때와 달라진다. 현역에서 일하는 친구들을 보면 부러워지기도 하고 새로운 일을 구해야 한다는 압박감도 든다. 관계의 틀이 변하는 것이다. 한 사람의 자연인 친구로 다가가야 하고 관계 변화를 자연스럽게 받아들여야 한다. 가족관계를 빼고는 거의 다

형태가 달라지는데, 그 관계가 변하는 것은 어찌할 수 없는 인간사다. 이러한 사회적 인간관계 변화를 당연하다고 받아들이고, 원망하거나 슬퍼하지 말아야 한다. 새로운 세상에서 새로운 인간관계를 구축해야 한다.

고정 수입의 중단과 건강보험료, 국민연금 등 지출증가

본격적인 퇴직 생활을 시작하면 회사에 다닐 때는 생각하지 않았던 문제들이 현실로 다가온다. 회사에 다닐 때는 건강보험료나, 국민연금이 급여에서 공제되어 신경 쓸 일이 없었다. 그러나 퇴직하면 당장 고정 수입이 없어지고 건강보험료, 국민연금 납부가 현안으로 다가온다. 건강보험이 직장 의료보험에서 지역의료 보험으로 바뀌기에 건강보험고지서가 날아온다. 수십 년간 급여에서 공제되어 신경도 쓰지 않았는데 매달 별도로 내야 한다.

고정 수입이 없어지는데 건강보험료, 국민연금, 아파트관리비, 각종 공과금, 생활비 등 고정지출은 그대로 있으니 큰 부담이다. 어느 정도 노후 준비가 되어있다고 생각했어도, 고정 수입이 없는 상태에서 국민연금 등 연금수령일까지 크레바스 기간을 견디기는 쉽지 않다. 생애 전체를 보고 재무설계를 하고 향후 100세 시대를 살아야 한다. 경제적인 문제와 퇴직 후 오랫동안 할 수 있는 일을 고민해야 한다.

은퇴는 새로운 현역의 길

50 후반의 나이가 되니 친구들이 하나둘 다니던 직장에서 은퇴하게 된다. 공무원, 교직, 공공기관 등의 직장이 아닌 대부분 기업은 50대 중후반이면 퇴직한다. 은행의 경우는 56세 내외가 되면 명예퇴직하든지, 급여 삭감을 감수하고 임금피크로 60세까지 근무하게 되는데 대부분 명예퇴직을 선택하게 된다. 자영업을 하거나 중소기업에 다니는 경우는 늦은 나이까지 일하는 친구도 많다. 나는 27세에 은행에 입행하여 한 직장에서 30년 6개월 일했다. 65세가 정년인 대학교수 친구도 있는데 한편으로는 부럽기도 하다. 그러나 무탈하게 정해진 년 수까지 근무할 수 있었다는 것에 감사한다.

퇴직 후 일상의 루틴을 유지한다

중장년들의 조기퇴직은 젊은 청년 세대에게 일자리를 제공하고 활동 공간을 넓혀주는 등 순기능이 많이 있다. 하지만 한창 일할 나이이고 최고의 기량을 발휘할 수 있는 50대의 퇴직은 당사자에게 엄청난 상실감을 준다. 다니던 직장을 퇴직하면 먼저 명함이 사라지게 된다. 학교에 다니고 직장을 다니면서 항상 어딘가에 소속되어 수십 년을 살아왔는데, 소속감이 없어지는 상실감이 처음에는 크게 와닿는다.

나는 자신의 소속감과 출근할 곳을 만들어야겠다는 생각에 공유 오피스텔을 구해 출근하기로 하였다. 퇴직 전과 같은 일상의 루틴을 유지하고자 함이었다. 그리고 바로 컨설팅하는 직함으로 명함을 만들었다. 강의나 글쓰기를 하고 컨설팅을 하고 싶어서 명함을 새긴 것이다. 아침에 오피스텔로 출근해서 커피 한잔을 마시며 신문과 책을 읽고 나만의 시간을 가지는 것도 소소한 재미다. 일상의 루틴이 유지되니 상대적으로 상실감도 적었고 잘 적응이 된 것 같았다.

퇴직 후 취미생활과 글쓰기

퇴직 후 집에서 그냥 있기에는 아직도 젊고 하고 싶은 일이 많았다. 그동안 해보지 않았던 새로운 도전을 시작하였다.

첫 번째는 새로운 취미생활로 도전한 것이 판소리다. 판소리는 낯설지만 농촌 출신이어서 우리 소리에 익숙하고, 악기를 배우기보다는 시간과 금전 부담이 적고, 목청을 높이니 스트레스 해소에 도움이 되었다. 지난 5월과 10월 두 번의 공연을 하였다. 유튜브 SNS에 나의 공연 모습을 올렸

더니 사람들이 깜짝 놀란다. 사람들이 모이는 자리면 소리를 해보라고 한다. 초보자이지만 1년 정도 배우니 목이 조금 트였고 지금은 사람들이 모이는 장소에서 가끔 판소리를 한다. 책상에서 점잖은 이야기만 하던 내가 큰소리를 지르고 핏대가 올라가는 모습에서 나 스스로 많이 변했다고 생각된다. 지금 생각해 보면 좋은 선택지였던 것 같다. 판소리 선생님의 창을 처음 대할 때는 큰소리로 따라 하는 것도 부끄러웠다. 쑥스러운 표정으로 따라 하던 그때 생각을 하니 지금은 피식 웃음이 나온다.

두 번째는 성악을 배우기로 했다. 판소리를 같이 배우는 어르신 한 분이 성악을 하는데 같이 해보자고 해서 시작하게 되었다. 음악에 문외한이었던 내가 요즘은 피아노 소리에 맞추어 호흡을 가다듬고 고음을 낸다. 퇴근하던지 집에 있을 때 짬짬이 성악과 판소리 연습을 한다. 나의 판소리 가락을 많이 들은 아내와 아이들이 가끔 흥얼거리는 모습을 보면 보람을 느낀다. 취미생활은 퇴직 후 같이 어울릴 수 있는 사람이 생겨 좋고, 함께 어울릴 수 있으니 퇴직 후 외롭지 않아서 좋다. 오히려 즐거운 일이 많아지는 기분이다.

세 번째는, 퇴직 후에도 일상의 루틴을 유지하고 싶어서 오피스텔에서 책을 읽고 글을 쓴다. 오피스텔은 퇴직 후 사람들과 교류하며 나름대로 루틴을 유지하는 공간이다. 규칙적인 일상으로 생활하니 정서적으로 한결 안정된다. 독서하고 사색하고 글을 쓰는 시간은 자신을 되돌아보는 의미 있는 시간인 것 같다. 책을 통해 마음의 근육을 쌓으면 위기에 강해진다. 책을 읽고 글을 쓰면 외부적 충격이 와도 스스로 강해질 수 있고, 대응하는 회복탄력성도 커지는 것을 느낀다.

타이어를 다시 갈아 끼우는 Retire

　퇴직했다는 생각에 침울해하거나 쪼그라들 필요가 없다. 퇴직했다는 생각보다는 새로운 출발이라고 생각하면 된다. 하고 싶었던 것을 할 수 있는 시간이다. 두 발로 걸을 수 있는 인생의 마지막 그 순간까지 항상 현역이라는 마음가짐이 필요하다. 한 번뿐인 인생이다. 하고 싶었던 일을 찾아 할 수 있는 기회이기도 하다. 퇴직은 Retire이다. 새로운 타이어로 교체하고 새롭게 달리는 것이다. 새로운 마음가짐을 가지고 평정심을 유지하려면 퇴직하기 전에 마음의 준비를 해야 한다. 퇴직을 두려워하지 말고 머릿속에 미래의 자기 모습을 그리고 설계하고 준비하자.

　퇴직 후에 혼자 할 수 있는 다양한 취미를 개발해 두는 것이 중요하다. 시간은 많이 있는데 무료하게 보내는 사람도 많다. 무료한 생활은 잡념이 들게 하고 우울증을 유발할 수 있다. 퇴직 후 권하고 싶은 취미는 등산, 여행, 사진 찍기, 도서관 방문하기 등이다. 음악 감상이나 미술작품에 빠져보는 것도 좋을 것이다. 그리고 매일 자신만의 일기를 적어보는 것도 마음을 정리하고 다져가는 데 무척 도움이 된다.

　옛 선비들은 먹을 갈아서 중요한 일상을 기록하여 문집 형태로 후손에게 남기곤 했다. 글을 쓰고 일기를 쓰면 마음이 정리되고 스트레스도 확실하게 해소된다. 새로운 계획을 세울 때도 머리로 생각하는 것보다 훨씬 효과적이다. 일기 쓰기로 시작해서 자기 생각의 지평을 넓히다 보면 다양한 글 욕심이 생기기도 한다. 글 욕심을 채워서 책으로 만들어내면 멋진 인생의 기록이 될 것이다. 산업화 시대의 경제 발전에 기여하고 민주화 시대에 온몸으로 부딪히고 당당하게 대처해 왔던 베이비붐세대가 이제는 은퇴기를 맞아 새로운 출발 선상에 진입 중이다. 이런 제2의 출발을 하는 인생은 은퇴가 없다. 영원한 현역이라는 마음가짐으로 매사에 대처하자고 말하고 싶다.

평생 일할 수 있는 일자리

나는 지금 퇴직 후 늦은 나이까지 할 수 있는 일을 준비하고 있다. 커리어컨설턴트 관련 일을 하려고 공부 중이다. 사람은 일이 있어야 관계 유지도 되고 삶의 가치도 올라간다. 경제적인 도움도 된다. 새로운 일을 시작하는 것은 도전이다. 새로운 일을 배우면서 느끼는 것은 조금씩 알아가면서 새로운 세계가 보이기 시작하고 해야 할 공부도 많이 생긴다는 것이다. 퇴직은 새로운 인생의 시작이다. 새롭게 출발하는 인생을 즐겁고 행복하게 설계하고, 하고 싶은 것을 하는 게 모두의 로망일 것이다. 기쁘고 좋은 상황으로 이끌어 함께 잘사는 세상에 기여하고 싶다.

세상사는 생각하기 나름인 것이 많다. 좋고 나쁜 것은 없다. 단지 생각

세상사는 생각하기 나름인 것이 많다. 좋고 나쁜 것은 없다. 단지 생각이 좋고 나쁘게 만들 뿐이다. 우리가 마음먹는 대로 이루어지는 것이고 모든 것은 생겨나기도 하고 사라지기도 한다. 이제 정년을 맞이하는 분들 모두 어깨를 들어 올리고 자신감 있게 새로운 길을 향해 힘차게 걸어보자. 우리가 알고 있는 위인들은 위기를 기회로 만들었다. 위기가 아니라 새로운 기회가 열리는 것이다.

이 좋고 나쁘게 만들 뿐이다. 우리가 마음먹는 대로 이루어지는 것이고 모든 것은 생겨나기도 하고 사라지기도 한다. 이제 정년을 맞이하는 분들 모두 어깨를 들어 올리고 자신감 있게 새로운 길을 향해 힘차게 걸어보자. 우리가 알고 있는 위인들은 위기를 기회로 만들었다. 위기가 아니라 새로운 기회가 열리는 것이다.

오십이 넘어 제주도로 유배 갔던 추사 김정희는 집 밖으로 나오지 못하는 극한의 상황에서도 추사체로 당대는 물론 후대에 이름을 알렸고, 100세의 철학자 김형석 교수는 65세 지나서 쓴 책이 가장 깊이가 있고 가장 많이 팔렸다고 한다. 주저하지 말고 멀리 보고 새로운 시작을 해보자. 가슴을 펴고 더 활기차게 인생 이모작, 새로운 무대를 개척에 나갔으면 한다.

자기 자신에게 투자하자

대부분 직장인은 사교육비, 자녀교육, 주택구입 등으로 퇴직할 때 노후 대비를 충분히 하지 못한 경우가 많다. 은퇴 후 30여 년을 위해 할 일을 찾아야 한다. 퇴직 후 30년을 그냥 쉬면서 보내기에는 너무 긴 여정이 남아 있다. 새로운 일자리는 경제적인 부담도 줄여 주지만 일을 통해 삶의 가치를 얻고 보람을 얻을 수 있다. 자신의 지식과 경험으로 하던 일과 관련해서 일자리를 찾으면 좋겠지만 50 이후에 재취업은 쉽지 않다.

1만 시간의 법칙

1만 시간의 법칙은 어떤 분야의 전문가가 되기 위해서는 최소한 1만 시간 정도의 훈련이 필요하다는 법칙이다. 1만 시간은 하루에 3시간씩 10년을 훈련할 때 도달할 수 있는 시간의 양이다. 하루 10시간씩 투자하면 3년이 걸린다. 은퇴 이후 30년 동안 한 분야에 1만 시간을 집중한다면 달인이 될 수 있다.

지금은 작고하셨지만, 나의 삼촌 한 분은 중소기업을 다니시다 퇴직 후 서예를 공부하여 국전에 입상하고 서예학원을 하셨다. 중학교 학력이지만 꾸준히 10년 이상을 공부하고 시간과 정열을 투여하니 붓글씨에 혼이 담겼다. 우리 부부가 결혼할 즈음에 '부부합심 만사형통(夫婦合心 萬事亨通)'이라는 세로로 된 휘호를 써서 액자를 만들어 주셨다. 오랫동안 우리 집 벽 중앙에 걸어 놓았고 지금도 고이 간직하고 있다. 한 분야에 오랫동안 시간과 에너지를 쏟으면 전문가가 될 수 있다.

아내의 친구는 글씨 쓰고 그림 그리기를 좋아하였다. 여자상업고를 나와서 은행에 10여 년 정도 다녔다. 30대 중반에 아이들 교육 문제로 직장을 그만두고 취미생활로 수묵화 그리기를 하였다. 그 뒤로 학원 수강도 하고 공부하여 취미생활이 일로 전환됐다. 취미로 하던 그림과 글씨를 한지에다 예쁘게 그리고 써서 지인들에게 선물도 주곤 하였다. 50대 중반을 달리는 지금은 엽서, 카드, 컵 등에 수묵화 그림을 그린다. 미술대학교 근처에도 가지 않았지만, 그녀의 글씨체와 그림을 보면 감탄이 절로 나온다. 지금은 인사동에서 수묵화 가게를 운영하며 직접 그린 그림을 팔기도 하고 작품전도 한다. 수묵화를 좋아하는 사람들과 동호회 활동을 하고 수묵화 그리는 법을 가르치기도 한다. 자신이 좋아하는 일을 평생직업으로 만들었다.

은퇴 이후의 시간은 하고 싶었던 일을 해볼 수 있는 좋은 기회이다. 인생의 30년이라는 시간은 무척 긴 시간이다. 1만 시간이 안 되면 절반만 투자하더라도 하고 싶었던 일에 전문가가 될 수 있다.

자신에 대한 투자

오랫동안 직장생활을 하면 자신이 하던 일에는 전문가가 되겠지만 퇴직 후 제2의 직업을 구하고 새로운 일을 개척하는 데는 도움이 되지 않는다. 새로운 일을 시작하려면 자신이 하고자 하는 일에 시간과 에너지를 투자하여야 한다. 세상에 공짜로 얻어지는 것은 없다. 한 분야에 자기 터전을 잡은 사람들은 남이 모르는 노력과 열정을 투자했다. 하고자 하는 일이 있으면 준비하고 투자하여야 한다. 어떤 일을 하려면 공부하고 시장을 알아야 하고 관련 기술을 습득하여야 한다. 연수받고 학원을 수강하고 자격증을 취득하는 것도 자신에 대한 투자이다. 퇴직 후 1~2년 투자로 30년을 편안히 보낼 수 있다면 투자할만한 가치가 있다. 제2의 인생을 위해 창업하는 방법도 있지만 자기 자신의 미래를 위해 자격증을 취득하고 학원을 수강하는 것도 방법이다. 중장비 기술을 배워도 좋고 워드, 컴퓨터 프로그램도 좋고, 심리상담도 좋다. 자신이 관심 있고 하고 싶었던 일에 대해 준비되어 있어야 한다.

기술이 없고 자격증이 없으면 단순한 일자리에 밖에 없을 것이다. 어떤 분은 폴리텍대학에서 기술을 배우고 어떤 분은 직업훈련원에서 자격증을 따려고 노력한다. 노력 없이 한방에 주어지는 것이 없는 세상이다. 창업을 하려 해도 창업 교육을 받고 관련 서적을 읽어야 한다. 한 분야에 30권 이상의 책을 읽으면 그 분야 전문가가 될 것이다. 귀농 귀촌을 하려고 해도 교육을 받고 책을 읽어야 한다. 퇴직 후의 새로운 출발을 위해서는 자신에게 투자해야 한다. 아이들을 위한 교육, 주식, 부동산에만 투자하는 것이 아니다. 정작 더 중요한 것은 자기 자신에 대한 투자이다.

이왕이면 자신이 좋아하고 시장의 수요에 부합하는 분야를 공부하고 투자하여야 한다. 지역별 고용복지센터, 서울 50플러스재단, 노사발전재단 등을 찾아 상담해보자. 고용노동부나 지자체에도 퇴직자나 퇴직예정자의 취업을 지원해 주는 여러 가지 지원제도가 있다.

직장, 그 이후의 일과 삶

우리나라는 사회 구조상 늦게 취업하고 일찍 퇴직한다. 여기서 문제가 발생한다. 생애 주기를 보면 20대 중후반에 직장에 들어가고, 30대에 결혼하고, 40대 중반에 가계경제의 흑자가 최대에 이르고, 50대 중후반에 주로 퇴직한다. 주된 직장 근무 기간이 30년 전후로 비교적 짧다. 그러다 보니 자녀교육, 결혼 등으로 비용지출이 많아지는 시기에 회사를 나온다. 60세가 되면 소득과 지출이 역전되어 가계 살림이 적자로 들어선다. 늦게 직장에 진입하고 일찍 퇴직하는 점과 자녀 관련 지출이 많은 사회구조가 만들어낸 현상이다.

그러므로 직장 이후에도 새로운 일자리를 찾아야 하는 구조이다. 직장 이후 새로운 일자리를 찾아야 하는 이유는 경제적인 측면만이 아니다. 100세 시대가 도래하고 있다. 의학의 발달로 평균수명이 길어져 퇴직 후 30년의 세월이 남아 있다. 직장 이후에도 새로운 일자리를 찾아야 하는 이유이다. 퇴직 이후 30년의 세월을 특별한 일이 없이 지낼 수는 없다. 자기 일이 없으면 정체성도 낮아지고 사회적 관계가 위축되기에 은퇴 이후에도 자신만의 일이 있어야 한다. 중년의 나이면 퇴직 이후 무엇을 하고 살 것인가를 준비해야 한다.

한때 사람들은 퇴직 후 가족들과 조용한 곳에서 편안한 노후를 보내려고 귀농하거나 전원주택지로 이사 가는 것이 유행이었다. 노후생활을 위해 조용한 시골 마을이나 도심 외곽에서 소일거리로 농사짓는 전원생활을 꿈꾸는 사람도 있다. 그러나 전원생활을 하던 많은 사람이 도시로 회귀하고 있다. 농촌지역은 인구감소로 사람이 줄어들고 있다. 사람이 없으니 일자리도 부족하고 사회적 관계 형성을 위한 인프라가 부족하다. 문화시설이 빈약하고 비상시에 꼭 필요한 양질의 의료시설이 부족하기 때문이다. 평균수명 연장으로 은퇴 이후에도 30년 이상의 시간을 보내야 하는데, 사람들이 많은 도심이 일할 기회도 많고, 사회적 관계를 맺으며 여가활동을 보내기도 편리한 것이 현실이다.

눈높이를 낮추어야 한다

퇴직 이후 재취업을 할 수도 있고 자신의 지식과 경험으로 창업하고 창직을 할 수도 있다. 직장 이후 새로운 일은 현직에 있을 때와 업무 성격도 다를 수 있고, 수입이 줄어들 것을 인지하고 마음의 준비를 해야 한다. 강도 높은 노동력이 필요한 일은 한계가 있지만 기술이나 자격증이 필요한 직무는 할 수 있다. 그러나 젊은 사람도 일자리를 구하기 어려운 현실이기에 눈높이를 낮추지 않으면 일자리 구하기가 쉽지 않다. 퇴직 이후의 일자리는 눈높이를 낮추어야 한다. 자격증이 있어야 하는 직무도 많다.

자격증을 취득하면 취업 가능성이 크다. 나이를 내려놓고 무엇이든 배울 수 있어야 한다. 직장 이후는 꼭 풀타임의 정규직을 찾기보다는 늘어나고 있는 계약직, 시간제 일자리, 프리랜서 등 사회봉사 활동과 연계된 일도 관심을 가져볼 만하다.

우리가 흔히 쓰는 말 중에 '알아야 면장을 한다'라는 말이 있다. 새로운 일을 시작하려면 공부하고 학습하기를 주저하면 안 된다. 젊은 친구들에게 배우는 것을 부끄러워할 필요도 없다. 나는 가끔 PPT 자료나 문서 작성하려면 막히는 일이 많다. 노트북을 펴고 끙끙대다가 우리 집 아이들을 불러 해결한다. 새로이 무엇을 시작하는 것은 항상 난관이 있다. 나이를 불문하고 배우기를 망설여서는 안 될 것이다. 자녀들한테도 배우고 후배에게도 배워야 한다.

과거의 급여 수준이나 직급도 내려놓아야 한다. 취업하려고 여러 곳에 제안해 보아도 대부분 연락이 오지 않는다. 잘 알고 있는 직장 선배 한 명은 100여 군데 취업 지원을 했는데 한 군데도 연락이 없다고 한다. 결국 도배 기술을 배워 가끔 도배하는 일을 한다.

안정적으로 오래 일할 수 있고 자기 적성과도 맞고 업무강도가 높지 않은 곳이 좋을 것이다. 자기 경력·취미 등을 기반으로 새로운 직업을 만드는 창직도 해볼 만한 일이다. 필요에 따라 여러 가지 일을 하는 N잡러(할 수 있는 모든 일을 하면서 소득을 올리는 사람)도 괜찮다. 예를 들어 한 분야에 전문지식과 경험이 있다면 강의, 출판, 상담, 컨설팅 등 여러 가지 일을 할 수 있다.

그러나 은퇴 전후 경력 재설계 및 직무 전환 교육 등 준비과정을 거치지 못한 중장년은 축적된 경험을 활용할 수 있는 양질의 일자리와 매칭되지 못하고 단순노동과 매칭되는 경우가 많다. 인생 이모작을 위해 자신만의 일자리를 구하여야 한다. 한편, 카페 + 책, 갤러리 + 휴식 공간, 식당 + 농수산물 판매, 스마트팜 + 유통 + 판 매 등 융복합과 참신한 아이디어로 창업을 하는 사람도 있다. 또한 사회공헌 일자리를 통하여 지속적인 사회참여 기회와 활력 있고 안정된 인생 후반기를 준비하는 것도 하나의 방법이다. 충분한 사전 준비가 되어있어야 한다.

한 가지 일에 눈을 뜨기 시작하면 또 다른 세상이 보인다

나의 재능은 무엇일까? 내가 하고 싶은 것은 무엇일까? 내가 잘하는 일과 좋아하는 일을 찾아보면 된다. 자신이 잘하고 좋아하는 일을 찾는 것은 의미 있고 새로운 길을 만든다. 자신이 관심 있는 특정 분야에 에너지를 집중하고 미리미리 준비하면, 은퇴 이후에 재취업이든 창업이든 얼마든지 자신의 자리를 만들 수 있다. 생각이 집중되면 에너지의 방향이 정해진다. 에너지가 흐르면 새로운 세상이 보인다. 한 가지 일에 눈을 뜨면 새롭게 보이는 것이 많다. 한길을 가다가 보면 무수히 많은 새로운 길들이 나타난다. 갈림길에서 선택과 포기의 연속이 인생의 길이다. 지혜로운 선택이 인생을 좌우한다. 그 정답은 잘하는 일과 좋아하는 일을 찾는 것이 아닐까 생각된다. 아는 만큼 보인다는 말을 실감한다. 전혀 관심 밖의 일도 조금씩 관심을 가지게 되면 새로운 세상을 접하게 되는 것이다.

정확한 목표 없이 이것저것 조금씩 맛만 보는 것보다 방향점을 잡아가기에 필요한 자격증을 취득하고, 관련된 공부와 경력을 쭉 쌓아 간다면 은퇴 이후에도 얼마든지 홀로서기가 가능하다. 자신이 잘 할 수 있고 좋아하는 일을 선택해서 집중하고 미리미리 준비해야 한다. 중년의 나이는 경험한 것도 많고, 쌓은 지식도 많다. 한 번쯤 잘하는 일과 좋아하는 일을 찾아보자. 정부 및 지자체에서도 중장년들의 관심과 경력을 고려하여 직업교육 아카데미를 운영하고 있다. 중장년 일자리센터, 50플러스재단, 고용복지센터, 노사발전재단 등에서 상담받고 도움을 받을 수 있다. 자기 적성이 무엇인지 어떤 직무가 적합한지 알아보고 검사해보는 것도 좋은 방법이다. 노사발전재단이나 고용복지센터를 통해 자신이 어떤 직무가 적성이 맞는지 파악하고 새로운 지식과 기술을 배우고 준비하는 것이 필요하다.

은퇴했거나 은퇴를 준비하는 5060 세대라면 빠르게 변화하는 세상에 적응하고 어떤 일을 하며 직장 이후를 살아갈까 진지하게 삶을 설계하여야 한다. 나는 퇴직 후 오피스텔로 출근하면서 책을 읽고, 운동하고, 글을 쓰고 강의하는 것으로 직장 이후를 계획했다. 그러다가 중장년 경력 컨설턴트에 관심을 가지게 되었다. 새로운 세계가 보이기 시작하여 중장년 생애설계, 일자리 지원, 창업지원, 심리상담 등으로 관심이 확장되었다. 새로운 세계가 그림으로 그려진다. 조금씩 관련 지식과 정보를 얻게 되어 지금은 집중적으로 공부 중이다. 새로운 분야에 도전하고 공부하는 것은 늘 설렌다.

은퇴 이후 유망한 일자리

직장인이면 누구든지 언젠가는 직장생활을 끝내고 퇴직한다. 건강관리와 의료기술의 발달로 평균수명이 길어져 퇴직 후에도 긴 세월이 기다리고 있다. 은퇴 이후 30여 년을 하는 일 없이 등산하고 여행만 다닐 수도 없다. 쉬는 것도 하루 이틀이지 매일 지속되면 지루하고 외로움에 시달린다. 일은 직업 그 이상의 가치를 준다. 사회적 관계 형성도 하고 삶의 보람을 느낄 수 있다. 종전의 실버세대들이 노년을 편안하게 보내기 위해 노화 예방을 하거나 건강관리에 집중했다면, 지금의 중장년들은 나이와 관계없이 어떻게 하면 오랫동안 일하면서 잘 늙어갈 수 있을까에 집중해야 한다. 물론 재취업을 할 것인가, 창업을 할 것 인가도 고려하여야겠지만 무엇보다 노후를 위해서는 어떤 일을 할 것인가가 더 중요하다.

제2의 삶을 설계하고 새로운 일을 찾아야 한다. 그러나 새로운 일거리를 찾는 데 여러 가지 어려움에 직면한다. 창업을 하려 해도 자본과 아이디어, 지식과 경험, 노하우가 있어야 한다. 취업을 하려고 해도 직무에 적합한 스펙과 자격이 있어야 한다. 그리고 결정적으로 나이라는 현실적인 벽에 부딪힌다. 대부분 직장에서 퇴직하는 나이인데 그 나이에 다시 취업하기가 쉽지 않다. 취업하기를 원한다면 눈높이를 많이 낮추어야 한다. 그리고 은퇴 이후의 직업은 오랫동안 할 수 있는 일을 찾는 것이 좋다.

한때 퇴직 후 치킨집이나 프랜차이즈 사업 등 자영업으로 나서는 사람이 많았다. 그러나 성공하는 사람보다 실패하는 사람이 많았다. 중년의 나이에 준비 없이 자기 사업을 시작하는 것보다는 공부하고 자격증을 따는 것도 좋은 방법이 될 수 있다. 아는 시인은 은행 퇴식 후 공인중개사 자격증을 따서 부동산 중개업을 하고 있다. 직장 선배 중에는 주택관리사 자격을 취득하고, 손해사정인 자격증을 딴 사람도 있다. 퇴직 후 1~2년을 투자하고 노년에 양질의 일자리를 갖는 것도 수지맞는 장사이다. 자격증을 따고 공부하는 것은 곧 자신에게 투자하는 것이다.

창업하려면 지식과 경험을 살려 정부, 지자체에서 지원하는 창업지원 프로그램을 신청해 보는 것도 좋은 방법이다. 스마트 팜, 6차산업, 도시농업, 융복합산업의 아이디어로 사업성 평가를 받고 지자체나 정부 지원을 받아 창업하거나 소자본으로 창업하는 것도 하나의 길이다. 또한 장애인, 다문화가족, 경단녀, 고령자 등 취약계층을 고용하여 지역사회에 기여하거나, 환경문제, 사회문제등 사회적 가치 실현을 목적으로 운영하는 사회적 기업에는 '사회적기업 육성법'에 따라 세금 면제와 인건비 등에서 여러 지원이 많다. 중장년들이 도전할만하다. 요즘은 소자본으로 무인 점포를 창업하는 사례도 많이 본다. 그러나 수익성은 검증해보아야 할 것이다.

인생 전반은 일 자체에 집중했다면 인생 후반은 여유 있게 시간을 활용하면서 할 수 있는 일이 적합하다. 자기가 시간을 통제할 수 있는 일을 하면 더욱 좋을 것이다. 현실적으로 쉽지 않더라도 목표는 그렇게 두어야 한다. 은퇴 후 중장년들이 할만한 일자리를 알아보자.

사회공헌 일자리

은퇴 이후에 많은 사람이 사회공헌을 하면서 일자리로 연결될 수 있는 직업을 선호한다. 사회공헌 일자리는 새로운 일을 하는데 징검다리가 될 수 있다. 사람들과 소통하고 사회공헌과 봉사활동을 하며 일과 연계될 수 있는 직업을 찾아보자. 숲 해설가, 녹색일자리, 노인 케어, 어린이 돌보미, 학교 환경강사 등은 전문성을 기르고 사회공헌을 할 수 있는 일자리다.

유튜버 등 1인 크리에이터

유튜버 등 1인 크리에이터는 인터넷 플랫폼에 다양한 장르의 영상을 올리는 개인방송인이다. 유튜버는 젊은 사람의 전유물이 아니다. 중장년 퇴직자들도 다양한 인생 경험과 노하우로 여행, 건강, 역사, 문화, 경제, 삶의 지혜 등 다양한 장르에서 활동하고 있다. 간단한 장비만 있으면 가능하고 콘텐츠만 충분하면 중장년 시니어들이 하기에 적합한 일이다. 이러한 현상을 반영하여 개인방송에 대한 강좌를 요청하는 시니어들이 늘고 있다고 한다. 지자체별로 시니어들이 직접 유튜버가 될 수 있는 크리에이터 양성프로그램을 운영하고 있다.

펫 시터, 반려동물 산책전문가

2021년 말 기준 우리나라 반려동물 양육인구는 1,500만 명으로 국민의 약 29.9%가 반려동물을 키우고 있다고 한다. 반려동물을 가족같이 생각하는 사람들이 늘고 있고 반려동물에 투자를 아끼지 않는다. 펫 시터는 보호자를 대신해 반려동물을 돌보아 주는 사람을 말한다. 반려동물 보호자가 급한 일이 생겼을 때 안심하고 반려동물을 맡길 수 있는 서비스 산업이다. 펫 시터는 성별, 학력, 경력 등이 무관하며 반려동물을 키워본 경험이 있는 사람이라면 누구나 도전해 볼 수 있다. 펫 시터로서 경쟁력과 전문성을 갖추기 위해서는 반려동물 관리사 자격증에 도전해 보는 것도 좋은 선택이 될 수 있다.

직업상담, 컨설팅분야

중장년의 직장생활과 사회 경험을 살려 직업상담사, 커리어 컨설턴트,

은퇴코치노년플래너, 창직컨설턴트, 귀농·귀촌컨설턴트, 퍼실리테이터 등도 관심을 둘 만한 직업이다. 퍼실리테이터는 회의나 교육 등의 진행이 원활하게 이루어지게 돕는 역할을 하는 사람이다. 퍼실리테이터는 조직체의 역량개발, 문제해결, 갈등관리, 정책 수립 등을 지원하기 위하여 의뢰자의 니즈를 파악하고 구성원의 의견을 반영하여 최적의 해결책을 제시한다. 사람들 사이에서 소통과 협력이 활발하게 일어나 시너지가 생기도록 도와주는 것이 퍼실리테이터의 역할이다

사회복지사, 유품정리사

사회복지사는 AI, 기계가 대체할 수 없는 직업으로 아동, 청소년, 노인, 여성, 장애인 등 우리 사회에 밀접한 관련이 있는 분야에서 일할 수 있다. 사회복지기관뿐만이 아니다. 향후 취업처가 넓어질 수 있다. 유품정리사는 유족 및 의뢰인을 대신하여 고인의 유품 재산을 정리하고, 현금, 유가증권 등 귀중품은 상속자에게 전달하고 각종 가재도구는 의뢰인의 뜻에 따라 매각하거나 유족에게 전달하는 직업이다. 1인 가구 증가에 따라 유품정리 관련 수요가 늘 수 있다.

바리스타

우리나라는 성인 1인당 커피 소비량이 연간 377잔으로 하루평균 1.5잔에 달한다. 이는 세계 6위에 해당한다. 엄청난 커피 소비국이다. 집 밖으로 나가면 온통 커피숍이다. 바리스타는 이탈리아어로 '바 안에서 만드는 사람'이라는 뜻이다. 칵테일을 만드는 '바텐더'와 구별해서 주로 커피를 만드는 전문가를 말한다. 바리스타는 좋은 원두를 선택하고 커피머신을 완벽하게 활용하여 고객의 입맛에 만족을 주는 커피를 만들어내는 직업이다. 커피 시장의 활성화로 시니어 바리스타에 대한 사회적 인식도 좋아지고 있다. 지자체나 복지센터 등에서 바리스타 배출과 고용이 증가할 것이다.

장례, 웰다잉 분야 / 돌봄분야

기존 장례지도사, 유품정리사 뿐만 아니라 디지털 장례, 수목장 등 변화하는 장례문화에 따라 새로운 직업들이 나타나고 있다. 돌봄 분야도 은퇴 세대들에게 적합한 직무라고 한다. 인지건강지도사, 사회복지사, 요양보호사, 간병인 등 노인 복지분야의 수요는 꾸준히 늘어난다. 특히 고령화가 가속화되면서 복지센터 운영, 노인 돌보미 등 실버산업에 중장년층이 관심을 가질만 하다.

창업시장

창업은 오프라인보다는 온라인 창업이 대세일 것이다. 그중에서도 중년들에게 적합한 분야는 지식창업이다. 그동안 사회와 직장에서 쌓은 자신의 노하우가 있으면 경쟁력이 있다. 시니어가 가지고 있는 지식과 네트워크가 좋은 무기가 된다. 최근 많은 중장년이 오토매장(노동력 투입 없이 소수의 직원으로 자동 운영되는 매장) 무인 창업에도 뛰어들고 있다. 내가 사는 집 주변에도 무인 커피점, 무인 편의점이 있다. 수익이 나오는지 따져봐야 한다. 1인 지식창업은 자기 경험과 노하우를 녹인 창업이 많아질 것이다. 자신을 브랜딩 할 수 있고 시간도 자유롭다. 시간을 투자하여 인지도를 높여야 수익모델이 생길 것이다.

그외 은퇴 후 일자리

협동조합 운영자, 오픈마켓 판매자, 기술경영컨설턴트, 창업보육매니저, 귀촌귀농 플래너, 스마트팜 운영자, 도시민박 운영, 공정무역전문가, 인성교육강사, 마을재생활동가, 도시농업 활동가, 목공기술자, 숲해설가, 문화재해설사, 웃음치료사, 생활코치, 노년플래너, 이혼상담사, 산림치유지도사, 기업재난관리자, 주택임대사업자, 3D프린터운영전문가 등이다.

인생의 후반전 어른의 길

　인생의 전반전을 치열하게 달려왔다. 쉴 틈도 없이 앞만 보고 달려온 세월이다. 어느덧 인생의 반환점을 돌게 되면 여러 가지 생각들이 머릿속을 맴돌게 된다. 내가 이루어 놓은 것도 없는데 벌써 반환점을 돌고 하산할 준비를 하여야 한다는 말인가? 가끔 이런 생각에 우울해지기도 한다. 거울을 보면서 주름이 눈에 들어오고 '어느새 내가 이렇게 나이가 들었단 말인가?'하고 고뇌하게 된다. 시간은 화살과도 같아서 나이가 들수록 빨리 지나가는 것이다.

　나이가 들어가는 것을 슬퍼하거나 노여워할 필요는 없다. 나이가 드는 것은 어느 유행가 가사처럼 '늙어가는 것이 아니라 익어가는 것이다'. 봄, 여름, 가을, 겨울이 각기 제철의 맛과 풍류가 있듯이 녹음방초(綠陰芳草)의 여름을 지낸 가을은 그 나름 멋있는 계절이다. 빨갛게 달린 감과 알록달록 단풍같이 가을은 아름답고 여유가 있는 계절이다. 인생의 후반전을 은은한 가을같이 여러 가지 색깔로 채색하고 꾸며보자. 인생의 가을은 먼저 자신만의 고유한 빛깔을 품어야 한다. 빨갛고 노랗게 물든 가을 단풍은 산수를 아름다운 풍경으로 만들어 세상을 비춘다.

나만의 가치관을 만들자

20~30대는 열정으로 달려왔고 40대는 치열하게 달려오느라고 돌아보지 못했다. 인생과 삶의 가치에 대해서 생각해 보지 못했다. 후반전의 인생은 어떤 삶이 잘 사는 삶이고 어떻게 살아야 하는지 사색하고 자신의 가치관을 정립해야 한다. 그동안 달려오면서 경험한 수많은 사건에서 시행착오도 겪으며 지혜가 생겼다. 이제는 세상을 조금 알 나이가 된 것이다. 나만의 가치관을 만들고 인생철학을 만들자.

은은한 노포의 진국처럼….

한번 지나가면 돌아오지 않는 인생길이다. 지금부터는 자기만의 고유한 맛을 세상에 선보이자. 오래도록 가마솥에 끓인 국물은 맛도 좋지만, 그 여운이 길게 남는다. 노포의 손맛이 우러나는 진국처럼 은은하면서 담백함이 느껴지는 국물같은 어른이 되자. 그런 국물은 사람들이 입맛이 없을 때 찾는 국물이다. 어려움에 부닥친 후배나 가족들이 힘이 들 때 찾아오는 선배가 되면 되는 것이다. 노포의 진국은 요란하게 홍보하지 않아도 사람들이 찾아온다. 진정한 어른은 아랫사람이라고 가르치려 해서도 안 된다. 존중하고 공감해주고 경청해 주는 사람이 어른이다. 그 사람을 위해 진정한 멘토가 되어주면 되는 것이다. 향기 있는 꽃에 벌이 모이듯이 인품이 좋고 지혜가 있으면 사람이 모이기 마련이다. 인생 후반은 누군가의 버팀목이 되어줄 수 있어야 한다.

  그러기 위해서는 항상 독서하고 공부해야 한다. 자기 자신을 수양하고 인생의 가치관을 정립하고 있어야 한다. 늙는다는 것은 더 이상 배우지 않는다는 것이다. 끊임없이 배워야 한다. 나이는 숫자에 불과하다. 나이가 들어도 항상 공부하고 생각이 깨어 있으면 젊은 것이고 나이가 어려도 배우지 않고 생각이 닫혀 있으면 노인이다. 나이가 들어가면서도 유연하고 세상을 바라보는 안목이 있는 사람이 어른 대접을 받는다.

꼰대가 되지 말자

  흔히 자기주장이 강하고 상대방 이야기를 잘 듣지 않는 중년들을 꼰대라고 한다. '라떼는 말이야' 하면서 후배들을 가르치려 하고 본인의 방식대로 고집한다. 예전 이야기를 자주하고 단단한 나무처럼 다른 사람의 의견을 잘 수용하지 않는다. 이런 사람은 전형적인 꼰대이다. 세상은 급격하게 바뀌고 있다. 생각의 속도는 시간의 속도보다 훨씬 빠르게 변한다. 과거 100년 동안의 변화가 지금은 1년 이내에 바뀌는 세상이다. 수십 년 전의 상황과 지금의 상황은 완전히 다르다. '호랑이 담배 피울 적에' 옛날 이야기 듣던 세상과 전 세계가 하나 같이 돌아가는 지금은 완전히 다른 세상이다. 그때는 맞고 지금은 틀릴 수 있다. 모든 상황은 맥락이 있다.

  나이 들어 경험치가 많다고 이래저래 가르치려 하면 사람들이 싫어한다. 꼰대 소리를 듣기 십상이다. 공감해주고 지지해주며 상담해주면 된다. 냇가의 어린 버드나무 가지는 유연하다. 반면, 들판의 단단한 나무는 뻣뻣해서 잘 부러진다. 나이가 들수록 생각이 고정되고 유연성이 떨어질 수 있다. 의도적으로 몸을 스트레칭하고 근육을 유연하게 하듯이 생각도 스트레칭하고 사고도 유연하게 해야 한다. 그러기 위해서는 젊은 사람들의 이야기도 잘 수렴하고 경청해야 한다. 새로운 것을 잘 수용하는 자세와 유연한 사고를 하자. 유연한 사고에 도움이 되는 것은 다양한 독서이다. 책을 읽고 사색하면 생각의 근육이 커진다.

후반전은 속도보다는 방향성이다

인생의 전반을 살아오면서 시행착오도 겪었고 경험한 것도 많다. 인생 전반기의 경험과 지혜를 녹여 후반전의 삶을 계획하자. 중요한 것은 후반전은 속도보다는 여유 있게 방향성을 잘 설정하는 것이다. 인생의 전반을 앞만 보고 전속력으로 달렸다면 후반은 천천히 달리며 주변 경치도 보면서 좋은 길을 골라가며 달려가는 것이다. 아름다운 들꽃의 향기와 맑은 공기를 마시고 저녁노을이 지는 경치도 바라보며 달리자. 천천히 달리는 길은 여유로움과 운치가 있는 길이다. 정상을 밟기 위해 힘들게 산에 올라갔다면 내려올 때는 멀리 보이는 산수의 경치와 운무의 이동을 벗하며 천천히 하산하자. 인생의 후반전은 속도가 아니다. 방향성을 잘 설정하고 의미 있는 삶을 설계하여야 한다. 전반전을 달려오면서 겪었던 일들에서 지혜를 배우고 어떻게 사는 것이 진정 행복한 삶이고, 의미 있는 삶인지 깨닫고 나아가는 길이다.

한 번뿐인 인생의 여정에 방향성을 잘 설정해야 한다

일을 구하더라도 돈보다는 일의 가치를 찾자. 하고 싶었던 일, 잘 할 수 있는 일, 보람을 얻을 수 있는 일을 찾자. 스스로 만족하는 일이 좋을 것이다. 어느 자리에서 어떤 일을 하더라도 빛나는 자리가 될 것이다. 내가 자주 가는 중국음식점에는 머리가 희끗희끗하신 어르신분들이 중식 시간에 서빙을 한다. 까만 양복에 흰 와이셔츠에 나비넥타이를 하신 은발 어르신의 서빙은 품격이 느껴진다. 집에서 할 일 없이 지내는 어르신도 많은데 그분들을 보면 존경심이 우러나온다. 후반전은 사람을 사귀어도 향기 나는 사람과 사귀자. 후반전에는 내게 돈이 많은 사람도 필요 없고 권력이 대단한 사람도 필요 없다. 큰돈을 벌려고 사업을 하는 게 아니라면 그런 사람은 필요가 없다. 이제는 인생의 의미를 알고 동행할 사람이 필요하다.

즐거움을 찾아 나서자

행복을 찾기 위해서는 먼저 즐거움을 찾아 나서야 한다. 즐거움을 찾는 방법은 엔도르핀이 솟아나는 일을 찾는 것이다. 자기가 좋아하는 일을 찾아 나서고 매일매일 일상에서 벗어나 새로운 일에 관심을 가져야 한다. 운동도 하고 취미생활도 하자. 봉사활동도 하며 삶의 보람을 찾자. 우리 동네에 나이가 많은 어른들의 경우만 보아도 같은 나이라도 외모는 현격히 차이가 난다. 취미생활을 하고 운동하고 봉사활동을 하는 사람은 집에서 나이 드는 것을 푸념하는 사람들과는 외모가 현저히 다르고 젊고 활기차게 보인다. 이처럼 막연히 행복을 좇기 이전에 자신에게 즐거움을 주는 일에 몰두하는 것이 즐겁고 잘 사는 인생이다. 103세의 철학자 김형석 교수는 인생에서 60세부터 85세까지가 가장 행복한 시기였다고 한다. 즐겁고 재미난 일을 찾아 나서자.

행복한 노후를 위한 생애설계
[일, 재무, 여가, 건강, 관계]

　통계청이 발표한 '2021년 생명표'에 따르면 우리나라 남성의 평균수명은 80.6세, 여성은 86.6세라고 한다. 매년 평균수명이 조금씩 늘어나는 추세이다. 평균수명 83.6세 시대이다. 우리는 과거보다 엄청난 시간을 선물로 받았다. 그러나 우리의 노후는 준비 정도에 따라 행복하게 보낼 수도, 불행하게 보낼 수도 있다. 행복한 노후를 보내는 축복은 그냥 오지 않는다.

　근심·걱정이 가득하고, 질병으로 고통받고, 외로움에 시달리면 오래 사는 것이 고통일 수 있다. 경제적으로 미흡한 은퇴는 노후 빈곤과 불행의 원인이 된다. 하는 일이 없어 활력 없이 보내는 노후생활은 지루한 하루하루로 이어진다. 건강하지 않아 병원 신세를 지고 있으면 수명 연장은 자칫 재앙이 될 수 있다. 건강해야 행복한 노후를 보낼 수 있다. 준비 없는 고령화는 걱정과 불행의 그늘로 가득할 수 있다. 축복된 노후를 위해서는 준비가 되어있어야 한다.

노후의 행복을 위해서는 긍정적 마음을 가져야 하고, 몰입할 수 있는 일거리를 찾으며, 끈끈한 인간관계를 만드는 삶이 필요하다. 100세 시대를 건강하고 행복하게 살아가려면 노후의 항해도, 생애 설계를 미리 계획하고 준비하여야 한다. 생애 설계는 활기찬 인생 후반기를 보내고, 남은 생애 시간을 효율적으로 관리하면서 원하는 삶을 추구하는 데 꼭 필요하다. 미래에 대한 불안을 감소시키고 남은 생애 전체를 준비하기 위한 과정이다.

노후 준비 영역을 재무적 노후 준비, 비재무적 노후 준비로 구분할 수 있다. 재무적 노후 준비는 소득 활동, 다층 연금수령, 안정적인 자산이다. 비재무적 노후 준비는 삶의 보람을 찾는 데 초점을 맞춘 풍성한 대인관계, 취미·봉사 등 다양한 활동을 꼽을 수 있다. 노후 건강을 위해서는 육체적 건강은 물론 정신적 건강도 필요하다. 행복한 노후를 위해서 [일, 재무, 여가, 관계, 건강]에 관심을 가지고 준비하자.

노후에도 일이 있어야 한다

자영업으로 먹고살 만한 돈을 벌고 현역에서 퇴직한 친척분이 있다. 경제적인 여유가 있어 해외여행도 자주 가고 매일같이 걷고 등산하러 다닌다고 한다. 먹고살 만해서 일을 그만두었지만, 지금은 후회한다. 하던 일을 그만두니 활력이 없어지고 무료하게 보내는 시간이 지겹다고 한다. 매일 등산하고 가끔 스크린 골프를 치고 지내는데 영 사람 사는 재미가 없다고 한다. 할 일이 없으니 사람들과 관계도 멀어지고 무료하게 지낸다. 일을 그만두면 편하고 좋을 것 같았지만, 하는 일이 없으니 멍해지고 일과 사람 관계에서도 감각이 떨어지고 자신감이 떨어진다.

노후에도 일이 있어야 한다. 젊은 시절 일자리는 먹고사는 일, 경제적인 면의 비중이 크지만, 은퇴 후의 일자리는 경제적인 수입 이외에 보람을 얻을 수 있고, 사회적 관계 형성을 할 수 있는 기초가 된다. 100세 시대에 퇴직 후 30년 세월을 하는 일 없이 집에서 지내든지 매일 등산만 하고 있다면 불행한 일이다. 일을 하면 보람을 얻을 수 있고 건강을 지킬 수 있다. 일을 통해서 사람들과 관계도 맺고 일상의 활력을 얻을 수 있다. 젊은 시절 같지는 않지만, 경제적인 수입으로 취미생활을 하고, 하고 싶은 일을 할 수 있는 기초가 된다.

직장생활 동안 한 분야의 일만 오랫동안 하게 되면 퇴직해서는 무엇을 해야 할지 막막하다. 그러나 세상은 넓고 할 일은 많다. 자신의 관심 분야에 대하여 에너지를 집중하면 새로운 세상이 보이게 된다. 관심을 두고 공부하면 조금씩 조금씩 알게 되고, 그림이 그려지고 그 분야가 보이기 시작한다. 시작이 반이라고 한다.

직장생활하면서 직급이 올라가면 지시하는 일이 많고, 기본적인 일도 부하직원이 도와줄 때가 많다. 스스로 하는 일이 그리 많지 않다. 그러나 퇴직을 하면 모든 일을 스스로 해야 한다. 특히 고위직으로 일하며 참모 · 비서 조직에 기대어 문서 하나도 만들지 않고 생활하다가 퇴직하면, 갑자기 혼자서 모든 일을 해야 한다는 점에 어려움을 겪는다. 따라서 아무리 자신이 고위직이라도 영원한 현직은 없기에 퇴직 후 스스로 각자도 생할 자기계발은 평소 해두어야 한다. 그런 준비 없이 퇴직 후 황야에 서면, 스스로 할 수 있는 일이 없어지고 여러 가지 어려움에 봉착한다. 퇴직 전의 자세로 사회생활을 하면 인간관계가 단절되고 우울해지기 쉽다. 조직 내에서 무언가하고 있을 때부터 자신의 역량을 키우는 자세가 필요하다.

노후의 재무관리

가까운 친척 중에 한 분은 노후에 편안한 생활을 위해 10여 년 전 서울 근교에 상가를 샀다. 7~8억 원을 주고 상가에 투자하여 월세를 받으며 살아가겠다고 했다. 그러나 그 상가는 주변 상권이 바뀌면서 인적이 드물어졌다. 인근에 큰 건물이 들어오면서 상가 가격은 반값으로 급락하고 임대수익도 기대하던 수준의 1/3로 떨어졌다. 10여 년이 지났지만, 상가 가격은 매입가의 반값이다. 속 태우는 모습을 보면 안타까울 뿐이다. 부동산 가격이 오를 것 같은 기대로 상가투자를 하였다가, 시장 상황 변화로 부동산 가격은 내려가고 임대는 나가지 않아 가슴앓이하는 사람들을 의외로 많이 본다.

은퇴 이후에는 자산의 현금화가 필요하다. 강남에 수십억 하는 아파트를 가지고 있어도 당장 필요한 현금이 없는 사람은 가난한 사람이다. 부동산을 소유하면서 재산세, 종부세, 토지세, 관리비 등 각종 세금을 부담할 여력이 안 되어 쩔쩔매는 사람도 있다. 퇴직금을 주식투자를 한다든지 부동산을 사는데 몰빵하여 노후생활이 어려워지는 사람도 있다. 주가는 살 때보다 반 토막이 나서 손해 본 상태로 팔 수도 없다. 부동산 가격이 폭락하여 마냥 오르기만 기다리는 사람도 있다. 어렵게 일군 자산을 한순간에 잃어버리는 순간의 우를 범하지 말아야 한다.

퇴직금은 연금화하든지 안전하게 운용하여야 한다. 연금상품에 가입하는 것도 좋은 방법이다. 자칫 사기나 엉뚱한 투자로 인한 자산손실의 위험을 피할 수 있기 때문이다. 매월 일정한 생활비가 나올 수 있도록 자산을 운영하는 것이 중요하다. 노후에는 현금자산이 필요하다. 수십억의 자산이 있어도 쓸 수 있는 돈이 없으면 가난한 사람이 되는 것이다. 금융상품도 월이자 지급식으로 가입하고 주택도 연금화해야 한다. 큰돈을 가지고 있는 것보다 매달 생활비가 나오게 만들어 놓는 것이 바람직하다.

노후에는 집 한 채보다는 현금 흐름이 나오는 연금이 중요하다. 국민연금, 퇴직연금, 개인연금 등 3층 연금으로 노후의 월급인 연금을 준비해야 한다. 은퇴 후 기본생활이 유지되도록 하려면 공적연금, 퇴직연금, 개인연금 등 다층적 소득보장체계를 마련해야 한다. 우리나라는 국민연금 등 공적 연금제도가 선진국에 비해 늦게 도입되고, 급여 수준도 낮으므로 퇴직연금과 개인연금 등으로 보완해야 한다.

자녀의 어려운 사정에 자녀 사업자금, 주택구매자금 등에 목돈을 지출했다가 노후생활이 어려워지는 경우도 종종 있다. 연금화를 해두면 안전하다. 또한, 나이가 들어가면서 점점 의료비 지출이 늘어난다. 노후생활에 가장 부담스러운 부분이 의료비 지출이다. 한 살이라도 젊었을 때 실손의료보험 등 보험에 가입하면 안전하다. 은퇴자산을 안전하게 지키는 자산관리 또한 중요하다. 특히 노후에는 큰 손실을 만회할 기회가 주어지지 않으므로 안정성에 유의하고, 긴급한 상황에 대비하여 현금화할 수 있도록 유동성을 확보해 놓아야 한다.

몰입할 수 있는 여가 활동

다양한 여가 활동 등으로 삶의 보람과 의미를 찾는 것 역시 필요하다. 노후의 길고 긴 시간을 TV 시청이나 등산만으로 보낼 수 없다. 취미활동, 문화생활, 자원봉사활동을 하면 성취감을 느끼고 다른 사람들과 함께 어울리는 관계망도 한껏 넓힐 수 있다. 40세~65세를 대상으로 한 삶의 만족도 조사 연구에 의하면 여가를 만족하게 보낼수록 행복도가 높고, 잠도 잘 자고 신체적으로 건강한 것으로 나타났다. 하버드대학에서도 학생의 일생을 연구한 결과 여가 활동은 은퇴 이후 행복한 삶을 만들어 가는데 중요한 요소였다. 은퇴 이후 놀이와 여가를 즐기는 노인들은 새로운 관계를 맺으며 자존감을 지켜나갈 수 있었고, 이를 통해 더욱 충만하고 열정적인 삶을 살아갔다.

여가는 낭비하는 시간이 아니라, 행복과 건강을 위한 투자이다. 건강하고 행복한 삶을 위해서는 등산, 악기, 운동, 여행 등 적극적인 여가 활동이 필요하다. 단순한 휴식이 아니라 몸도 마음도 다시 살아날 수 있는 여가 활동을 찾아보고, 그것에 푹 빠져보고 몰입을 경험해 보자. 여가, 취미 활동을 하면서 시간을 어떻게 재미있게 보낼 것인가를 미리 고민하고 준비해야 한다.

건강한 노후

행복한 노후는 건강이 뒷받침돼야 한다. 건강하기 위해서는 몸을 관리하고 운동하여야 한다. 또한 건강한 음식을 먹고 규칙적인 생활을 해야 한다. 매일 1시간 이상 걷든지, 피트니스센터에서 체력단련을 하든지 운동은 필수이다. 사람은 움직여야 활력이 생기고 에너지가 생긴다. 특히 노후에는 근육 손실이 크기 때문에 근육운동을 하여야 한다. 나이가 들어서는 근육량의 손실이 두드러지는 근감소증이 발생할 수 있다. 근육량은 전신 건강에 미치는 영향이 큰 만큼 잘 관리해야 한다. 근육량이 감소하면 낙상 같은 부상 위험이 증가하게 된다. 근육량 저하는 기초대사량을 낮아지게 만들어 내장비만을 일으키고 만성질환을 유발할 수 있다.

중년 이후부터는 올바른 생활 습관이 중요하다. 건강한 생활 습관을 위해서는 금연, 절주, 체중감량, 싱겁게 먹기 등이 필요하다고 의사들은 말한다. 중년의 나이부터는 혈관 건강이 중요해진다. 혈관 건강이 중요한 이유는 고혈압, 당뇨병, 고지혈증 등으로 대사증후군이 발생할 뿐만 아니라, 이들로 인해 뇌경색, 심장질환 등 중증질환이 파생되기 때문이다. 물론, 유전적인 요인도 있지만 잘 관리하면 발병 시기를 늦추는 것만으로도 수명이 길어진다. 생활 습관 개선의 시작은 거창할 필요도 없다. 일상에서 활동량을 늘리고 대중교통을 이용하고 계단을 이용해 걷고, 두세 정거장은 미리 내려 걸어가는 등 생활 습관을 바꾸면 된다.

마지막으로, 늙어가는 것에 대한 수용적 마음가짐이 중요하다. 늙어가는 것은 익어가는 것이고 인생의 지혜를 얻고 자기 삶을 정리할 수 있는 과정이다. 인생을 되돌아볼 수 있는 여유와 웰다잉의 준비도 할 수 있다. 노화를 자연스러운 과정으로 받아들이고, 긍정적 마음, 스트레스 관리, 적정한 운동, 건강한 식생활 습관, 정기적인 건강검진 등을 통해 건강을 유지할 필요가 있다. 나아가 아름다운 이별을 위해 죽음 준비 교육을 받고, 자신의 장례와 유산 정리 등에 대한 엔딩노트를 미리 작성해 놓는 여유도 필요하다.

노후의 사회적 관계

대만의 한 시사잡지에서 '미래의 노후'라는 주제로 영화를 기획했는데 많은 네티즌의 공감을 샀다고 한다. 영화는 산속에 사는 한 노인의 이야기다. 네 명의 자식들 모두 장성해 교수가 되고 해외에 나가 사업을 하는 등 출세를 했다. 하지만 노인은 자식들이 모두 떠난 시골에서 혼자 살아간다. 그러던 어느 날, 아들과 손자가 멀리서 찾아온다는 소식에 정성껏 맛있는 음식을 준비한다. 하지만 곧이어 오지 못한다는 전화를 받게 되고, 준비했던 음식들은 주인을 잃고 만다. 이때 창밖의 하늘마저 우중

충해지고 노인은 친구를 불러 함께 식사할 계획을 세운다. 하지만 누렇게 색이 바랜 수첩을 한참 뒤적거려도 함께 식사할 친구를 찾지 못한다. 창 밖에는 비가 쏟아져 내리고 결국 노인은 집안에서 홀로 음식을 먹는다. 마지막에는 '인생의 20년을 함께 할 친구가 있습니까?' 자막이 흐른다.

이 영화에서 시사하는 바와 같이 외롭지 않게 살아가기 위해서는 함께 할 친구가 있어야 한다. 사람의 행복도에 가장 큰 영향을 미치는 것이 인간관계이나. 인간관계가 세대로 형성되지 못해 외로움을 겪고 우울증을 앓는 사람이 많다. 은퇴 후에는 든든한 사회적 관계가 절실하다. 은퇴하고 나면 직장을 중심으로 한 공적 관계망이 점차 사라지고, 친구, 동창 등 친밀한 사람과 가족, 이웃 등으로 관계망이 줄어든다. 친구나 지역사회 공동체를 기반으로 한 취미 봉사활동 등으로 사회적 관계 형성을 통해 외로움을 극복할 수 있다. 나이가 들어서는 노후를 같이 즐길 수 있는 친구들을 만들어가는 관계의 다이어트가 필요하다.

노후의 친구는 가까이서 자주 만날 수 있어야 하고 같은 취미나 종교생활을 하면 좋고, 생활 수준이나 생각이 비슷하면 더더욱 좋을 것이다 "우리는 누구나 남이 나를 좋아하기를 바란다. 자신이 뛰어난 지식을 자랑하는 듯한 인상을 주는 태도는 결코 남의 호감을 얻지 못한다. 남이 나를 좋아하게 하는 비결은 상대의 기분을 유쾌하게 해주는 점에 있다"라는 '로렌스 굴드'의 명언을 새겨볼 만하다. 은퇴 후 원활한 인간관계를 위해서는 먼저 베풀고 상대를 좋아해야 하는 것이다. 남들에게 받기 전에 먼저 베풀면 되돌아온다. 뿌린 만큼 되돌아오는 게 세상사다. 고위직으로 은퇴한 사람일수록 받는 것에만 익숙하고 베풀 줄 몰라서 말년에 고독해진 경우가 많다고 한다. 먼저 베풀어야 되돌아오는 것이다.

노후의 인간관계는 이익부터 따지지 말아야 한다. 노후의 인간관계에서 얻고자 하는 것은 물질적 이익이 아니라 감정과 소통의 나눔이다. 은퇴 이후에는 이익을 따지지 말고 사람을 사귀어야 한다. 나에게 이익이 되지 않는다고 외면하면 제대로 된 인간관계를 맺을 수 없다.

또 하나는 나이가 들어도 성실한 자세와 품격과 매력이 있어야 한다. 품격이 있고 매력이 있으면 사람들이 자신을 좋아한다. 나이가 들어도 깔끔한 옷차림과 매너가 있고 품격이 있으면 사람들에게 호감을 산다. 눈에 보이지 않지만, 지식과 교양은 매력 포인트다. 자기 자신을 매력 넘치는 사람으로 가꾼다면 특별한 노력 없이도 사람들과 좋은 관계가 형성된다. 결국 노후의 인간관계의 핵심은 자기 스스로 품격을 지니고 내가 먼저 베풀어주고 상대방을 좋아하고 인정하는 것일 것이다.

노후의 부부관계

과거에 일본에서 황혼이혼이 많았지만, 우리나라에서도 퇴직 이후 황혼이혼이 늘어나고 있다. 최근에는 졸혼도 늘어나고 있다. 졸혼은 결혼을 졸업한다는 뜻이다. 혼인 관계는 유지하고 각자 간섭하지 않고 따로 산다고 한다. 황혼이혼을 하면 외로운 노년을 보낼 가능성이 커진다. 평생 열심히 앞만 보고 달려왔는데 인생 황혼기에 잃어버린 동반자의 빈자리는 크다. 만약의 일이 생겼을 때 의지할 존재가 없어진다. 시기적으로 퇴직과 겹치게 되면 급격한 삶의 변화를 겪을 수밖에 없고 모든 것에 실패했다는 허무감과 우울감에 휩싸이기 쉽다. 살림 경험이 없는 남성이라면 혼자서 생활을 유지하는 것도 부담스럽다. 건강관리에 게을러지거나 삶의 동력을 잃기 쉽고 우울증에 빠지기 쉽다고 전문가들은 이야기한다.

　은퇴 이후 할 일 없이 집안에서 가사는 전혀 돕지 않고 아내와 자식에게 간섭하고 아내의 외부 활동을 제한하면 갈등이 시작된다. 퇴직 이후의 삶에 대한 별다른 준비 없이 거실 소파를 장악하고 TV나 신문만 보는 남편들은 쓰레기처럼 대해질 수 있다. 이런 은퇴 남편을 일컬어 삼식이(세끼 모두 집에서 먹는 남편)라고 한다. 일본에서는 젖은 낙엽족 (낙엽이 비에 젖어 잘 쓸리지 않는 상태를 빗댄 말. 귀찮게 방해만 되는 남편을 일컬음)이라고 한다. 일밖에 모르던 가부장적 남편이 은퇴 후 집에만 머물자 스트레스를 받은 아내들이 각종 질환에 시달린다. 그 증세는 심한 경우 우울증, 불안증, 불면증, 위장병으로 발전한다.

　가장 큰 노후대책은 배우자와의 좋은 관계이다. 아무리 친한 친구가 많아도 내가 병으로 몸져눕게 된다면 곁에서 보살펴 줄 사람은 결국 배우자이다. 하지만 좋은 관계는 어느 날 갑자기 이루어지지 않는다. 준비와 노력이 필요하다. 노후의 재앙, 황혼이혼을 피하려면 스스로 변화하고 가족, 특히 배우자와 평소에 돈독한 인간관계를 쌓기 위해 노력해야 한다.

유한한 삶과 지금(Now), 여기(Here)

　우리의 삶은 유한하다. 세상에 존재하는 모든 생명체는 유한한 시간을 살고 종말을 맞이한다. 유기체는 하늘이 정해준 시간 동안 지구촌에서 살다가 생을 마감한다. 들판에 서 있는 나무와 숲, 산짐승과 하늘에 떠다니는 새도, 물속의 고기와 바다의 왕 고래도 예외는 없다. 생명체는 환경의 변화에 따라 새로운 종들이 생겨나기도 하고 변화하기도 하지만, 예외 없이 환경변화나 시간이 지남에 따라 퇴화하여 지구에서 사라진다. 사람도 누구나 예외 없이 생로병사의 과정을 겪고 한 줌의 흙으로 돌아간다. 물론 의학의 발달과 건강관리로 긴 세월 장수하며 왕성하게 활동하는 사람도 있다. 그러나 지금은 건강하더라도 세월이 흐르면 신체기능이 점점 퇴화하여 어느 순간 기력을 잃고 생을 마감한다.

　최근 뉴스를 장식하고 있는 사건·사고들을 보면서 다시 한번 삶에 대해서 생각하게 된다. 얼마 전 일본에서 아베 신조 전 일본 총리가 참의원 선거유세 도중에 한 고독한 청년이 쏜 총에 목숨을 잃었다. 8년이라는 기간 동안 일본을 대표하는 총리로서 왕성한 활동을 하고 우리에게도 친숙한 이름이어서 충격적이다. 총을 쏜 청년은 착하고 얌전한 학창 시절을 보냈으나 힘든 시기를 거치면서 사회에 적응하지 못한 것으로 알려졌다. 자신이 그렇게 된 원인을 외부로 돌리고 처참한 테러를 저질렀다.

우리나라에서도 깜짝 놀랄만한 뉴스들이 신문 지면을 종종 장식한다. 우리나라를 대표하는 전직 대통령, 시장, 유명정치인들이 한순간 생을 포기하는 과정을 지켜보았다. 그분들의 영원한 안식을 바라면서, 한편으로는 삶과 인생에 대해서 다시 생각하게 된다. 호모사피엔스는 수렵채집 생활과 농경문화를 거치면서 척박한 환경에서 문명을 이루고 세상을 지배해 왔다. 그러나 호모사피엔스는 참으로 미약하고 취약한 종이 아닐 수 없다. 겉으로는 강해 보이고 남부러운 것 없어 보이는 사람들도 우주의 관점에서 보면 미미한 존재이고, 위기에 취약하고 연약한 사람이다. 한순간에 잘못된 판단으로 구렁으로 떨어지기도 하고, 하루아침에 한 줌의 흙으로 돌아간다. 인간은 감정에 휘둘리기 쉽고 의외로 타인의 시선을 지나치게 의식하고 살아가는 것이 아닌가 반문해 본다.

은행에 30여 년 근무하면서 수많은 사건을 보았다. 내가 잘 아는 후배 몇 명도 50대 초에 심근경색으로 하늘나라로 떠나갔다. 순간의 고통을 견디지 못하여 잘못된 선택으로 삶을 마감한 동료도 있었다. 얼마 전까지 함께 소주잔을 기울이던 친구가 갑자기 암으로 진단을 받고 몇 개월 만에 저세상으로 떠나기도 했다. 몇몇 친구는 갑자기 암을 진단받고 현재 치료 중이다. 인명은 재천(人命在天)이라고 한다. 이 세상에 오는 것은 순서가 있지만, 세상을 하직하는 것은 순서가 없다고 하는 말을 50대 중후반이 되면서 점점 실감하게 된다. 가까이 알던 사람들이 하나둘 세상을 등지는 모습을 보면서 유한한 삶에 대해서 생각하게 된다.

몸과 마음이 있어야 할 곳, 지금(Now), 여기(Here)

우리 삶이라는 것이 한 치 앞을 예측하지 못하는 일이 많다. 삶과 죽음, 질병, 사건·사고 등 무수한 일들이 일어난다. 미래를 위해 사랑을 저축하지 말자. 내일 주려던 그 꽃은 이미 시들어 있고, 내일 보려던 그 사람은 이미 떠나고 없다. 내일 전해 주려던 사랑의 말은 이미 내 머릿속에서 사라져 버린다. 탈무드는 '좋은 항아리를 가지고 있다면 오늘 사용하라. 내일은 깨져버릴지도 모른다'라고 가르친다. 내일을 위해 사랑을 저축하지 말자. 오늘 하루, 지금 여기에 집중하고 사랑하면서 살면 된다. 우리는 죽음을 두려워할 필요도 없다. 살아 있는 동안 즐겁게 행복하게 살아가야 한다. 인생은 나그네라고도 한다. 어찌 보면 이 세상에 왔다가 제자리로 되돌아가는 것이 인생이다. 아등바등하면서 다투고 갈등하고 불안해하고 고통스러워하는 인생살이에서 죽음을 성찰해 보면 우리 삶이 좀 더 풍요로워질 것으로 생각한다.

메멘토 모리는 '죽는다는 것을 기억하라, 죽음을 잊지 마라' 등으로 번역되는 라틴어이다. 잘 살기 위해서는 죽음을 기억해야 한다. 태어나자마자 우리는 죽음을 향해 가고 있다는 것을 기억해야 한다. 평생 돈을 위해 아니면 권력과 명예를 위해 아등바등 살아가다가 한순간에 생을 마감하는 경우를 많이 본다. 삶의 고귀함을 깨닫고 어떻게 살아야 하는지 되돌아볼 필요가 있다.

건강을 잘 챙기면서 좋은 일을 많이 만들어가고, 살맛 나는 세상을 향해 나아가야 한다. 행복은 주어지는 것이 아니라 만들어가는 것이다. 세상에 좋은 것 나쁜 것은 따로 없다고 한다. 단지 생각이 그렇게 만든다고 한다. 좋은 생각이 삶을 풍요롭게 만든다. 사람들은 많이 가지고 있고 풍요를 누리고 있으면서 미래를 불안해하고 스트레스를 받으며 우울해한다. 어떤 사람은 평생 돈만 좇아 돈, 돈, 돈 하다가 마음 편하게 살아보지도 못하고 세상을 하직하고, 어떤 사람은 평생 죽도록 일만 하다가 어느 날 세상을 떠난다. 자기가 벌어놓은 돈의 절반도 못 쓰고 한스럽게 생을 마감하는 사람도 많다. 가지고 있는 것에 감사하고 풍요를 즐기고 불안을 떨쳐버릴 줄 아는 삶의 자세가 필요하다.

얼마 전 입적한 틱낫한 스님은 베트남 출신이다. 달라이라마와 함께 세계에서 가장 지명도가 높은 불교 승려이다. 그는 "우리가 행복할 이유는 수없이 많다. 그것들로 지구별은 꽉 차 있다. 그런데도 우리는 그것을 보지 못하고 살아간다"라고 말했다. 틱낫한 스님은 "많은 사람이 몸은 지금 이곳에 있는데 마음은 과거를 후회하거나 미래를 걱정하는 곳에 있다"라며 안타까워했다. 그래서 틱낫한 스님은 몸도 마음도 있어야 할 곳으로 지금(Now), 여기(Here)를 강조했다.

좀 더 여유를 가지고 인간다움을 지향하고 더불어 잘 살아갈 수 있는 세상, 행복을 만들어가는 세상, 좋은 일 즐거운 일들을 만들어가는 그런 세상에 살고 싶다. 오늘 하루 건강한 사람들과 함께하고, 건강한 음식을 먹고, 리드미컬하게 운동하고, 삶의 여유를 만들어가자. 행복은 지금(Now), 여기(Here)에 있다.

우리 삶은 유한하고 누구나 죽는다는 사실을 기억하고 살아가면 생이 달라질 것이다. 물론 건강관리, 스트레스 관리, 웰빙 등으로 100세 시대에 대비하는 지혜가 필요하다. 늦은 나이에 일거리가 있고 삶의 보람을 찾아가는 것은 바람직한 방향이다. 우리는 너무 치열하게 살아가고 있는지 모른다. 좀 더 여유를 가지고 인간다움을 지향하고 더불어 잘 살아갈 수 있는 세상, 행복을 만들어가는 세상, 좋은 일 즐거운 일들을 만들어가는 그런 세상에 살고 싶다. 오늘 하루 건강한 사람들과 함께하고, 건강한 음식을 먹고, 리드미컬하게 운동하고, 삶의 여유를 만들어가자. 행복은 지금(Now), 여기(Here)에 있다.

행복한 노후를 위한 삶과 건강관리

　인생을 살면서 지혜를 얻고 세상 이치를 깨닫고 존경받는 어른이 되고 싶은 것이 모두의 소망일 것이다. 그러나 병마에 찌들고, 돈에 찌들고, 공부하지 않고, 타인과 소통하지 않으면 거꾸로 어린아이가 된다. 경제적으로 어렵게 되고 신체적으로 속박되면 사회활동이 어렵고 점점 안으로 갇히게 되는 것이다.

　나이가 들어도 웃는 얼굴과 밝은 모습으로 살아간다면 모두에게 환영받을 것이다. 젊은 사람과 어울릴 줄 알고 소통하면서 지혜를 나눌 줄 알아야 한다. 그런 삶을 위해서는 젊은 시절부터 노후 준비를 하고 항상 공부하고 건강을 지켜야 한다. 나이 든 사람이 짜증 내고 신경질 부리면 사람들이 점점 피하게 된다. 굵은 주름에 탄력이 사라진 얼굴, 화난 표정, 찡그린 인상을 반길 사람은 없다. 나이가 들수록 공부하고 지혜를 나누고 소통하여야 한다. 공부는 평생 하여야 하는 것이다. 나이가 들어도 항상 배우기를 좋아하고 항상 새로운 도전을 하는 것은 생을 아름답게 사는 것이다.

우리나라는 지나친 사교육비 등 자녀교육에 돈을 다 쏟아붓고 자신의 노후를 걱정하는 경우가 많다. 자신들의 노후는 스스로 준비하여야 한다. 유럽이나 미국 등의 선진국 부모는 자녀교육에 돈을 다 쓰지 않는다. 노후연금이 풍족하여 늙어서 자녀에게 무거운 짐을 주지 않는다. 젊어서부터 자신의 노후는 스스로 책임진다고 생각하고 사교육에 몰빵하기보다 노후를 위해 저축하고, 자신의 건강을 위해 노력해야 한다. 운동은 기본이고 건강한 음식을 섭취하고 건강식품도 챙겨 먹으며 건강검진도 정기적으로 받아야 한다. 자신의 노후와 건강은 스스로 돌보아야 한다. 자녀는 스스로 독립하여 생활할 수 있도록 하고 부모에게 기대지 않도록 해야 한다.

노화현상과 건강관리

나는 아직 젊다고 생각한다. 그런데 어느 날 거울을 보면 주름이 선명하고 얼굴과 손등, 어깨에 검붉은 점들이 눈에 띈다. 인생의 중반을 넘어서면 우윳빛 피부에 윤기 나고 빛나던 얼굴에 주름이 생기고 검버섯이 나기 시작한다. 머리카락이 빠지고 흰머리가 듬성듬성 나고 뼈가 약해지고 신체기능에 이상이 생긴다. '나이가 들었구나'하는 생각이 스쳐 간다. 주름이야 어찌할 수 없겠지만 검은 반점들을 제거해야겠다는 생각에 피부과에 들러서 레이저 시술을 한다. 그러나 시간이 지나니 또다시 검버섯이 생긴다. 어찌할 수 없는 세월의 흔적이다.

현대인은 풍부한 영양 섭취와 운동 부족으로 여러 가지 만성질환에 시달린다. 중년 이후의 나이에는 당뇨, 고지혈증, 고혈압, 중성지방 등 성인병 한두 가지는 대부분 가지고 있다. 신체기능이 떨어지고 건강에 이상이 생기기 시작하는 때이기도 하다. 노년기에 가까워질수록 뼈가 약해지고 근육이 줄어든다. 예전에는 넘어져도 큰 이상이 없었는데 노년기에는 자빠지면 뼈가 부러지기도 하고 고관절에 금이 가기도 한다. 어르신들을 중에 낙상으로 고생하는 사람들을 많이 본다.

또한, 나이 들어서 나타나는 현상은 치아가 흔들리고 빠진다는 것이다. 어릴 적 기억을 되살리면 동네 할머니, 할아버지 중에 이가 빠져 합죽이가 된 분들을 많이 보았다. 어르신들은 이가 없어서 음식물을 제대로 섭취하지 못하는 분들이 많았다. 음식물 섭취를 못 하니 영양부족으로 기력이 없어지고 노쇠해진다. 그나마 여유 있는 분들은 틀니를 하고 계셨다. 지금은 돌아가셨지만, 우리 아버지도 식사때마다 틀니를 끼우던 모습이 눈에 선하다. 칫솔이 발명되고 사람들이 양치질하면서 치아 건강이 좋아졌지만 늙으면 어쩔 수 없이 치아 문제가 생긴다. 이가 흔들려 맛난 음식도 제대로 먹지 못하고 음식물을 씹지 못하면 여간 고통스러운 일이 아니다. 임플란트 치아를 하려면 몇천만 원이다. 자녀 사교육비, 결혼비용에 돈을 다 써버리면 노후에 주머니 사정이 좋지 않아 임플란트하기도 만만치 않다.

부모가 자녀를 키우는 것과 자녀가 부모를 부양하는 것은 차원이 다르다. 자녀에게 부모는 내리사랑으로 한없이 주지만, 자녀는 자기 부모에게 인색하다. 자녀에게 한없는 사랑을 주었어도 자녀에게 기댈 생각은 하지 말고 스스로 건강관리하고 노후대책을 세워야 한다. 부모는 자녀에게 모든 것을 내어주지만, 자녀는 성장하여 결혼하면 자기 자녀에게 관심과 사랑이 쏠리기 마련이다. 부모의 문제는 그다음으로 밀리기가 쉽다.

행복한 노후를 위해서 가장 중요한 것은 두 다리다. 노후엔 경제적인 여유가 있고 친구가 있어야 한다. 모두 중요하겠지만 친구가 많고 돈이 많아도 체력이 약하고 걸을 수 없으면 불행해진다. 나이가 들어서 다리에 힘이 없어 일어서기도 힘들고 걷기도 어려워하는 경우를 많이 본다. 두 다리가 튼튼해야 등산도 다니고 친구도 만나고 여행도 다닐 수 있다. 든든한 두 다리를 위해서 근육을 단련하고 살을 빼고 관절을 든든하게 해야 한다. 걸을 수 있어야 노후의 정신건강을 유지할 수 있고 인생을 즐길 수 있다. 젊어서부터 적극적으로 부지런히 건강관리를 하여야 노년을 잘 보낼 수 있다.

젊은 시절부터 금연하고, 건강한 음식을 섭취하고, 정기적으로 운동하고, 근육을 길러야 한다. 습관이 중요한 것 같다. 한번 습관을 들이면 루틴하게 계속할 수 있다. 하루 1시간 이상 걷고 뛰어야 한다. 무슨 일을 하든 에너지가 필요한데 걷고 뛰면 많은 에너지를 얻을 수 있다. 매일 운동을 하면 노년기 우울증이 뿌리내리기 어렵다. 운동할 때 도파민, 엔도르핀, 세로토닌 등 행복 호르몬이 분비된다. 우리 뇌는 1,000억 개의 뉴런으로 구성되어 있다. 하루에 10분이라도 운동한다면 뇌세포가 100~150개 생성된다. 그만큼 뇌도 건강해지고 새로워진다. 행복한 노후를 위해서는 반드시 걷고 뛰고 운동하여야 한다.

아름다운 소풍을 마치고 노을 속으로 이별

내가 태어나고 자란 곳은 산골마을 시골 동네로 대여섯 가구가 살았다. 산허리에 동네가 위치하여 마을 뒤는 산이고 마을 앞은 하천이 흐르고, 정면으로는 앞산과 들녘이 한눈에 훤히 들어온다. 지금은 집안의 맏형이 거주하고 있어 명절 때나 집안 행사 때 모이는 집이다. 전형적인 남향에 배산임수 지형이다. 우리 시골집은 지대가 높은 곳에 위치하여 이른 아침부터 동쪽에서 햇살이 들어오고 매일 떠오르는 일출을, 저녁에는 일몰을 매일 볼 수 있다.

중년의 나이에 시골을 갈 때마다 일출과 일몰을 보면서 인생의 궤적을 생각하게 된다. 이른 새벽 동녘에서 솟아오르는 해는 점점 밝아 오다가 정오가 되면 정열적으로 빛을 발산하고, 점점 서산으로 기울다 노을 속으로 서서히 사라진다. 자연의 순환계처럼 우리 인생도 태어나서 유년기, 청년기, 중년기, 노년기를 거쳐 한 줌의 흙으로 돌아간다. 원기 왕성하던 몸도 중년이 지나고 노년기에 접어들면 먼저 건강에 이상이 온다. 자동차도 오래 사용하면 여기저기서 고장이 나고 수리 비용이 들듯이, 신체도 노년이 가까워질수록 여기저기 아프기 시작하고 병이 생기기 시작한다. 수십 년 이상 사용한 신체가 고장이 나기 시작하는 것은 당연하다.

존엄한 죽음과 아름다운 여정

고령화 사회에 접어들면서 인간수명은 길어져 100세 시대이지만, 사람은 누구나 늙고, 병들고, 죽는다. 인간의 숙명이다. 누구든지 예외는 없다. 나는 평소에 친구나 가족에게 죽음을 두려워 말자고 한다. 죽음은 우리 앞에 숙명처럼 한순간에 올 수도 있는 것이다. 태어나서 생육하고 번성하고 마지막에는 무덤으로 가는 길이 정해진 인생 항로이다. 두려워하기보다는 항상 준비하는 마음으로 살아가야 한다. 누구나 죽는다는 사실을 인지하면 인생이 한결 여유로워진다. 가능한 한 오늘 하루를 즐겁고 보람있게 보내려고 노력하면 삶이 즐거울 수 있다.

고령화 사회로 가는 만큼 죽음을 금기시하기보단 죽음에 대해 이해하고 존엄한 죽음을 맞이하는 자세가 중요하다. 죽음을 두려워하기보다는 죽음을 삶의 한 과정으로 인식하고 관리해 나갈 필요가 있다. 특히, 극심한 고통 속에 회복 가능성이 없는 질병을 앓고 있는 경우에는 존엄한 죽음을 맞이하도록 해야 한다. 고통 속에서 연명치료로 버티다가 생을 정리하지도 못하고 마무리하는 것이 아니라 자신의 생을 정리하고 죽음을 받아들 수 있어야 한다. 아름다운 이별을 만들 수 있는 여유가 필요하다. 우리나라 노인 인구가 조만간 1,000만 명에 육박한다고 한다. 고령화 사회의 인프라를 만들어가야 한다. 극심한 고통 속에서 마지막을 보내기보다는 호스피스 제도의 정착으로 죽음의 질을 높여야 한다고 생각한다. 말기 환자의 견디기 힘든 고통을 줄이고 존엄하고 품위 있는 임종을 돕고 생을 아름답게 마무리할 수 있도록 제도화도 필요하다.

우리는 죽음을 두려워할 필요도 없다. 지구별에 태어나 아름다운 소풍을 하고 하늘나라로 간다고 생각하면 된다. 죽음도 삶의 한 과정이다. 아름다운 죽음을 맞이하기 위해서도 살아 있는 동안 건강하고 행복하게 살 수 있도록 건강관리를 잘하면서 가족과 이웃과 함께 즐겁게 살아야 한다. 어릴 때 소풍 가는 길이 얼마나 좋았던가? 산다는 것은 이승으로 소풍 온 것이나 다름없다. 죽음은 또 다른 소풍이다. 두려워 말고 준비하는 마음을 가지면 인생을 훨씬 의미 있게 살 수 있다. 태양처럼 이른 아침에 붉게 솟아올라 정열을 불태우고 빛을 발하다가 아름다운 노을 속으로 사라지는 여정이 인생이다.

에필로그

생각의 크기가 넓고 큰 사람은 인생을 길게 볼 줄 아는…

대나무 중 모죽이라는 품종이 있다. 모죽은 몇 년 동안 아무리 물을 주어도 싹이 나지 않는다. 그러나 5년 정도 지난 후부터는 하루에 70~80cm씩 쑥쑥 자란다. 여름철에는 하루하루가 다르게 성장한다. 그 근원에는 사방으로 뻗어 나가 땅속에 넓게 퍼져 있는 모죽(毛竹)의 뿌리가 있다. 일반 대나무도 나무와 비교하면 성장이 엄청 빠르다. 이처럼 대나무의 성장 속도가 빠른 이유는 넓고 깊은 뿌리에 영양분을 비축해 놓아 자양분을 공급받기 때문이다.

대나무의 또 다른 특성은 한 단계 성숙할 때마다 마디를 맺는다는 점이다. 대나무가 휘어지지 않는 것은 중간중간 마디가 있기 때문이다. 한 단계 성장할 때마다 한번 매듭을 짓고 성장을 위해 마디를 형성한다. 사람의 인생도 마찬가지일 것이다. 뿌리가 든든하고 단단해야 위기에 흔들리지 않고 쑥쑥 성장할 수 있다. 생각의 크기가 넓고 큰 사람은 인생을 길게 볼 줄 아는 사람이다. 한 단계 성숙하기 위해서는 인생의 전환기에서 한 번씩 매듭을 짓고 되돌아보고 정리해나갈 필요가 있다.

중년은 인생에서 다양한 일들이 일어난다. 회사에서의 퇴직, 신체의 변화, 자녀의 성장, 부모님의 별세 등 여러 가지 일들을 경험한다. 우리는 수많은 사람을 만나고 헤어지고 희로애락을 겪는다. 이러한 변화는 인생의 자연스러운 과정으로, 대나무의 매듭처럼 한 단계 승화시킬 힘이 중년에게 필요하다. 중년의 나이는 신체적으로, 정신적으로 취약해지기 쉽다. 인간의 생체 시계는 계속 돌아간다. 자신도 모르게 조금씩 노화한다. 그러나 어떤 생활 태도를 유지하느냐? 무엇을 먹고사느냐? 에 따라 노화의 속도를 늦출 수 있고 삶도 달라진다.

우리는 누구를 만나고 무엇을 생각하느냐에 따라 인생의 철학이 달라진다. 나이가 많아도 생각이 젊고 항상 공부하면 젊은 사람이고, 나이가 젊어도 생각이 유연하지 않으면 젊은 꼰대이다. 젊어도 노인처럼 보이는 사람도 있고, 나이 들어도 젊게 사는 사람도 많다. 자양분을 주는 대나무의 뿌리같이 생각의 근육이 단단하고 깊이가 있는 사람이 어른이고, 항상 운동하고 자기관리 하는 사람이 젊은 사람이다. 생각의 근육을 단단히 하기 위해서는 항상 배워야 한다. 젊은이한테도 배우고 어린아이한테도 배워야 한다. 배움의 욕구가 사라지는 순간 그 사람의 한계는 거기까지이다. 노인이라 하면 백발과 구부정한 허리, 고집스러운 모습이 떠오른다. 어른은 지식과 경륜을 지니고 지혜가 있고 풍요를 누릴 줄 아는 사람이다. 노인의 모습이 아닌 어른의 길을 가야 한다. 시대의 흐름을 잘 알고 시대를 호흡할 줄 알아야 한다.

오늘 이 순간 지금(Now), 여기(Here)가 중요하다. 오늘 하루를 즐기지 못하고 우울하고 불안하게 삶을 살 수는 없다. 60세 이후가 어쩌면 가장 하고 싶은 일을 하면서 살아갈 수 있는 기회이다. 호텔청소부들에게 '평상시 하던 일을 운동이라고 생각하게 하고, 일을 운동량으로 계산한다'고 알려준 뒤 건강을 체크하니 한 달 후 놀라운 변화가 있었다. 체중이 1킬로그램 줄고 혈압도 낮아졌다고 한다. 마음가짐이나 생활방식의 변화로 노화를 스스로 통제할 수 있다는 방증이다. 플라시보(Placebo) 효과이다. 우리는 누구나 무병장수하기를 바란다. 건강하고 편안하게 아름다운 생을 살다가 며칠 시름시름 하다가 흙으로 돌아가는 것이 우리의 로망일 것이다.

그러기 위해서는 건강한 음식을 먹고 스트레스와 건강관리를 잘하고 규칙적인 생활을 하여야 한다. 의학의 발전으로 예전에는 장수 축하연을 열었던 60세 이후라고 하더라도 30년 이상 남는다. 남은 인생 무엇을 하고 살 것인가? 고민하게 된다. 직장 이후의 새로운 일이 필요하고 일을 통해 자신을 찾고 즐거움을 찾아 나서야 할 때이고 가족과 이웃과의 관계를 잘 보듬고 가야 한다. 잘난 체해보아야 사람만 떨어져 나가고 아무도 알아주지 않는다. 노후에 나에게 필요한 친구는 동네에서 편하게 막걸리 한 사발을 함께할 친구가 필요하다.

  은행 퇴직 후 중년의 삶과 인생에 관해 책을 쓰기로 마음먹은 지 1년, 오늘 원고를 출판사로 넘겼다. '중년의 길, 인생의 지혜, 돈과 행복, 어떻게 살 것인가? 퇴직 이후 30년 어떤 삶을 살 것인가?'를 주제로 시작했다. 원고 마감을 앞둔 지난 한 달은 밤잠을 설치며 작업한 것 같다. 사무실에서, 집에서, 밤늦은 시간까지, 새벽 시간에도 펜대를 잡았다. 한군데 몰입하니 시간이 어떻게 지나갔는지 모르겠다. 그러나 이 시간을 통해 직장 이후 내 인생이 정리되고 어떻게 살아가야 하는지 조금씩 보이기 시작한다.